Dans la même collection

Rémy CHAUVIN, professeur à la Sorbonne, *Les Surdoués*.

Alexandre MINKOWSKI, professeur de néonatalogie, *Pour un nouveau-né sans risque*.

Jacques NIMIER, professeur de mathématiques et docteur en psychologie, *Mathématique et affectivité*.

Robert BALLION, sociologue au C.N.R.S., *L'Argent et l'Ecole*.

L'ENFANT ET LA COMMUNICATION

Hubert Montagner

L'enfant et la communication

Comment des gestes, des attitudes, des vocalisations deviennent des messages

(DEUXIÈME ÉDITION)

Pernoud/Stock

Tous droits réservés pour tous pays
© 1978, Éditions Stock.

Remerciements

Si cette recherche a pu progresser, c'est grâce à la collaboration efficace de parents, de puéricultrices, d'instituteurs et de chercheurs. Je remercie de tout cœur M. Bony, directrice de crèche, M. Rosier, jardinière d'enfants, J. Froidevaux et S. Robert, institutrices, d'avoir accepté avec beaucoup de patience la présence envahissante des chercheurs tout au long de l'année et d'avoir participé, avec beaucoup de soin, à de multiples expériences.

Je remercie aussi vivement les chercheurs, en particulier D. Bolzoni, J. Burnod, N. Cardot, M. Durand, J. Guillon, J.-Ch. Henry, Y. Humbert, R. Jeannin, M. Lombardot, A. Moyse, R.M. Nicolas, A. Restoin et Th. Pariente, d'avoir donné le meilleur d'eux-mêmes au cours des recherches de ces dernières années.

Je remercie, en outre, les psychologues scolaires M. Arnaud, M. Fostel, J.-P. Fostel, J. Janod, M. Jeandroz, H. Lesne, N. Renner, M. Herbstmeyer et Ch. Karsenty, et le psychiatre J. Chavanne, qui acceptèrent de former notre premier groupe de recherche.

Pour finir, je remercie M. Huot, adjoint au maire de Besançon, qui nous a permis de faire nos recherches dans les crèches de Montrapon et de Planoise, ainsi que Mme Vieil, inspectrice des écoles maternelles, qui nous a autorisés à travailler dans les écoles.

Sans le concours de toutes ces personnes, ce livre n'aurait jamais vu le jour. Je les prie de bien vouloir acccepter l'expression de toute ma reconnaissance et de ma sincère amitié.

HUBERT MONTAGNER.

Introduction

Octobre 1977 : voilà sept ans que notre groupe de recherche analyse les comportements de deux types de populations d'enfants : celles de la crèche (enfants âgés de 7 à 36 mois) et celles de l'école maternelle (enfants âgés de 3 à 6 ans).

Pendant ces sept années, le film et l'observation en continu de jeunes enfants placés en activités libres, organisant leurs jeux en dehors de toute intervention adulte, nous ont permis de découvrir la manière dont s'établit et se développe une communication où le langage n'apparaît pas. A mesure que nous progressions dans l'analyse des échanges et des chaînes de réactions entre enfants, nous étions amenés à distinguer parmi ceux-ci différents styles de communication et, par suite, différents profils de comportement. Certains enfants étaient des leaders, d'autres des dominants-agressifs ou des dominants au comportement fluctuant, certains, enfin, des dominés-craintifs, des dominés-agressifs, etc. Nous avons alors cherché comment se différenciait et se modifiait chacun de ces profils en fonction de l'attitude de la famille, des puéricultrices (pour la crèche) et des institutrices (pour l'école maternelle). Nous avons tenté de cerner chez ces enfants les facteurs qui pouvaient rendre compte des fluctuations dans la physiologie de leurs glandes surrénales[1]. Un certain nombre de questions se posaient à nous.

A partir de la faible variabilité de certains comportements, l'influence du patrimoine génétique de l'espèce humaine était-elle décelable ? Pouvions-nous, plus précisément, attribuer à un héritage génétique maternel ou paternel les caractères de comportement propres à quelques enfants ? Etait-il possible d'établir des correspondances entre le type d'attitude le plus souvent exprimé par l'enfant et la qualité — ou la quantité — des influences familiales (que celles-ci proviennent du père, de la mère, des frères, des sœurs ou des autres membres de la famille) ? Comment s'exerçait sur l'enfant l'influence des autres individus côtoyés tout au long de la semaine (puéricultrices de la crèche, institutrices de l'école maternelle, autres enfants, etc.) ?

En fait, il s'agissait de savoir comment se traduit, entre 7 mois et 6 ans, les fluctuations de chacun de ces facteurs.

J'ai essayé de répondre à ces questions en adoptant, d'emblée, une attitude et des méthodes éthologiques[2]. En effet, après la Conférence internationale d'éthologie qui s'est tenue aux environs de Stockholm en 1967, j'étais convaincu que les méthodes de l'éthologie, ajoutées aux modèles que je retirais de l'étude de la vie sociale chez les insectes, pouvaient me permettre de poser un regard nouveau sur les

---

1. Les hormones des glandes surrénales participent à la défense et à l'adaptation de l'organisme.
2. L'éthologie moderne est difficile à définir en raison du développement de diverses écoles qui, depuis 1950 environ, n'attribuent ni la même importance ni la même signification aux concepts qui ont été proposés par ses « pères » (K. Lorenz, N. Tinbergen). Cependant, l'éthologie peut être considérée, du moins dans un premier temps, comme une science s'efforçant de comprendre « le comportement des animaux par rapport à leur environnement (y compris les membres de la même espèce) » (D.S. Lehrman, p. 18, in L.R. Aronson, E. Tobach, D.S. Lehrman, J.S. Rosenblatt, 1970).
En 1973, l'éthologie a été consacrée comme science fondamentale de la vie, avec l'attribution du prix Nobel de physiologie et de médecine à K. Lorenz, N. Tinbergen et K. von Frisch.

comportements de groupes d'enfants laissés en activités libres.

Je n'ai pas cherché à situer mes travaux ou ceux de mon groupe par rapport aux conceptions fécondes de J. Piaget sur la genèse du développement cognitif, pas plus que par rapport à celles de H. Wallon sur la genèse de la fonction posturale et de l'émotion chez l'enfant, même si je me sens très proche de ce dernier, surtout lorsqu'il souligne l'importance des échanges sociaux dans l'épanouissement de l'enfant.

Je n'évoquerai pas, dans cet ouvrage, les thèses de S. Freud ni celles des écoles de psychanalyse de l'enfant qui marquent profondément notre époque (avec M. Klein et W.M. Winnicott), à l'exception toutefois des courants qui s'appuient sur l'éthologie (R.A. Spitz et J. Bowlby). En effet, comme notre groupe n'a pas encore abordé l'étude des comportements de communication des enfants de moins de 7 mois, il serait prématuré de discuter de nos données par rapport à des théories du développement qui sont d'abord fondées sur les événements ontogénétiques [1] de la première année de l'enfance [2].

Dans l'avenir, il faudra continuer de suivre les enfants pour savoir comment évoluent leurs conduites et leur physiologie globale. A ce jour, de multiples recherches restent à faire, tant sur les enfants « normaux » que sur ceux qui souffrent de privations sensorielles (enfants aveugles, sourds, etc.), d'anomalies du comportement ou d'insuffi-

---

1. L'ontogenèse a trait au développement de l'individu à partir de la fécondation de l'ovule.
2. Le lecteur pourra trouver des informations détaillées sur l'ontogenèse de la sensorialité, de la motricité, des mécanismes sensori-moteurs et du psychisme de l'enfant de moins d'un an dans C. Koupernik et R. Dailly (1972), T.G.R. Bower (1974), et J. de Ajuriaguerra (1974).

sances neurologiques (enfants dits caractériels, débiles, psychotiques, etc.). En outre, l'étude comparative des systèmes de communication d'enfants appartenant à des ethnies différentes doit être poursuivie (notons à cet égard que, depuis un an, un groupe étudie les comportements de communication des jeunes Congolais).

Ces recherches permettront, d'une part, de saisir le degré d'universalité des mécanismes et des fonctions de la communication non verbale dans l'espèce humaine et, de l'autre, de cerner l'influence des diverses formes de culture sur la mise en place des comportements de communication du jeune enfant.

Pour l'instant, nous nous en tenons à une attitude théorique unique : regarder l'enfant laissé en activités libres et rechercher, tout au long de son développement, des correspondances entre ses comportements, sa physiologie et les facteurs de l'environnement écologique et social où il évolue. Cette attitude théorique permettra néanmoins de tirer quelques conclusions sur les conduites que l'adulte peut adopter en face de certains comportements exprimés par l'enfant.

Première partie

La démarche et l'investigation

1
De la société de guêpes au groupe d'enfants

Ce premier chapitre peut paraître inutile dans un livre qui se propose de traiter des mécanismes et des fonctions de la communication chez l'enfant. Cependant, mon attitude et ma démarche ont été — et restent — tellement liées à la science éthologique qu'il m'a paru indispensable d'exposer les modèles, les principes et les méthodes que j'ai tirés de cette science pour aborder l'étude des conduites humaines.

Passer, comme je l'ai fait, de l'étude des sociétés de guêpes à celle de l'enfant peut être considéré comme une gageure ou une provocation par le biologiste, le psychologue ou le psychiatre, tant les différences de structure et de fonctionnement entre les individus sont énormes. Est-il concevable, en effet, que des recherches sur le comportement d'insectes sociaux puissent déboucher sur une étude des conduites humaines, sans être ni réductionniste ni entachée de « zoomorphisme [1] » ?

Peut-être n'est-il pas inutile de souligner d'abord qu'il n'a jamais été question pour moi de céder à la tentation de retrouver chez l'Homme des comportements d'insecte et inversement. La programmation (sans que ce terme implique nécessairement l'influence des seuls mécanismes génétiques) et l'exécution de comportements qui remplissent la même fonction (orientation, alimentation, agression, conduites sexuelles, etc.) reposent, chez les insectes et les vertébrés, sur une organisation nerveuse et

---

1. Le terme « zoomorphisme » est utilisé ici comme proposition inverse de l' « anthropomorphisme » (au sens que lui donnent les biologistes), c'est-à-dire comme une doctrine qui consiste à attribuer systématiquement à l'homme les mêmes qualités qu'aux animaux.

des mécanismes neuro-endocriniens complètement différents. Par exemple, si une fourmi et un rat peuvent découvrir et assimiler le même labyrinthe, leurs mécanismes d'apprentissage ne se ressemblent pas. La fourmi apprend le trajet par segments et n'intègre l'ensemble de ceux-ci qu'au cours de la dernière phase. En revanche, le rat intègre les segments à mesure qu'il progresse : tout se passe comme si, à partir d'un certain moment, il anticipait les segments suivants. Par ailleurs, la fourmi ne revient pas franchement à son point de départ, ce qui suggère qu'elle doit apprendre, au moins partiellement, le trajet de retour ; le rat, lui, revient rapidement [1]. Il est donc clair que si ces deux animaux sont capables d'acquisitions similaires, les voies qu'ils suivent pour en arriver à une telle similitude sont tout à fait antinomiques.

Cependant, des enseignements précieux peuvent être tirés d'une comparaison critique des mécanismes d'organisation sociale des insectes et des vertébrés. En effet, à plusieurs reprises au cours de l'Evolution, certaines espèces appartenant à ces deux embranchements ont construit des sociétés dont les fonctionnements présentent de troublantes analogies ou « similitudes » [2].

C'est que, au sein de la même espèce, ainsi que l'observait déjà, en 1946, T.C. Schneirla (spécialiste de psychologie comparative), la sélection naturelle subie par les individus isolés ou en groupes n'a pas, au cours du temps, été uniforme ou égale.

Il est certain que les changements de l'environnement ont provoqué des modifications difficilement comparables dans les patrimoines génétiques individuels des insectes et des vertébrés. Mais la somme des modifications génétiques individuelles au sein

---

[1]. Voir les travaux de T.C. Schneirla (1933, 1949) qui portent sur ce sujet.
[2]. Comme l'écrit l'Américain E.O. Wilson dans son livre *Sociobiology* (1975, P.h.).

des groupes a pu entraîner des types de réaction, sinon semblables, du moins comparables. En partant de l'ensemble des gènes des populations (ou « pools génétiques »), on peut ainsi tenter d'expliquer comment des « similitudes fonctionnelles » ont pu émerger et se développer au cours de l'Evolution dans les sociétés d'insectes et les sociétés de vertébrés. C'est en analysant de façon critique ces similitudes que les recherches sur la vie sociale chez les insectes apportent un éclairage nouveau sur l'étude des communications et des comportements sociaux chez les vertébrés. Ces similitudes peuvent même conduire à des réflexions et des hypothèses fructueuses sur l'organisation des conduites sociales de l'Homme.

LES MODELES D'ORGANISATION SOCIALE CHEZ LES INSECTES

Les sociétés de guêpes européennes (du genre *Vespa*) que j'ai étudiées de 1960 à 1967 m'ont d'abord permis de me familiariser avec des faits sociaux propres à toutes les sociétés d'insectes [1].

Chez les guêpes, des femelles stériles (les ouvrières) approvisionnent sans relâche des larves provenant d'œufs pondus par une autre femelle, la reine-fondatrice, la seule qui soit fécondée. A l'exception des larves issues des premières pontes du printemps, la reine-fondatrice ne s'occupe plus ensuite de sa « progéniture ».

Les ouvrières récoltent la nourriture, puis la distribuent à toutes les catégories d'individus (autres ouvrières, larves, reine-fondatrice, jeunes reines-fondatrices, parfois les mâles). Elles assurent constamment la défense et la réparation du nid commun

---

[1]. E.O. Wilson qualifie ces faits sociaux d' « altruistes ». (Voir ses livres *Insect Societies* et *Sociobiology*.)

dont elles ont poursuivi la construction après que l'ébauche initiale eut été mise en place, au début du printemps, par la reine-fondatrice. Par ailleurs, en conjuguant leurs activités, les ouvrières maintiennent les œufs, les larves et les nymphes à une température peu variable (29 à 31° C), celle-ci étant nécessaire au bon développement du couvain. Les diverses tâches sociales (approvisionnement de la colonie, distribution de la nourriture aux larves, nettoyage, construction, réparation et défense du nid, régulation de la température) sont exécutées pour le bénéfice de la collectivité plutôt que pour celui des individus ; beaucoup d'ouvrières trouvent la mort en effectuant l'une ou l'autre de ces tâches.

Notons que ces comportements « altruistes » ne se retrouvent tous ensemble que dans les sociétés humaines.

Mais c'est surtout à partir des relations de dominance que des modèles utiles peuvent être élaborés pour l'étude des comportements sociaux dans les groupes de vertébrés, y compris les groupes d'enfants.

Chez les guêpes, les relations de dominance se construisent, entre ouvrières, à partir des rencontres qui donnent lieu à des échanges de nourriture et de sécrétions (ou trophallaxies). Pour obtenir la régurgitation d'un individu (c'est-à-dire pour lui faire rendre la nourriture emmagasinée dans le jabot), l'ouvrière doit porter certains mouvements d'antennes de façon précise sur les pièces buccales de cet individu. Grâce à d'autres mouvements d'antennes, la guêpe sollicitée peut à tout moment exprimer son degré d'acceptation ou de refus. Les signaux de refus apparaissent lorsque les réserves de nourriture entreposées dans le jabot de la donneuse sont en voie de s'épuiser.

Certaines ouvrières, en général les plus âgées, parviennent à faire régurgiter plus souvent que d'autres les individus qu'elles rencontrent. Elles utilisent des mouvements antennaires de sollicitation très appuyés et très rapides, bloquant parfois les pattes de la guêpe qu'elles sollicitent. Lorsqu'elles sont elles-mêmes sollicitées, elles refusent le contact plus souvent que les autres. Il arrive qu'elles l'acceptent, mais brièvement ; en outre, quand la nourriture est peu abondante dans la colonie, elles passent à des actes d'agression sur la solliciteuse. De la même manière, lorsqu'elles sollicitent et n'obtiennent que des refus ou des régurgitations en faibles quantités, ces ouvrières, toujours avec des mouvements d'antennes rapides et appuyés, abordent le plus souvent les autres en posture érigée. Puis elles les mordillent et les agrippent. Ces ouvrières agressives, qui obtiennent des régurgitations de nourriture et imposent leur refus de régurgiter plus souvent que les autres, ont été qualifiées de dominantes. Les guêpes les plus dominées n'obtiennent et ne refusent que peu de régurgitations. En outre, elles subissent fréquemment des actes d'agression. Ces ouvrières sollicitent le contact et les régurgitations des autres avec des mouvements d'antennes lents et peu appuyés. Elles sont alors en posture couchée ou semi-couchée, selon qu'elles sont plus ou moins dominées.

L'ouvrière de guêpe exprime donc son niveau de dominance par des mouvements d'antennes caractéristiques et par des postures particulières à valeur de signaux.

Dans la majorité des cas, une ouvrière âgée devient de plus en plus dominante à mesure qu'elle vieillit. Les jeunes sont habituellement les plus dominées. Cela dit, le niveau de dominance n'est pas acquis une fois pour toutes, mais dépend des réussites et des échecs obtenus au cours des rencontres successives [1].

---

1. Le tableau 1 (voir annexe 9) donne une idée des mécanismes qui conduisent à des niveaux de dominance différents chez les ouvrières du même âge.

Notons que l'apparition, à la fin de l'été, d'individus dont le comportement est désordonné et non organisé en signaux (les mâles et les nouvelles reines-fondatrices) entraîne, au moins partiellement, la désorganisation de l'échelle de dominance entre ouvrières.

Le type d'activité sociale exercée par une ouvrière dépend, entre autres, de son niveau de dominance. Une ouvrière très dominante a tendance à se confiner au nid où elle nourrit des larves ; elle peut aussi participer aux travaux de construction. Si son niveau de dominance décroît temporairement, ou si les besoins de la colonie l'exigent (par exemple, lorsque les approvisionnements diminuent brusquement), elle sort du nid et devient approvisionneuse.

Cependant, la vie sociale chez les insectes peut aussi s'organiser indépendamment des relations de dominance. Ainsi en est-il de l'abeille domestique [1]. Les abeilles ouvrières qui échangent de la nourriture utilisent des enchaînements de signaux comparables à ceux de la guêpe, tant pour la sollicitation que pour le refus d'une régurgitation. Chaque abeille ouvrière se comporte comme si elle reconnaissait rapidement et acceptait d'emblée ces signaux. Mais, contrairement aux guêpes, le refus de régurgiter, même chez une jeune, ne provoque pas un comportement agressif chez l'ouvrière sollicteuse. Il n'existe, entre ouvrières d'abeilles, ni compétition ni relation de dominance, quel que soit l'âge des individus, au moins lorsque leurs ovaires ne sont pas développés. Des travaux déjà anciens ont montré que les ouvrières changent régulièrement de fonction en vieillissant [2] : de nettoyeuses à 4 ou 5 jours, elles

---

[1]. Les travaux sur l'abeille ont été réalisés en collaboration avec J. Pain, Ph. Douault et B. Roger, du laboratoire de recherches sur l'abeille de l'I.N.R.A. de Bures-sur-Yvette, et avec G. Galliot de notre laboratoire (voir la bibliographie).
[2]. Notons les recherches de G.A. Rösch en 1925 et en 1930.

deviennent ensuite nourrices, puis cirières dans la deuxième décade de leur vie imaginale [1] et, enfin, butineuses jusqu'à la fin de leurs jours ; ce phénomène s'accompagne de modifications physiologiques importantes. Les ouvrières peuvent cependant changer rapidement de fonction sociale lorsque la société manque de l'une ou de l'autre de ces catégories fonctionnelles.

La jeune abeille se distingue de la jeune guêpe en ceci qu'elle naît dans une société sans agressions, sans compétitions et sans dominances, au moins dans les conditions biologiques habituelles (c'est-à-dire avec une reine féconde). Peut-être est-ce grâce à ces conditions que la société d'abeilles ne disparaît pas tous les ans. La pérennité peut ainsi être maintenue grâce à la reine qui, en sécrétant par ses glandes mandibulaires des substances appelées phéromones [3], assure son pouvoir d'attraction sur les ouvrières, tout en empêchant le développement de leurs ovaires. Dans ces conditions, les fonctions exercées par chaque ouvrière sont étroitement liées à l'ensemble des signaux échangés avec les autres individus de la ruche (et ce, sans considérations hiérarchiques).

La vie sociale chez les insectes repose également sur des mécanismes physiologiques précis, comme le montre l'exemple des fourmis *Eciton*.

Ces fourmis nomades (vivant en Amérique centrale) présentent une alternance de périodes sédentaires et de périodes nomades au cours desquelles elles forment de longues colonnes. Alors que la phase nomade était initialement interprétée comme

---

1. Imago : insecte parfait ou adulte issu de la nymphe ou de la larve du dernier stade selon les familles.
2. Phéromone : toute sécrétion de glande exocrine dont la fonction première est de renseigner chaque individu sur la présence, l'état physiologique ou les tendances de comportement de ses congénères. Indépendamment de ses effets physiologiques, une phéromone a donc d'abord une fonction d'information.

une réponse à la diminution de nourriture dans l'aire de récolte des fourmis, T.C. Schneirla a montré que l'alternance des phases nomades et sédentaires était due, en fait, à des changements de comportement et de physiologie dans l'ensemble de la colonie [1]. En effet, lorsque les larves actives sont nombreuses, elles stimulent les ouvrières qui se livrent alors à des raids de plus en plus étendus ; ceux-ci se terminent en phase nomade. Lorsque les larves se nymphosent, le reste du couvain (composé essentiellement d'œufs) ne constitue plus une stimulation suffisante et la colonie ne se déplace plus que sur de courtes distances : ainsi s'achève la phase nomade et commence la phase sédentaire.

Cependant, on aurait pu penser que l'alternance de couvain actif (composé de larves) et de couvain non mobile (composé de nymphes et d'œufs) résultait elle-même d'un contrôle interne, dû essentiellement à une programmation génétique du cycle de ponte de la reine. Or, T.C. Schneirla a montré que la périodicité de ponte de la reine est réglée par la croissance des larves. Lorsque celles-ci approchent de la nymphose et que, par conséquent, leurs sollicitations de nourriture sont moindres, le surplus de nourriture disponible et l'activité des ouvrières sont alors dirigés vers la reine. Entre-temps, la colonie a terminé sa phase nomade. Abondamment nourrie, la reine commence un nouveau cycle d'ovulations qui aboutit à une augmentation de la ponte, puis du nombre de larves actives jusqu'à ce que commence un nouvelle phase nomade. Tout est donc réglé par les relations entre les différentes catégories d'individus de la société (larves — nymphes — ouvrières — reine) et par l'évolution de la physiologie de la reine.

---

1. Voir les articles de T.C. Schneirla (1940, 1956, 1971).

Outre les conclusions que je tirai des recherches sur les insectes sociaux, deux facteurs me permirent d'avancer mon projet d'étude de l'enfant :

— les travaux de laboratoire sur l'ontogenèse des conduites[1] du jeune rat et du jeune singe ;
— les études de comportements des groupes de mammifères dans leurs « cadres naturels de vie ».

LES RECHERCHES DE LABORATOIRE SUR LE DEVELOPPEMENT DU JEUNE RAT ET DU JEUNE SINGE

C'est en 1954 que débutèrent, à notre connaissance, les premières recherches systématiques dont l'objectif était d'étudier les conséquences de diverses formes de stimulations sur le comportement et la physiologie de jeunes rats.

1. Par ontogenèse d'une conduite, nous entendons, d'une part, la mise en place progressive et successive des comportements qui la composent (depuis l'éclosion ou la naissance) et, d'autre part, la mise en place des structures et des processus physiologiques qui sous-tendent l'expression de ces comportements.
N'ayant pas préjugé la part du patrimoine génétique ni celle des acquisitions individuelles dans l'expression des activités motrices, nous n'avons donc pas adopté les conceptions « innéistes » : celles-ci sous-entendent que la capacité de sélectionner dans l'environnement les stimulus déclencheurs des comportements ainsi que l'expression motrice de ces comportements, sont codées dans la structure de l'A.D.N. (acide désoxyribonucléique) dont sont faits les gènes (comportements « génétiquement codés » de l'école objectiviste de K. Lorenz). Nous n'avons pas davantage privilégié les conceptions des behavioristes, pour lesquels la mise en place des comportements serait due essentiellement à une succession de conditionnements et d'apprentissages (cf., par exemple, B.F. Skinner).
En revanche, comme l'ont souligné T.C. Schneirla et D.S. Lehrman, la notion d' « expérience » doit être retenue. Celle-ci peut être définie comme la contribution qu'apportent au développement de tout organisme les stimulations tant externes qu'internes, y compris les traces laissées par les phases antérieures vécues par l'embryon.
La distinction entre l'inné et l'acquis cesse alors d'être utile.

Influencé par S. Freud, S. Levine a comparé les comportements de deux séries de rats issus d'une même souche : les premiers, dès la naissance, étaient soumis à l'expérimentation de chercheurs qui, chaque jour, les tenaient pendant trois minutes dans leur main ; les seconds ne subissaient aucune expérimentation. S. Levine a montré que les rats manipulés, quand ils atteignaient l'âge adulte, avaient une émotivité, un comportement d'exploration et des capacités de discrimination des stimulus extérieurs différents des autres. Par exemple, lorsque les deux catégories d'animaux étaient placées, à l'âge adulte, dans un environnement étranger, les rats non manipulés se blottissaient dans un coin, alors que les rats manipulés exploraient spontanément leur nouveau milieu. Les non-manipulés se caractérisaient par des défécations et des mictions fréquentes. Soumis à la répétition des mêmes stimulations à l'âge adulte, les individus non manipulés voyaient le volume de leurs glandes surrénales augmenter davantage. En outre, dans les quinze minutes qui suivaient un choc électrique, les rats manipulés dans leur enfance présentaient un taux augmenté de corticostéroïdes ; ensuite, le taux décroissait [1]. Dans les mêmes conditions, les non-manipulés atteignaient un taux de sécrétion comparable, mais beaucoup plus lentement ; en outre, ils conservaient ce taux élevé plus longtemps que les rats manipulés.

Pour S. Levine, la rapidité et la brièveté de la réponse surrénalienne des rats manipulés servent à mobiliser sans retard les défenses de l'organisme qui vient de subir une agression. Chez les rats non manipulés, le délai de la réponse endocrinienne, qui se maintient ensuite à un niveau élevé, nuit à l'adaptation : le prolongement du stress entraîne chez ces rats des ulcères gastriques, une plus grande susceptibilité aux infections et, parfois même, la

---

1. Les corticostéroïdes sont des hormones à noyau stérol sécrétées par le cortex des glandes surrénales.

mort. Notons que les différences physiologiques entre individus manipulés et individus non manipulés pendant leur « enfance » peuvent être rapprochées de celles obtenues sur les rythmes circadiens [1] d'élimination urinaire des corticostéroïdes chez certains enfants. Nous y reviendrons.

D'autres différences séparent les rats manipulés des non-manipulés : la maturation de leur système nerveux central est accélérée ; leurs yeux s'ouvrent plus tôt ; leurs coordinations motrices sont plus précoces ; leur croissance pondérale est augmentée [2] ; leur résistance aux microbes est plus élevée.

V.H. Denenberg et ses collaborateurs ont même montré que le simple fait de manipuler de jeunes femelles après la naissance entraîne ensuite des modifications de comportement, non seulement chez leurs petits, mais aussi chez les petits de leurs petits. Les stimulations régulièrement reçues après la naissance peuvent donc avoir des effets sur deux générations successives [3].

Par ailleurs, des précisions ont été apportées sur les changements dus à un environnement enrichi ou appauvri dans l'anatomie et la biochimie cérébrales [4]. Au sevrage, le comportement des rats élevés pendant 4 à 10 semaines dans un environnement enrichi (présence de divers objets et augmentation du nombre de congénères) diffère de celui des rats isolés dans une cage ou placés dans des conditions

---

1. Circadien : du latin *circa* (environ) et *dies* (jour). Un rythme circadien est donc un rythme dont la période est d'une journée environ.
2. Croissance pondérale : augmentation du poids au cours de la croissance.
3. Les recherches de S. Levine et de V.H. Denenberg illustrent bien le rôle que T.C. Schneirla attribuait à l' « expérience » : la répétition d'une stimulation (qui, dans ce cas, n'est même pas spécifique) peut entraîner des modifications importantes du comportement et de la physiologie dans un organisme en cours de développement, sans qu'il soit nécessaire de faire appel à des processus de maturation génétiquement programmés ou à des notions de conditionnement et d'apprentissage.
4. Ces précisions résultent des travaux de M.R. Rosenzweig et de ses collaborateurs.

standards de laboratoire (deux ou trois individus par cage). Les différences portent sur les points suivants : augmentation du poids et de l'épaisseur du cortex cérébral ; augmentation de l'activité totale des cholinestérases, notamment de l'acétylcholinestérase [1] ; augmentation du nombre de cellules gliales [2] ; augmentation du diamètre du corps cellulaire et du noyau des neurones.

W.H. Riege montre aussi que, si l'épaisseur du cortex cérébral atteint un maximum au 23ᵉ jour de développement chez les rats élevés dans des conditions standards de laboratoire, elle continue à augmenter chez les individus qui sont ensuite placés, au moins pendant un an, dans un environnement enrichi.

Enfin, de travaux récents, il ressort que l'enrichissement du milieu d'élevage entraîne une augmentation du nombre d'épines dendritiques des neurones pyramidaux, ainsi qu'un épaississement des jonctions synaptiques entre neurones (voir fig. 1) [3].

M.R. Rosenzweig et ses collaborateurs ont remarqué que le développement du cerveau des rats vivant en liberté dans un enclos à l'air libre est plus important que celui de congénères issus des mêmes portées et élevés, au laboratoire, dans un environnement enrichi. Des « conditions de vie naturelles » favoriseraient donc davantage le développement du cerveau qu'un milieu artificiel enrichi.

Ces expériences montrent clairement l'influence que peut avoir la répétition de diverses stimulations sur le développement du jeune individu. C'est aussi ce qui ressort des travaux de H.F. Harlow et de ses collaborateurs sur le singe rhésus, à la différence que

---

1. L'enzyme acétylcholinestérase joue un rôle essentiel dans les processus de transmission de l'influx nerveux d'un neurone à un autre.
2. Les cellules gliales jouent un rôle important dans le passage de divers éléments des vaisseaux capillaires aux neurones.
3. Voir les travaux de K. Møllgaard, M.C. Diamond, E.L. Bennett, M.R. Rosenzweig, B. Lindner (1971).

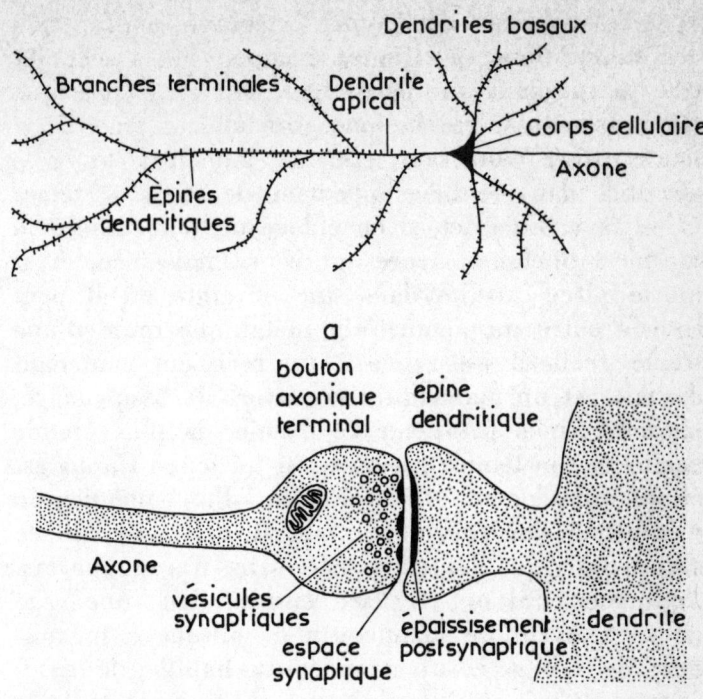

Fig. 1. DES RATS ÉLEVÉS DANS UN MILIEU ENRICHI PRÉSENTENT DES MODIFICATIONS DANS LEURS CELLULES NERVEUSES PAR RAPPORT A DES RATS DANS UN MILIEU PAUVRE EN STIMULATIONS.

a. Cellule pyramidale du cortex cérébral du rat. Les épines dendritiques comportent de nombreux sites où aboutissent les terminaisons axoniques d'autres neurones (contacts synaptiques : voir *b*). Les rats élevés dans un milieu enrichi en stimulus (objets divers, plusieurs individus dans la même cage) ont davantage d'épines dendritiques sur ces cellules que ceux issus de la même portée mais dont le milieu d'élevage comportait peu de stimulus.

b. Jonction synaptique entre une terminaison axonique et l'une des épines dendritiques de la cellule *a*. Les vésicules présynaptiques contiennent un transmetteur (ou médiateur chimique) qui est libéré dans l'espace synaptique lorsqu'un signal électrique atteint l'extrémité de la terminaison axonique. Le médiateur stimule ensuite les sites postsynaptiques qui forment un épaississement sur l'épine dendritique. En moyenne, chez des rats élevés en milieu enrichi, les dimensions de l'épaississement postsynaptique seraient, d'après K. Møllgaard, 50 % plus grandes en section transversale que dans les mêmes jonctions mais chez les rats élevés en milieu pauvre. Or, on pense que les dimensions de l'épaississement postsynaptique seraient un indicateur de l'activité de la synapse et, par suite, de la quantité d'informations qui peuvent être transmises du neurone présynaptique au neurone postsynaptique.

Cette figure a été réalisée à partir des schémas de l'article de M.R. Rosenzweig et ses collaborateurs (1972).

le développement des jeunes est étudié en fonction des stimulations spécifiques émanant de la mère et des compagnons de jeux. Que le jeune macaque rhésus satisfasse ses besoins alimentaires grâce à sa mère (tétée) ou sans elle ne joue pas un rôle essentiel dans le développement de ses « systèmes affectifs ». En effet, si on enlève un jeune rhésus à sa mère quelques heures après sa naissance, et si on le place ensuite dans une enceinte où il peut choisir entre un mannequin métallique muni d'une tétine (celle-ci est reliée à un récipient contenant du lait) et un mannequin recouvert de tissu-éponge, le jeune singe passe sur ce dernier la plus grande partie de son temps. En outre, si un jeune rhésus est élevé uniquement en présence d'un mannequin métallique qui fournit le lait, il ne passe sur ce mannequin que le temps nécessaire à son approvisionnement. Si on le place ensuite dans une cage où se trouvent un mannequin métallique « fournisseur de lait » et un mannequin habillé de tissu-éponge, et si on introduit un objet inhabituel, le jeune rhésus se réfugie sur le mannequin habillé. Après s'être blotti et frotté sur celui-ci, il se tourne alors vers l'objet. Lorsque, dans d'autres expériences, le jeune singe est mis dans un environnement étranger, il se réfugie dans un coin en criant, s'aplatit sur le sol et se cache la tête. S'il trouve une étoffe, l'animal se blottit dessus (qu'il ait été élevé en présence d'un mannequin métallique ou d'un mannequin habillé ne change rien à son comportement). Après un temps de contact avec l'étoffe, il commence l'exploration de son nouvel environnement, mais revient sur le tissu, après avoir joué avec un ou plusieurs des objets présents.

Les expériences de H.F. Harlow montrent donc que l'établissement privilégié d'un lien et l'apaisement qui en résulte ne proviennent pas de la satisfaction d'un besoin comme la faim ou la soif. Le jeune macaque rhésus s'attache de préférence à un succédané qui lui fournit des contacts, essentiellement tactiles, ressemblant à ceux de la mère.

H.F. Harlow et ses collaborateurs ont ensuite comparé le développement de deux catégories de singes rhésus : les premiers avaient été élevés en présence de « substituts » maternels (les mannequins dont nous avons parlé) ou étaient restés partiellement isolés de leurs congénères (ils pouvaient les voir, les entendre et les sentir, mais pas les toucher). Les seconds avaient été élevés normalement par leur mère. Ces expériences débouchent sur plusieurs conclusions.

Après avoir été partiellement ou totalement isolé de ses congénères, y compris de sa mère, durant trois mois, le jeune rhésus a, pendant plusieurs jours, une attitude prostrée (de type autistique) dans sa nouvelle cage. Cependant, après un mois de vie avec des jeunes du même âge élevés par leur mère, les « isolés » montrent une fréquence de menaces et de jeux comparable à celle des individus élevés normalement. Il n'est alors pas possible d'établir de différence dans le développement des deux catégories d'animaux. Un isolement social de trois mois, depuis la naissance, n'entraîne donc pas de conséquences irréversibles dans le développement des jeunes, à condition qu'ils soient mis ensuite en présence de congénères du même âge. Tout se passe comme si les contacts et les jeux avec d'autres individus que la mère, et ce à un moment clé du développement, compensaient l'absence de relations maternelles.

En revanche, lorsque l'isolement social dure six mois, toutes les conduites s'en trouvent modifiées. La fréquence des comportements de menace et des comportements de jeu est alors très faible chez les isolés par rapport aux individus élevés normalement. Il en est de même pour les manipulations d'objets, l'approche des autres, l'amorce d'un jeu, etc. Les isolés sont aussi beaucoup plus craintifs et leur comportement sexuel est incomplet ou inadéquat.

Un isolement de six mois entraîne donc une détérioration considérable et, le plus souvent, irréversible des comportements, même après plusieurs mois de vie commune avec des individus élevés normalement. Les stimulations sociales des congénères ne compensent donc plus l'absence de relations maternelles lorsque l'isolement social dure trop longtemps.

Quand des jeunes sont élevés pendant six mois dans une situation d'isolement partiel, ils ont ensuite, entre eux, du sixième au neuvième mois, des bouffées d'agression très violentes alors que les comportements d'agression n'apparaissent qu'à la fin de la première année ou au cours de la deuxième année chez des animaux élevés normalement. Une situation d'isolement partiel aboutit donc à une apparition précoce et à une exacerbation des conduites d'agression. Par ailleurs, les comportements de jeu des isolés sont peu développés et leurs comportements sexuels inexistants. Mis en compétition avec des congénères élevés normalement, ils occupent, le plus souvent, le dernier rang de la hiérarchie sociale. Les comportements d'agression sont encore plus violents chez les isolés partiels de six mois qui subissent ensuite une période d'isolement total de six mois.

Il semble que l'absence de véritable communication corporelle, notamment au cours de jeux avec des individus du même âge (et malgré des informations visuelles, acoustiques et olfactives fournies par les congénères), entraîne une augmentation importante des conduites d'agression, en même temps qu'une tendance accentuée à l'isolement.

Répandus dans les années 1967-1968, les travaux de H.F. Harlow constituaient des modèles nouveaux et séduisants pour tous ceux qui se penchaient sur les mécanismes de développement des individus. C'est ainsi que le psychanalyste J. Bowlby finit de développer sa théorie de l'attachement chez l'enfant humain [1]. Contrairement à la psychanalyse classique, cette théorie n'accorde plus à la satisfaction des besoins de nourriture un rôle essentiel dans l'établissement des liens affectifs entre la mère et l'enfant. C'est à travers des échanges de stimulations spécifiques (tactiles, thermiques, etc.) que se forge d'abord la relation mère-enfant.

Une carence dans les stimulations maternelles (nous avons vu que, chez les singes rhésus, il s'agit essentiellement de stimulations tactiles) entraîne chez le jeune en cours de développement de profondes perturbations dans tous ses comportements affectifs et sociaux, y compris ses comportements sexuels.

Cela dit, les comportements sociaux ne sauraient être étudiés exclusivement en laboratoire. En effet, le cadre naturel de vie permet de situer ces comportements dans le véritable contexte biologique de l'espèce.

LES GROUPES DE MAMMIFERES
DANS LEUR CADRE NATUREL DE VIE

Les phénomènes de dominance et des hiérarchies sociales ont été soigneusement étudiés dans la plupart des groupes de mammifères [2]. Ces études

---

[1]. Celle-ci fut ensuite précisée et diffusée par R. Zazzo dans son remarquable colloque imaginaire, *L'Attachement* (1974).
[2]. Notons, à ce propos, les travaux des biologistes suivants : S.A. Altmann (1967) ; M.F. Bouissou et J.P. Signoret (1970) ; C.R. Carpentier (1973) ; M.R.A. Chance and C.J. Jolly (1970) ; J.H. Crook (1970, 1971) ; B.I. de Vore (1965) ; J.F. Eisenberg (1966) ; J.F. Eisenberg and W. Dillon (1971) ; R.D. Estes (1974) ; W. Etkin (1964) ; R.F. Ewer (1968, 1973) ; M.W. Fox (1971) ; J.S. Gartlan (1968) ; E.S.E. Hafez (1969) ; K.R.L. Hall (1965, 1967) ; K. Imanishi (1960, 1963) ; P.C. Jay (1968) ; A. Kortland (1972) ; H. Kummer (1968, 1971) ; J. Van Lawick-Goodall (1967, 1968) ; H. Van Lawick and J. Van Lawick-Goodall (1971) ; P.R. Marler (1972) ; A.H. Maslow (1936, 1940) ; R.P. Michael et J.H. Crook (1973) ; D. Morris (1967) ; F.E. Poirier (1972) ; L.A. Rosenblum (1970, 1971) ; T.E. Rowell (1972) ; G.B. Schaller (1963, 1965, 1972) ; C.H. Southwick (1963, 1967) ; E.O. Wilson (1975).

portent essentiellement sur les caractéristiques et les conséquences biologiques des relations hiérarchisées. Celles-ci s'établissent non seulement au sein du couple et entre mâles au moment de la reproduction, mais encore dans le groupe, tel qu'il fonctionne habituellement. La hiérarchie sociale peut être linéaire : en ce cas, un individu alpha domine bêta et ainsi de suite jusqu'à l'individu oméga ; on rencontre ce type de dominance-subordination entre les mâles du lémurien *Lemur catta* et entre les mâles du gorille. Mais la hiérarchie peut se présenter différemment, les mâles et les femelles organisant alors entre eux leur propre système de dominance. La présence des jeunes et des adolescents ne change rien aux rapports ainsi établis. Dans la plupart des cas, les mâles dominent les femelles de façon très contraignante (par exemple, chez le babouin d'Ethiopie *Papio hamadryas*) ; mais il arrive aussi que les femelles dominent les mâles (par exemple, chez la hyène, le lémurien *Lemur catta* ou le singe vervet *Cercopithecus aethiops*). La dominance peut être despotique (un animal alpha dominant tous les autres), sans que les autres membres du groupe adoptent un ordre hiérarchique net et strict (par exemple, dans certaines bandes de babouins). Mais, chez les babouins et les macaques, il arrive souvent que plusieurs mâles s'associent pour exercer leur dominance sur les autres. Si l'un des mâles est retiré de la coalition, il peut perdre sa dominance par rapport à ceux qu'il dominait auparavant. Au sein d'une population habituellement organisée selon une hiérarchie linéaire, il peut y avoir des relations de dominance triangulaire où X domine Y qui domine Z qui domine X (par exemple, chez le singe vervet). Il se peut aussi que les phénomènes de dominance soient si lâches et si peu marqués qu'ils n'entraînent pas la formation d'une hiérarchie sociale (par exemple, entre les femelles de nombreux groupes de babouins et de macaques, chez le singe-araignée *Ateles geoffroyi* ou le lémurien *Galago crassicaudatus*).

On voit donc qu'il existe une grande diversité dans les phénomènes de dominance ; cette diversité se retrouve au sein de la même espèce entre des groupes occupant des habitats différents (par exemple, chez les babouins) [1].

Par ailleurs, chez le singe rhésus *Macaca mulatta*, le macaque japonais *Macaca fuscata*, le babouin *Papio anubis*, le chimpanzé, etc., les petits des femelles dominantes tendent à devenir eux-mêmes dominants et à succéder aux mâles adultes dominants, lorsque ceux-ci vieillissent, quittent le groupe ou meurent. En revanche, les petits des femelles subordonnées occupent le plus souvent le bas de la hiérarchie sociale.

Bien que les échanges de signaux qui règlent les rapports de dominance-subordination chez les mammifères aient été bien analysés par les biologistes [2], les mécanismes de mise en place d'un statut de dominant ou de dominé demeurent encore quasiment inconnus.

En l'absence de données précises ou complètes sur l'ontogenèse des comportements de dominance et sur l'insertion du jeune dans un groupe de congénères, des modèles ont été récemment proposés sur la formation des rapports de dominance (I.D. Chase). Ces modèles sont fondés sur la probabilité des victoires et des défaites au cours des rencontres successives avec les congénères. Au départ, les animaux agressifs rechercheraient le contact avec les autres, alors que les « timides » l'éviteraient (encore faudrait-il savoir ici pourquoi les uns sont agressifs et les autres timides). Des succès répétés au cours des premières rencontres augmenteraient la proba-

---

1. Voir les travaux de H. Kummer.
2. Voir, par exemple, les travaux de M.F. Bouissou et ceux de J. Coulon.

bilité des succès au cours des confrontations suivantes. Le modèle de I.D. Chase peut effectivement s'appliquer au singe rhésus. J.M. Warren et R.J. Maroney, en effet, ont montré que, dans des compétitions entre paires de singes rhésus, les victoires au cours des premières rencontres se traduisaient par un nombre de victoires plus élevé dans les rencontres suivantes, et inversement pour les défaites.

Ces conclusions rejoignaient celles que j'avais pu établir chez les guêpes sociales ; cependant, rien ne m'autorisait à prendre comme point de départ de la construction des niveaux de dominance les différences dans l'agressivité des jeunes individus. Nous verrons aussi que l'organisation d'un groupe d'enfants ne peut s'expliquer seulement par des disparités éventuelles d'agressivité, même s'il existe des relations de dominance entre individus. Le concept d'agressivité est, en effet, difficile à cerner, surtout chez les primates, car il repose souvent sur des impressions et non sur des données mesurables.

Il est clair, en tout cas, que la vie sociale des mammifères ne peut se résumer à des relations de dominance-subordination. En ce sens, certains primatologues [1] discutent de l'organisation sociale des singes sans privilégier les rapports de dominance, mais en tenant compte, toutefois, des comportements exprimés entre les différents membres de groupes vivant dans leurs cadres de vie naturels. Ces primatologues dégagent ainsi d'autres notions comme celle de « rôle » selon le type d'activité exercée par chaque singe. Certains individus peuvent, par exemple, exercer un rôle d'intervention dans les conflits entre les autres membres du groupe, sans qu'il soit possible de détecter, au sein de celui-ci, un ordre de dominances (cas du singe-écureuil *Saimiri sciureus* ou du singe capucin *Cebus albifrons*). Et même lorsqu'un mâle est très dominant,

---

1. Dont K.R.L. Hall, I.S. Bernstein, T.E. Rowell et J.S. Gartlan.

il peut être très tolérant à l'égard des autres (cas des groupes de gorilles).

Les recherches modernes sur les singes montrent de toute évidence qu'il n'existe pas forcément de corrélation entre le niveau de dominance, le niveau d'agressivité et le type de fonction ou d'activité sociale. Nous verrons que c'est aussi le cas des jeunes enfants. Chez eux, comme pour les sociétés d'insectes, c'est l'étude des communications qui permet vraiment de comprendre comment un groupe est organisé et comment il évolue dans le temps. Il est, en effet, beaucoup plus important de cerner les mécanismes par lesquels les membres d'une même communauté s'influencent mutuellement, tant dans leur comportement que dans leur physiologie, que de chercher à justifier à tout prix la validité d'un concept.

Les formes d'organisation sociale sont parfois très élaborées chez les mammifères. Il arrive même qu'elles présentent quelques analogies avec l'organisation des groupes d'enfants.

LES FORMES DE VIE SOCIALE COMPLEXES CHEZ LES MAMMIFERES

Les ongulés

C'est probablement chez les ongulés que se trouvent le plus clairement dissociés les mécanismes de la dominance et du leadership, ces concepts qu'on a si souvent confondus, surtout dans l'espèce humaine. Alors que les manifestations de dominance entre mâles semblent liées à la délimitation d'un territoire ou à la lutte pour un harem ou un troupeau, elles sont beaucoup plus discrètes parmi les femelles. Comme l'a montré M.F. Bouissou chez les bovins domestiques, les rapports de dominance s'établissent le plus souvent dans les minutes qui suivent la réunion de femelles qui ne se connaissent pas. Cependant, ces rapports sont si subtils que les facteurs qui déterminent la dominance de l'une sur l'autre restent difficiles à cerner. Ces manifestations hiérarchiques ne sont pas liées à la conduite du troupeau (ou leadership) : chez les moutons, elle est assurée par les individus les plus grands et les plus vieux.

Chez les bovins, le leadership est détenu par une femelle fertile ou une femelle âgée. Dans d'autres cas, le leadership dépend des circonstances : chez le zèbre, où les relations entre individus sont réglées par des rapports stricts de dominance-subordination, le troupeau qui se dirige vers un point d'eau est conduit par l'étalon dominant ; mais, lorsqu'il quitte le point d'eau, c'est la femelle dominante qui en prend la tête.

Chez l'éléphant d'Afrique, la vie sociale la plus élaborée s'organise autour des femelles [1]. Indépendamment des mâles adultes qui vivent en solitaires ou en groupes très lâches et peu structurés, les femelles forment, avec leurs petits, des troupeaux dont la conduite est assurée par une vieille ; celle-ci, généralement, est la plus âgée et la plus massive. Plusieurs de ces troupeaux vivent à proximité les uns des autres. Chaque jeune peut téter n'importe quelle femelle allaitante et pas seulement sa mère. Prenant soin des petits, les femelles adolescentes les empêchent de quitter le groupe et de s'égarer. Les membres du troupeau tentent parfois de relever un individu blessé ou anesthésié (au cours d'une « chasse » par exemple). La femelle leader est celle qui s'expose le plus au danger en se mettant à la tête du troupeau ou en restant à l'arrière, au moment de la retraite. Dans ces groupes de femelles

1. Voir les recherches de H. et U. Hendrichs et celles de I. Douglas-Hamilton.

et de juvéniles, il semble que les relations de dominance n'existent pas — à moins, évidemment, que leur subtilité n'ait empêché les chercheurs de les découvrir. Parmi les mâles, il arrive que des éléphants juvéniles ayant quitté le troupeau forment une coalition contre des mâles de taille moyenne ; ils les dominent en présence d'un mâle très dominant (l'un des plus âgés et des plus solitaires). Tout comme chez les babouins *Papio hamadryas* [1], les mâles dominés peuvent utiliser la présence d'un individu très dominant pour menacer les subordonnés de celui-ci (dans ce cas, les subordonnés ne peuvent menacer ou attaquer sans provoquer des réponses agressives du plus dominant à leur égard).

Chez les éléphants, les comportements de coopération les plus fréquents et les plus variés se retrouvent donc parmi les individus qui n'ont pas entre eux de relations de dominance très marquées (troupeaux de femelles et de jeunes, petits groupes de juvéniles).

Les carnivores

Les carnivores sont probablement, avec les primates, les mammifères dont les fonctions sociales sont les plus diversifiées et les plus complexes. La coopération la plus répandue se produit pendant la chasse (mangoustes, lions, loups, lycaons). Chez plusieurs espèces de mangoustes, des familles formées autour d'un couple mâle-femelle peuvent s'associer et former des groupes de 30 à 40 individus qui occupent la même tanière. Chez le lion [2], des femelles apparentées (mère, sœurs, cousines) forment, pendant toute leur vie, des entités très

---

[1]. Voir les études de H. Kummer.
[2]. Voir les recherches de L.B. Schaller et de B.C.R. Bertram.

stables. Chaque groupe est accompagné par un ou deux mâles qui exercent leur dominance sur les femelles et les jeunes. Chez les lions, la dominance et le leadership sont aussi des phénomènes distincts. Les lionnes conduisent le groupe d'un point à un autre et coordonnent les déplacements au cours de la chasse ; mais, lorsque la proie est abattue, les mâles repoussent les lionnes et les jeunes. Les femelles s'approvisionnent ensuite sans se préoccuper des petits.

Dans la meute de loups [1], l'ordre d'approvisionnement reflète également un ordre de dominance mâles-femelles-jeunes. Pourtant, la chasse donne lieu à une coordination des déplacements et à une coopération de tous les individus. En se disposant en éventail, les loups peuvent acculer leur proie dans un endroit qui n'autorise pas la fuite, ou la rabattre vers d'autres membres de la meute qui sont à l'affût. Le couple fondateur de la meute est le plus dominant. Les comportements de dominance, très ritualisés (les agressions sont rares), se manifestent pour l'obtention de la nourriture, pour le choix des partenaires sexuels et pour l'accès aux sites de repos. Le mâle dominant est, en permanence, l'objet d'attention et de cérémonials d'accueil riches en apaisements et en sollicitations. Il est aussi le leader. Contrairement aux lions, les loups rapportent de la nourriture aux femelles restées avec leurs petits.

Un autre pas est franchi dans la vie sociale avec les lycaons, ou chiens sauvages d'Afrique *(Lycaon pictus)* ; ces animaux forment des meutes où les activités des individus sont très coordonnées [2]. A la chasse, se déployant d'abord en éventail derrière le leader qui a cadré la proie, les lycaons participent ensuite à la curée, apparemment sans ordre de pré-

---

1. Voir les recherches de L.D. Mech et celles de M.W. Fox.
2. Voir, à ce sujet, les études de W. Kühme ; R.D. Estes et J. Goddard ; H. Van Lawick et J. Van Lawick-Goodall.

séance. Revenant aux tanières, les chasseurs régurgitent de la nourriture aux jeunes et aux adultes restés en arrière, même lorsque cette nourriture est peu abondante. Les individus malades ou estropiés sont aussi approvisionnés. Par ailleurs, et contrairement aux lions et aux loups, lorsque les jeunes sont présents à la curée, ils ont priorité pour accéder à la proie. Les petits qui ont perdu leur mère peuvent être élevés par d'autres membres du groupe. Les femelles prennent souvent soin de tous les jeunes.

La meute de lycaons, encore plus que celle de loups, se caractérise, sauf cas exceptionnel, par une très grande tolérance mutuelle et une coopération dans toutes les activités sociales, même s'il existe un ordre hiérarchique. Les manifestations de dominance sont peu apparentes ; les cérémonials d'apaisement et de salut sont plus marqués et plus fréquents que les menaces ; les agressions paraissent rares. Il n'est pas sans intérêt de noter que, chez les lycaons, la diversité et la fréquence des activités coordonnées et des coopérations sont plus importantes que chez les autres carnivores. Cette fréquence supérieure va de pair avec une plus grande diversité et une plus grande importance des cérémonials d'apaisement, et ce dans tous les domaines de la vie sociale.

Les primates

En dépassant le concept de dominance et en créant celui de structures d'attention, M.R.A. Chance a apporté un éclairage nouveau sur les mécanismes de la vie sociale des singes. En effet, M.R.A. Chance, en collaboration avec C.J. Jolly, distingue des sociétés agonistiques et des sociétés hédoniques. Dans les sociétés agonistiques [1], les relations entre individus sont, en permanence, fortement hiérarchisées : l'approche, la menace, l'agression, la déviation de la menace et de l'agression, la subordination et la fuite sont constamment réglées par les rapports de dominance. Dans une société de ce type, les individus doivent être à tout moment attentifs à la position, à l'orientation et aux déplacements du ou des dominants. C'est par une attention et une référence de tous les instants aux dominants que se maintient l'organisation de ce type de société. Lorsque le dominant regarde un subordonné, celui-ci détourne les yeux ou la tête ; ce mécanisme empêche une menace de se transformer en agression. Chez le babouin *Papio hamadryas* [2], lorsqu'une femelle en œstrus cherche à s'accoupler avec un mâle dominant, elle s'interpose entre ce mâle et sa partenaire habituelle. Elle attire ainsi sur elle les menaces de l'autre femelle, ce qui a pour effet de déclencher sur cette dernière l'agression du mâle (nous verrons que de tels mécanismes de déviation — ou réorientation — de la menace et de l'agression existent aussi chez les jeunes enfants placés en activités libres).

Dans ces « sociétés agonistiques, tous les individus doivent rester ensemble afin de bénéficier de la protection du mâle dominant, lorsque le mâle dominant est lui-même la source de la menace [3] ». Les rares phénomènes de coopération qui ont été observés dans ce type de société se produisent entre les mâles qui ne subissent pas la dominance despotique d'un plus dominant et qui, de plus, ne paraissent pas avoir entre eux des relations de dominance très

---

1. Comportements agonistiques : ensemble des comportements de menace, de préparation à l'agression, d'agression, de déviation de la menace et de l'agression, de subordination et de fuite.
2. Voir, à ce sujet, les études de H. Kummer.
3. M.R.A. Chance, in *L'Unité de l'Homme*, éd. du Seuil, 1974. p. 88.

marquées. Ainsi, chez les macaques, plusieurs mâles s'entraident pour exercer leur dominance sur les autres membres du groupe, sans qu'il y ait entre eux un ordre hiérarchique.

Chez les babouins, un mâle presque adulte peut d'abord accepter la dominance d'un mâle adulte en adoptant à son égard un comportement de subordination similaire à celui des femelles ; puis il se constitue progressivement son propre harem en kidnappant des enfants mâles et femelles, sans chercher à s'approprier les femelles du mâle dominant. Lorsque celui-ci vieillit, le mâle presque adulte l'aide à exercer sa dominance sur ses femelles et ses petits. Une véritable équipe se forme entre mâles dominants. Il semble donc que dans les « sociétés agonistiques », les comportements de coopération se soient surtout développés entre les individus qui ne subissent pas la dominance despotique d'un autre ou qui n'ont pas entre eux de relations hiérarchiques contraignantes.

Le deuxième type de société, caractérisée par M.R.A. Chance, est la société hédonique [1], que l'on retrouve essentiellement chez les gorilles et les chimpanzés. Dans ces sociétés, les relations entre individus ne sont pas aussi dépendantes d'un ordre hiérarchique que dans les sociétés agonistiques. Comme l'écrit M.R.A. Chance, les relations sociales comportent « un élément prédominant, le comportement de contact [2] ». En effet, si on retrouve chez les gorilles et les chimpanzés des menaces ritualisées à distance de même forme que chez les autres singes, on y rencontre aussi des rituels de contact fréquents et diversifiés. Les agressions, et parfois même les menaces entre individus du même groupe, sont plutôt rares. Les rencontres entre deux bandes occupant la même région sont le plus souvent pacifiques.

---

1. Hédonisme : recherche du plaisir.
2. M.R.A. Chance, *op. cit.*

En cas de danger ou d'augmentation de l'excitation dans le groupe, les chimpanzés échangent de nombreux gestes de réassurance : ils se touchent, se prennent par l'épaule, se serrent la main, s'embrassent, miment un comportement sexuel, etc.

En cas de compétition alimentaire, des rituels d'apaisement et de soumission permettent la tolérance mutuelle du dominant et des subordonnés près des sources de nourriture. Tout se passe comme si « le contact constant rassure et empêche la montée de l'excitation [1] ». C'est, par exemple, le chimpanzé dominant lui-même qui accepte la présence d'un autre en lui touchant le bras, en lui prenant le menton dans la main, ou en lui touchant la région ano-génitale. Par ailleurs, les chimpanzés se serrent la main, se prennent par l'épaule ou se touchent sur d'autres parties du corps, après avoir menacé ou chargé un léopard artificiel introduit dans leur environnement habituel. Dans ce cas, l'attention, qui n'est pas concentrée sur les plus dominants, est réciproque : chacun réagit en fonction du comportement de l'autre, quel que soit son rang hiérarchique et quelles que soient les circonstances.

Contrairement aux sociétés agonistiques de macaques et de babouins, ces caractéristiques de tolérance mutuelle, de grande diversité des comportements d'apaisement, de faible fréquence des agressions s'accompagnent de l'ouverture de la société. Pendant les rencontres, les groupes peuvent, en effet, échanger des individus sans manifestations agressives.

C'est aussi dans la société de chimpanzés, la plus riche en cérémonies d'accueil et en rituels d'apaisement, que les comportements de coopération et d'imitations réciproques sont les plus développés. Ainsi, les mâles coopèrent lorsqu'ils chassent d'autres mammifères ; ils partagent ensuite la viande avec

---

1. M.R.A. Chance, *op .cit.*

les autres membres du groupe. Contrairement aux macaques japonais [1], les adultes, ici, sont imités par les jeunes. En outre, ils leur transmettent de nouveaux comportements (par exemple, s'essuyer la bouche avec des feuilles, prélever l'eau, au moyen de feuilles, dans le creux formé par deux branches d'arbre, capturer des termites en introduisant une brindille dans un orifice de la termitière, etc.).

Nous verrons aussi que, s'il existe un ordre de dominances dans les groupes d'enfants, les activités communes, les coopérations et les imitations réciproques (qui dépendent étroitement des rituels d'apaisement au cours de l'entrée en contact et pendant les échanges qui suivent) se retrouvent surtout chez les individus les plus riches en cérémonials d'accueil et en apaisements.

D'une manière générale, l'étude des groupes de mammifères placés en milieu « non artificiel » tend à montrer que les comportements sociaux complexes n'impliquent ni l'existence de relations de dominance contraignantes, ni l'expression d'agressions ouvertes (physiquement exprimées). En revanche, les comportements de coopération les plus diversifiés et les plus complexes paraissent aller de pair avec la ritualisation des comportements sociaux et le développement des conduites d'apaisement.

L'ECLOSION DE L'ETHOLOGIE HUMAINE

Entre 1966 et 1969, le contexte international devenait de plus en plus favorable à une étude des conduites humaines à partir des méthodes et des concepts éthologiques. D'éminents spécialistes des sciences humaines (psychologues, psychanalystes,

---

[1]. Voir les études de S. Kawamura et de M. Kawai.

psychiatres) se réunissaient de plus en plus souvent avec des comportementalistes animaux. Ces rencontres débouchèrent sur la publication d'ouvrages importants (comme *Determinants of Infant Behaviour* [1]). Ces volumes constituent aujourd'hui une référence fondamentale pour tous ceux qui s'intéressent au développement de l'animal et de l'enfant. Les spécialistes des sciences humaines découvraient ainsi non seulement des modèles qui les aidaient à expliquer les conduites humaines, mais aussi une attitude qui leur permettait de se situer face à l'« objet » observé. Une méthodologie et des concepts nouveaux pouvaient être transposés ou adaptés à l'étude de l'Homme [2].

Parallèlement, un courant de plus en plus important se développait également parmi les éthologistes eux-mêmes, pour étudier les conduites de l'espèce humaine avec des concepts et des méthodes empruntés à l'éthologie. La Conférence internationale d'éthologie qui s'est tenue en 1967, aux environs de Stockholm, a, semble-t-il, joué un rôle déterminant dans l'éclosion de l'éthologie humaine.

Prêts à dépasser le stade des « modèles animaux du comportement humain » et des analogies souvent gratuites, forts de méthodes expérimentales et de méthodes d'observation éprouvées, les éthologistes étaient désormais décidés à étudier effectivement les conduites de l'Homme. Deux domaines surtout retenaient et retiennent encore leur attention : la communication non verbale et l'ontogenèse des comportements de l'enfant.

---

1. Par B.M. Foss.
2. Beaucoup avaient oublié, semble-t-il, qu'en 1946, le psychanalyste R.A. Spitz avait déjà utilisé la méthode des leurres, chère à N. Tinbergen, pour étudier le déclenchement du sourire chez le nourrisson ; il pensait avoir démontré l'existence d'un mécanisme nerveux génétiquement programmé (ou Innate Releasing Mechanism : notion typiquement objectiviste) commandant l'expression du sourire.

Depuis la Conférence de Suède, un institut d'éthologie humaine a été créé en Allemagne par I. Eibl-Eibesfeldt, l'un des élèves de K. Lorenz ; en outre, plusieurs livres d'éthologie humaine ont été publiés [1] et de nombreux colloques internationaux furent organisés avec la participation active d'éthologistes de l'Homme [2]. Le mouvement était lancé. Il fallait, alors, contribuer à son développement..

Je rapportai de la conférence de Suède un enthousiasme nouveau, car je savais que les éthologistes étaient prêts à franchir la barrière qui sépare l'animal de l'homme et à apporter leur expérience à l'étude des conduites humaines. Je pouvais réaliser le vieux rêve que l'orientation de mes études, entièrement consacrées à la biologie, ne m'avait pas permis, jusqu'alors, de matérialiser : contribuer, avec ma formation et mes méthodes, à une meilleure connaissance du développement du jeune enfant. Ma démarche peut s'expliquer par le fait que je gardais en mémoire une misère affective qui m'avait profondément marqué : celle d'enfants qui, à la périphérie de Lorient (ville aux trois quarts détruite par les bombardements), vivaient dans des baraquements hâtivement construits après la Seconde Guerre mondiale. J'avais eu la chance de participer, comme moniteur, à des colonies de vacances organisées pour ces enfants dont je me rappelais les agressions violentes [3]. Les groupes qu'ils formaient possédaient une structure et des règles alors insaisissables. Cette

---

1. Citons notamment ceux de N.G. Blurton Jones (1972) et de W.C. Mac-Grew (1972).
2. Parmi ces colloques, mentionnons : « Non-verbal Communication », édité par R.A. Hinde en 1972 ; « L'unité de l'Homme », édité par le Centre Royaumont pour une science de l'Homme en 1974 ; « Human Behaviour and Adaptation » en 1977 (organisateurs : N.G. Blurton Jones et V. Reynolds.)
3. Je voudrais souligner ici le dévouement sans bornes et le dynamisme de Y. Daouphars qui contribua à la mise en place et au développement de ces colonies de vacances pour des enfants dont la plupart vivaient dans des conditions très difficiles.

expérience fit naître chez moi deux types de questions :

— Pourquoi certains enfants sont-ils constamment agressifs ? Pourquoi d'autres ne parviennent-ils pas, ou n'essaient-ils pas de s'intégrer aux activités communes ? Quelles sont les causes du rejet d'un enfant par un groupe ? Les divers types de comportement sont-ils temporaires ou stables pendant plusieurs années ?

— Que se passe-t-il dans un groupe ? Comment se forme-t-il ? Comment évolue-t-il ?

Ces questions déterminèrent les recherches que j'entrepris par la suite sur les différents types de comportement des enfants à partir des mécanismes de la communication non verbale.

2

Attitudes et méthodes

LE CHOIX DES MILIEUX D'ETUDE

La notion de milieu naturel a perdu toute signification pour l'espèce humaine qui a colonisé et modifié tous les types d'espaces. Lorsque j'ai formé le projet d'étudier le comportement de l'enfant, il m'a donc semblé illusoire de définir ce que pouvait être ou devait être un « milieu naturel d'enfants ». En revanche, une étude du comportement en continu avec des méthodes éthologiques impliquait le choix de milieux où les enfants passent habituellement la plus grande partie de leur temps. Il fallait aussi que les enfants pussent être observés en activités libres et que leurs échanges ne fussent ni suscités ni interrompus à tout moment par des adultes. C'est en fonction de ces considérations que j'ai choisi la crèche comme premier milieu d'étude. Les enfants y sont amenés par leurs parents entre 7 et 9 heures et sont repris le soir entre 17 et 19 heures, selon les horaires professionnels et la disponibilité du père et de la mère. Certains enfants fréquentent la crèche depuis l'âge de 8 semaines, d'autres n'y arrivent qu'à 2 ans et demi. Ils la quittent tous aux environs de 3 ans et sont alors inscrits à l'école maternelle — ou gardés par une parente ou une nourrice.

Conduit à la crèche dès le lundi matin, le jeune enfant se retrouve ainsi tous les jours, et jusqu'au vendredi soir, avec d'autres enfants pendant la plus grande partie de ses périodes d'éveil. Bien qu'étant sous la garde vigilante de la jardinière et des puéricultrices, il peut à tout moment s'exprimer spontanément et librement au milieu des autres, tant dans la salle de jeux que dans la cour.

Les circonstances m'ont amené à choisir une crèche dont la grande salle de jeux (13,50 m × 7,50 m) autorisait l'implantation d'un dispositif d'observation sans que fût notablement modifié l'espace disponible laissé aux enfants. Entre 14 et 17 mois, après l'acquisition de la marche, les enfants se retrouvent seuls parmi les plus grands dans cette salle ou dans la cour. L'effectif de cette population d'enfants varie de 10-12 à 30-35, selon les besoins des recherches et les absences entraînées par la maladie et les événements familiaux. Les plus petits (7 à 14 mois) et les nourrissons sont gardés dans d'autres pièces.

Les enfants de 3 à 4 ans, puis de 4 à 6 ans ont été suivis dans des écoles maternelles. Les institutrices n'ont pas hésité à modifier leur emploi du temps pour laisser les enfants en activités libres pendant 30 à 60 minutes par jour. En outre, elles ont accepté de modifier la disposition des objets et des meubles en fonction des protocoles expérimentaux. Ici, l'effectif a varié de 15 à 35 enfants selon le programme des expériences et les absences.

LE DISPOSITIF D'OBSERVATION

Tout éthologiste sait bien qu'il doit prendre le plus grand soin à ne pas être perçu des animaux qu'il étudie, au moins au début d'une nouvelle recherche, sous peine d'introduire des stimulations qui peuvent orienter ou modifier le comportement des sujets observés. Lorsqu'il met au point ses méthodes de travail, il doit donc veiller à ne pas être vu, entendu ou senti, et ne doit pas hésiter à modifier son poste d'observation en fonction des réactions des individus étudiés. Fidèles à ces principes élémentaires, nous avons construit un paravent qui nous a permis d'observer les enfants sans être remarqués (voir fig. 2). Constitué de trois

Fig. 2. LE POSTE D'OBSERVATION.

Le pan central du paravent comporte, au-dessus d'une glace sans tain, une ouverture rectangulaire qui permet à la puéricultrice ou à l'institutrice d'utiliser le paravent comme théâtre de marionnettes. Les trois panneaux sont percés d'orifices (O) par lesquels les enfants peuvent être filmés et photographiés dans la plus grande partie de la salle de jeux.

panneaux articulés, ce dispositif pouvait être déformé et déplacé, de sorte que les enfants avaient la possibilité d'aller derrière l'écran lorsque les observateurs étaient absents ; ainsi, ce dispositif faisait partie intégrante de l'environnement habituel.

L'attitude d'observation

Habitué à suivre des guêpes et des abeilles au sein de groupes relativement nombreux, j'avais acquis un certain détachement par rapport aux « objets » d'étude. L'observation silencieuse et en continu des insectes, sans implication personnelle directe, m'avait préparé à accepter l'observation d'enfants placés en activités libres sans que cela me pose de véritables problèmes.

Je ne pensais qu'à regarder et encore regarder pour essayer de saisir quelques liens entre les déplacements et les réactions des enfants. En revanche, plusieurs de mes premiers collaborateurs, en majorité des psychologues scolaires, éprouvèrent quelque difficulté à accepter leur rôle d'observateur silencieux. Regarder des enfants sans intervenir et sans s'impliquer était, en effet, une attitude difficile pour d'anciens enseignants (la plupart avaient été instituteurs) devenus des praticiens habituellement « au contact » de l'enfant. « Etre à l'écoute », tout en restant à l'écart, ne pas être perçu, ne pas s'impliquer : ces enseignants découvraient sur le terrain ce que l'attitude éthologique a d'austère et d'un peu froid, au moins au début d'une étude nouvelle. Cependant, certains d'entre eux se sont révélés de remarquables observateurs et, plusieurs mois après le début des travaux, nous avons vu ensemble comment s'étaient structurés les groupes successifs.

Nos observations, si elles s'effectuèrent sans protocole défini, furent néanmoins systématiques. Durant la première année de nos expériences, nous avons suivi les enfants pendant une, deux ou même souvent trois heures par jour. Finalement, nous avons entrevu la manière dont sont réglés certains échanges comme l'apaisement, la sollicitation, la menace, la canalisation ou la réorientation de l'agression.

Les années suivantes, l'équipe de recherches s'est élargie : aujourd'hui, elle comprend des biologistes, des psychologues, des biochimistes et statisticien spécialiste des analyses de correspondances. Un délai de douze à dix-huit mois est généralement nécessaire pour qu'un nouveau chercheur accepte sa situation d' « écoute éthologique » acquiert la mobilité d'esprit et la concentration indispensables à la validation de toute observation sur le comportement.

L'austérité de notre attitude de recherche n'implique pas que les enfants soient considérés comme des objets, ainsi qu'on me l'a parfois reproché. Ils sont vus comme des êtres en cours de développement ; l'étude simultanée de leur comportement et de leur physiologie peut révéler quand et comment ils sont en équilibre par rapport à leur environnement. Aider à comprendre les éléments qui favorisent ou défavorisent le dialogue corporel de l'enfant avec son environnement (famille, autres enfants, éducateurs, etc.), revient, en fait, à rappeler aux adultes que l'enfant n'est pas un objet façonnable au gré de leur volonté.

La méthode d'observation

Nous avons donc commencé par mettre au point une « observation sauvage » de tous les enfants placés en activités libres. Durant les deux premières années de nos recherches, nous n'avions aucune hypothèse précise ; nous pensions seulement que des groupes structurés pouvaient se former entre enfants et que les échanges entre eux étaient peut-être réglés par des mécanismes rappelant ceux des animaux les plus évolués. Parfois seuls, ou souvent à deux, trois ou quatre, les observateurs prenaient des notes pendant une à trois heures, puis les confrontaient ensuite. C'est en comparant les données des « observations sauvages », les films et les séries de photographies prises séparément ou tirées des films, que commencèrent à être « décodés » les premiers mécanismes de communication. Ayant constaté que certains endroits (parc, tapis, toboggan, tables) étaient plus attractifs et plus souvent occupés que d'autres, nous avons focalisé notre observation et l'objectif de notre caméra sur les interactions qui se déroulaient autour de ces centres d'intérêt. Une situation particulière nous apparut rapidement comme étant très attractive : l'occupation des pieds d'une table renversée sur le sol ou sur une autre table. Cette situation nous permit de faire nos premières quantifications systématiques sur les mécanismes d'appropriation du jeune enfant.

A mesure que nous pratiquions l'« observation sauvage », nous constations que les groupes étaient « organisés » selon une sorte d'échelle de priorité, celle-ci permettant l'appropriation des objets ou des situations convoités [1] (nous avons appelé cette échelle « échelle de dominances », sans que cela implique le moindre jugement de valeur de notre part).

Après cette première étape consacrée à l'observation sauvage, nous avons utilisé deux méthodes d'investigation : d'une part, l'observation des comportements adoptés dans des situations de compétition caractéristiques et, de l'autre, l'observation en continu d'un ou plusieurs enfants placés en activités libres. Pratiquées en alternance d'un jour à l'autre

---

[1]. Nous considérons qu'un objet ou une situation sont convoités lorsque l'introduction de l'objet ou la création de la situation donnent lieu à des compétitions et à des tentatives d'appropriation répétées.

pendant plusieurs mois, les deux types d'observation permettent de dégager progressivement :

— la manière dont un groupe se forme et évolue ;
— la manière dont chaque enfant parvient à se situer par rapport aux autres, tant au cours des compétitions que des activités libres ;
— la manière dont les enfants entrent en contact, échangent et se séparent dans diverses situations.

Au total, on peut estimer à 10.000 heures au moins le temps que l'ensemble du groupe a consacré aux observations depuis 1970. De plus de nombreuses scènes se déroulant entre les enfants furent systématiquement filmées. Ces scènes sont multiples : à la crèche, il peut s'agir de compétitions pour « occuper » les pieds d'une table renversée ou divers objets, de jeux solitaires ou collectifs, de poursuites ludiques, d'échanges pendant le repas, de déplacements dans la cour, etc. A l'école maternelle, nous avons filmé des conflits se déroulant autour d'objets divers, des échanges pendant des jeux de poupée, de dînette, de garage, etc., des poursuites et des regroupements spontanés, les réactions lors des séances de marionnettes, etc.

Dès le départ, nous avons utilisé des caméras 16 mm, munies d'un zoom de 12 à 120 mm, d'un objectif grand angle ou d'un téléobjectif. Nous avons opté pour la caméra 16 mm plutôt que pour le circuit intérieur de télévision (ou circuit vidéo [1]) pour plusieurs raisons. Au cours de mes études sur les sociétés de guêpes, j'avais constaté que le fait de suivre en continu des insectes au moyen d'une caméra 16 mm favorise la concentration du chercheur

---

1. Le circuit vidéo comprend souvent la manipulation à distance d'une caméra qui balaie le local où se trouvent les individus étudiés (un magnétoscope permet de revoir au ralenti ce qui a été filmé).

et entraîne progressivement une plus grande finesse dans l'examen. En revanche, après avoir souvent assisté à des observations à distance au moyen d'un circuit vidéo, j'avais constaté que la « déconnexion » totale par rapport à l'ambiance où se déroulent les phénomènes entraîne plus facilement que l'usage de la caméra une certaine fascination chez l'observateur. Le passage au ralenti, ou même image par image, ne permet pas, semble-t-il, de bien mobiliser l'attention et de comprendre clairement s'il existe des relations entre des successions d'actes, des déplacements ou d'autres activités (le cerveau humain, en effet, n'autorise que la comparaison et l'analyse d'un nombre fini d'images successives). Il est possible, à partir de la copie d'un film 16 mm, de développer chaque succession d'images sur une émulsion à faible grain et d'en obtenir autant d'images positives sur papier. En comparant les photographies, on peut ensuite chercher si un comportement donné entraîne des réponses de comportement caractéristiques, à valeur de communication. De nouvelles projections de films permettent de contrôler si la dynamique des phénomènes correspond bien à l'analyse des images arrêtées successivement. En outre, la caméra 16 mm peut être déplacée plus facilement qu'un circuit vidéo qui doit le plus souvent rester en place en raison des aménagements particuliers qu'il implique. Pour finir, les films 16 mm sont diffusables plus facilement que des bandes magnétiques, et les séries de photographies qui en sont issues sont beaucoup mieux contrastées et plus lisibles que les bandes d'un système vidéo. En définitive, l'analyse des films, qui, seuls, autorisent une étude subtile de la dynamique des échanges entre enfants, nous a permis de détecter progressivement un nombre croissant de comportements à valeur de communication. On peut estimer que 70 à 80 km de films ont été ainsi analysés.

LE PRINCIPE D'ANALYSE DES INTERACTIONS

Contrairement à d'autres chercheurs qui ont abordé l'étude du comportement de l'enfant avec des méthodes éthologiques [1], je n'ai pas cherché à établir systématiquement un éthogramme, c'est-à-dire un catalogue complet des actes de l'enfant. Je voulais, en premier lieu, comprendre comment un enfant agit pour attirer l'attention, pour établir et poursuivre une communication. Plutôt qu'un catalogue de la motricité, c'est donc un répertoire d'actes et de vocalisations à valeur de signaux que j'ai tenté de dégager. L'un de mes premiers objectifs a été d'analyser comment s'enchaînent les actes et les vocalisations par lesquels un enfant entre en relation avec un autre, puis entretient et rompt la relation. De la même manière, j'ai étudié la réponse de l'interlocuteur, et ce dans les situations les plus variées (poursuites ludiques, jeux sur un tapis, manipulations d'objets divers, etc.). L'observation en continu et, surtout, le film permettent de dégager ainsi des correspondances de plus en plus précises entre les séquences motrices de deux ou de plusieurs enfants au moment où ils se rencontrent, au cours de leurs échanges et au moment où ils se quittent.

Selon une méthode fréquemment utilisée en éthologie, nous attribuons d'abord une signification ou une fonction temporaires à une succession d'actes en nous fondant sur la forme de la réponse qu'elle entraîne. C'est seulement lorsque nous avons vu se reproduire plusieurs fois la même correspondance entre l'expression d'un comportement et la réponse provoquée, que nous en faisons un élément du répertoire des communications. Cela n'implique pas que la correspondance existe obligatoirement et invariable-

---

1. Voir les travaux de N.G. Blurton Jones (1967, 1971, 1972), ceux de I. Eibl-Eibesfeldt (1968, 1970, 1972, 1974) et enfin ceux de W.C. MacGrew (1969, 1970, 1972).

ment : la réponse peut être absente ou avoir une forme différente selon les échanges qui précèdent la situation vécue ou l'état physiologique de l'enfant receveur.

Il ne s'agit donc pas, pour nous, d'isoler des actes qui déclenchent un comportement, mais de cerner les enchaînements d'actes les plus fréquents entre deux enfants qui s'expriment spontanément. Ainsi, lorsqu'une séquence motrice entraîne le plus souvent un sourire avec la bouche fermée ou légèrement entrouverte, une caresse ou l'arrêt des pleurs, elle est considérée comme ayant une signification ou une fonction d'apaisement. Lorsque cette séquence entraîne un comportement d'offrande dans des situations très différentes où des objets attractifs sont en nombre limité, elle est appelée séquence de sollicitation. En revanche, lorsqu'une séquence motrice provoque le plus souvent la crainte, le lâcher d'un objet, le détournement, le recul ou la fuite, elle est considérée comme ayant une signification de menace.

Deux types d'expériences permettent de mieux cerner les fonctions de communication d'un comportement :

— Aussi souvent que possible, nous demandons à la puéricultrice ou à l'institutrice de présenter aux enfants la séquence motrice qui provoque habituellement l'apaisement, l'offrande, la fuite, etc. Nous veillons à ce que ces séquences soient manifestées dans des situations diverses (l'enfant est isolé, joue avec d'autres, construit, est à table, etc.).

— Nous créons des situations de compétition et comparons les séquences exprimées par rapport à celles que nous avions remarquées quand les enfants étaient laissés en activités libres.

En fonction des réponses obtenues, nous dressons progressivement une grille de communication entre enfants du même âge ou d'âge voisin. Chaque acte n'est pas analysé pour lui-même, mais au sein des séquences motrices où il est apparu.

Notre analyse tient compte des événements survenus dans la famille, des échanges qui ont précédé l'observation, du type de situations vécues, de l'état physiologique de l'enfant, etc. Avant d'être analytique (étude de la forme, de la fréquence et de la durée de chaque acte), notre approche est donc d'abord fonctionnelle et probaliste. C'est également selon cette optique que nous avons analysé le comportement du père et de la mère à l'égard de l'enfant.

LES EXPERIENCES

Les expériences sont exécutées à la crèche par la jardinière d'enfants, à l'école maternelle par l'institutrice. Un protocole a été préétabli ; avant chaque expérimentation, nous précisons à la jardinière d'enfants ou à l'institutrice l'ordre et l'intervalle des expériences prévues. Les protocoles sont établis de façon que l'environnement des enfants ne subisse qu'un seul type de modification pendant un intervalle de temps donné ; par exemple, à partir du moment où la jardinière d'enfants dépose discrètement un chocolat sur le sol de la salle de jeux, aucun autre événement extérieur ne doit survenir.

Nous quantifions l'ordre, la fréquence et la durée d'appropriation des pieds d'une table renversée sur une autre, d'objets habituellement attractifs (autos, ours, poupées) ou de chocolats introduits à intervalles réguliers.

En prenant un mois comme unité de temps et en additionnant les résultats obtenus dans chaque situation de compétition, nous établissons une échelle de priorité dans l'appropriation des situations et des objets convoités ; cette échelle varie peu d'un mois à l'autre ; elle nous permet d'obtenir le niveau de dominance de chaque enfant[1]. Parallèlement, nous dressons le profil de comportement de ces enfants, en quantifiant la fréquence des séquences d'actes apaisants par rapport à celle des agressions spontanées ainsi que la fréquence des comportements de crainte, de fuite et d'isolement. Une unité de temps d'un mois permet d'annuler pour chaque enfant l'influence aléatoire et temporaire de certains facteurs physiologiques et familiaux qui peuvent nous échapper. Ces facteurs sont inhérents à l'enfant lui-même (poussées de fièvre, indigestions, etc.), aux parents (cycle ovarien de la mère, indispositions et physiologie alimentaire du père et de la mère, etc.) ; ils peuvent, en outre, résulter de facteurs écologiques (temps de pluie, de neige, etc.) et de facteurs sociaux (absence imprévue, irritabilité temporaire du père ou de la mère au cours d'une soirée, agressions du frère ou de la sœur, etc.).

La création de compétitions entre enfants

Après avoir reconnu le profil de comportement des enfants, nous voulions préciser leurs mécanismes de communication. Pour cela, il nous fallait réunir trois ou quatre enfants de profils différents (leaders, dominants-agressifs, dominés-craintifs, etc.). Le groupe ainsi formé étant séparé des autres par une cloison coulissante, la puéricultrice (ou l'institutrice) donnait une auto miniature à chacun de ces enfants : certains d'entre eux (un ou deux) recevaient une voiture (de type « Dinky Toy ») dont la forme, les couleurs et les accessoires étaient attractifs (voir fig. 3). L'auto remise aux autres était semblable à celles qui sont habituellement laissées à leur disposition dans la salle de jeux (jouet en plastique, de forme banale et sans accessoires).

1. Voir les tableaux II et III, annexe 9.

Fig. 3. UNE SITUATION EXPÉRIMENTALE PERMETTANT DE CERNER LES ÉCHANGES ENTRE TROIS ENFANTS DIFFÉRENTS.

Ces trois enfants ont un profil de comportement différent : à droite, un dominé-craintif (A), au centre, une fille dominante-agressive (B) qui se trouvait tout à fait à gauche des autres au début de la situation expérimentale, à gauche, un dominant-agressif (C) qui se trouvait au centre. Quelques secondes auparavant, les trois enfants ont reçu, l'un une « auto attractive » (C), les deux autres une « auto banale » en matière plastique. L'enfant C s'est levé après avoir reçu l'« auto attractive ».

Les expériences de reconnaissance d'odeurs spécifiques

A la crèche et à l'école maternelle, nous avons remis un tricot blanc de type « tee-shirt » à plusieurs mères (de 5 à 15, selon les circonstances et les protocoles expérimentaux) en leur demandant de le porter entre 48 et 72 heures, jusqu'au jour des expériences. Les mères ont reçu pour consigne de porter le tricot à même la peau et de ne rien changer à leurs habitudes. Elles devaient continuer (ou non) à se parfumer et à utiliser le même savon et la même eau de toilette qu'habituellement. Tous les tricots étaient identiques et nous avons utilisé deux types d'expériences.

Tout d'abord, nous avons fait asseoir successivement devant une table les enfants étudiés et nous avons déposé devant chacun d'eux deux tricots dont l'un avait été porté par la mère. Dans nos premières recherches, la puéricultrice (ou l'institutrice) inscrivait le nom de l'enfant sur l'encolure du tricot maternel ; dans les expériences plus récentes, l'expérimentateur lui-même marquait discrètement chaque tricot selon un code connu de lui seul et remettait à l'institutrice l'ensemble des tricots et l'ordre des expériences à réaliser. Pour chaque enfant, le tricot de comparaison était changé entre deux séries de recherches. Dans la plupart des cas, la puéricultrice (ou l'institutrice) faisait sentir alternativement les deux tricots à l'enfant pendant 8 à 10 secondes. Certains jours, les deux tricots étaient placés devant l'enfant qui pouvait ainsi les manipuler et les renifler plusieurs fois, dans l'ordre qu'il préférait. La puéricultrice (ou l'institutrice) lui demandait alors : « Lequel choisis-tu ? », « Lequel aimes-tu ? », « Lequel préfères-tu ? » La même opération était recommencée de 3 à 10 fois selon la disponibilité de l'enfant, en alternant l'ordre de présentation des tricots (d'abord le tricot maternel, puis le tricot d'une autre mère, de nouveau le tricot maternel ou l'autre tricot, etc.). Le comportement et les propos de l'enfant furent notés pendant toute la durée de l'expérimentation. Ce protocole ne pouvait être appliqué avec succès (sauf cas particulier) qu'avec des enfants ayant au moins 28 à 30 mois. C'est, en effet, à partir de cet âge-là que la plupart des enfants acceptent de choisir entre deux tricots (voir fig. 4).

Le second protocole n'a été utilisé qu'à la crèche et avec des enfants de 18 à 36 mois. Le jour des expériences, l'une des puéricultrices (le plus souvent, la jardinière d'enfants) remettait à plusieurs enfants le tricot imprégné de l'odeur maternelle après le

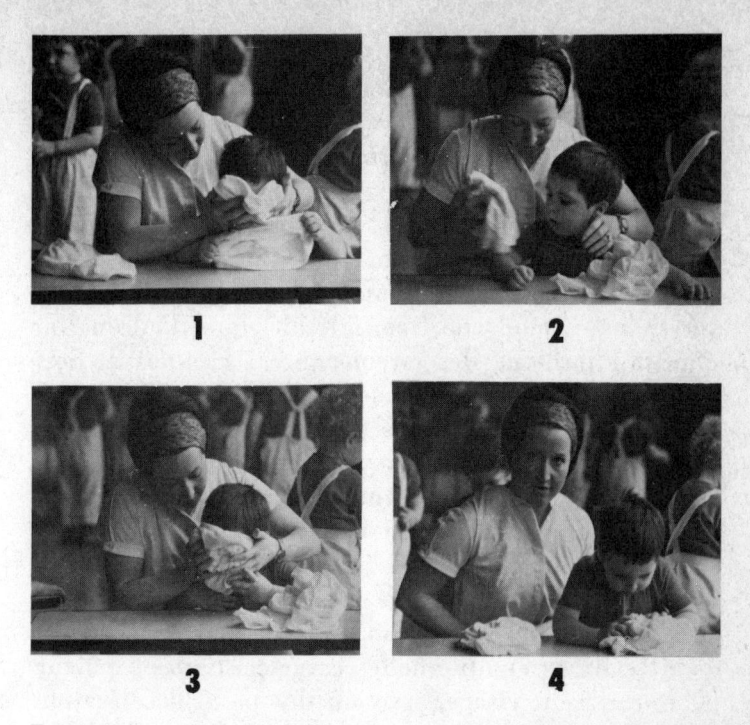

Fig. 4. L'UNE DES MÉTHODES QUI ONT PERMIS DE MONTRER QUE LE JEUNE ENFANT PEUT RECONNAITRE L'ODEUR MATERNELLE.

Les quatre photographies indiquent de 1 à 4 comment procède la puéricultrice pour amener l'enfant à choisir entre deux tricots, dont l'un a été porté par la mère de l'enfant (ici en 1) et l'autre par une autre mère (ici en 3). Cachés derrière le dispositif déjà décrit, nous notons et filmons le comportement de l'enfant pendant toute la durée des expériences.

leur avoir fait sentir. Les contre-expériences consistaient à donner une autre fois (le même jour) le tricot d'une autre mère et à laisser divers tricots ou linges (couches, serviettes) sur un meuble bas, à la portée des enfants. Le comportement de chaque enfant était observé avant, pendant et après la remise du tricot.

Les expériences de dosage des dérivés des hormones cortico-surrénaliennes

L'une des principales ambitions des biologistes du comportement a été, et reste encore, de cerner les modifications organiques qui précèdent, accompagnent ou suivent l'expression d'un comportement donné. Ainsi, W.B. Cannon, l'un des pionniers de la physiologie moderne, considérait que l'adrénaline était « l'hormone des circonstances critiques ». Soumis à des stimulations nocives et devant faire face à une situation d'urgence, l'organisme d'un mammifère répond, en effet, en sécrétant par ses glandes médullo-surrénales de grandes quantités de noradrénaline et d'adrénaline. Bien que ces deux hormones soient impliquées dans les réactions affectives, l'adrénaline semble jouer le rôle le plus important dans les circonstances critiques. Son action se traduit par des manifestations émotionnelles caractéristiques : pâleur ou rougeur du visage, érection des poils, accélération des rythmes cardiaque et respiratoire, hyperglycémie, etc. La sécrétion d'adrénaline entraîne ainsi des ajustements de comportement et de physiologie par lesquels les organismes peuvent immédiatement faire face et s'adapter aux changements de l'environnement.

Cependant, beaucoup de chercheurs, surtout parmi les précurseurs, n'ont pas pris en considération le rôle des hormones du cortex des glandes surrénales dans les réponses de l'organisme aux stimulations externes. Or, les recherches de ces vingt dernières années ont clairement montré que l'axe hypothalamus-hypophyse-cortex surrénalien [1] est également très sensible aux stimulations externes, et que les sécrétions du cortex surrénalien (hormones cortico-

---

1. L'axe hypothalamus-hypophyse-cortex surrénalien est l'ensemble des structures qui, à partir de l'hypothalamus, influencent électivement le fonctionnement du cortex des glandes surrénales.

stéroïdes) participent aussi aux ajustements de l'organisme à son environnement. Pratiquement, toutes les variations brutales du milieu extérieur entraînent des sécrétions accrues de corticostéroïdes. Lorsque l'action de ces facteurs « stressants » se prolonge, l'hypersécrétion d'hormones corticostéroïdes s'accompagne d'une forte augmentation du poids et du volume des glandes surrénales. L'exemple des surmulots sauvages est, à cet égard, très significatif. Dans leurs cadres de vie naturels, ces animaux doivent participer à de multiples compétitions pour accéder aux sources de nourriture ou pour défendre un territoire ; en outre, ils doivent rester sans cesse vigilants pour échapper à leurs nombreux prédateurs. Or, les glandes surrénales des surmulots sauvages sont en état permanent d'hyperactivité ; de plus, elles sont beaucoup plus développées que celles des surmulots « apprivoisés ». Lorsque les surmulots sauvages sont placés dans des conditions de laboratoire telles que la nourriture est abondante, les risques de prédation nuls et la surpopulation évitée, l'activité et la taille des glandes surrénales diminuent.

Autre exemple : dans un groupe de souris, les individus dominés présentent des glandes surrénales plus développées que celles des dominants. Le face-à-face entre une souris dominée et une souris dominante provoque une hyperactivité du cortex surrénalien de la première, qui sera généralement attaquée et vaincue. Si la dominée a déjà subi la loi du plus fort avant cette expérience, la réponse surrénalienne sera plus importante que celle d'un animal qui subit cette situation « stressante » pour la première fois [1].

D'une manière générale, l'augmentation de l'activité du cortex des glandes surrénales traduit une réponse non spécifique de l'organisme à des agents « stressants » aussi divers que des variations brusques

---

1. Voir les travaux de F.H. Bronson et de B.E. Eleftheriou (1965).

de température, des bruits, des infections, des intoxications, des contraintes, des traumatismes, des agressions et, finalement, toute situation entraînant l'anxiété, la frustration, la colère ou la douleur.

Les animaux privés de cortex surrénalien résistent très mal à ces agents « stressants » et meurent lorsque leur action se prolonge. Tout montre donc que, chez l'animal soumis à une agression, l'axe hypothalamus-hypophyse-cortex surrénalien joue un rôle essentiel dans la mobilisation de mécanismes (encore mal connus pour la plupart) qui permettent à l'organisme de se défendre efficacement et de s'adapter aux situations nouvelles.

La sécrétion en grandes quantités d'hormones corticostéroïdes joue un rôle efficace de protection contre les agressions ; elle évite, par exemple, des réactions inflammatoires excessives et, lorsque l'apport de sucres est insuffisant [1], elle entraîne la synthèse de glucose à partir d'acides aminés libres. Mais cette sécrétion, si elle se prolonge, entraîne des conséquences dangereuses pour la survie de l'organisme, notamment lorsque les agressions persistent ou se renouvellent fréquemment. Ainsi, H. Selye et ses collaborateurs ont provoqué, chez des animaux de laboratoire, toute une série de manifestations pathologiques, telles que des ulcères gastro-intestinaux, de l'arthritisme, etc., en les soumettant à des administrations de corticostéroïdes à fortes doses.

Etant donné la sensibilité de l'axe hypothalamus-hypophyse-cortex surrénalien aux variations du milieu extérieur, nous avons recherché les influences possibles des changements subis par le jeune enfant dans sa famille, à la crèche ou à l'école maternelle sur les sécrétions de ses hormones corticosurrénaliennes. Comme il ne pouvait être question de prélever du sang aux enfants, nous avons, à intervalles réguliers, dosé la concentration des métabolites des corticosté-

---

1. Voir, par exemple, le livre de K.W. MacKerns (1969).

roïdes dans les urines. Les corticostéroïdes sont, en effet, rapidement catabolisés et excrétés dans les urines sous forme de combinaisons appelées conjugués glucoroniques. Lorsque, tout au long de la journée et de la semaine, les dosages sont répétés plusieurs fois sur un grand nombre d'enfants, il est possible de parvenir à une bonne estimation du fonctionnement des glandes surrénales, compte tenu des événements extérieurs. Nous avons privilégié le dosage des 17-hydroxycorticostéroïdes urinaires (ou 17-OHCS) qui représentent de 20 à 30 % de cortisol (l'une des hormones sécrétées par le cortex surrénalien), puis le dosage du cortisol urinaire lui-même (le cortisol a été dosé par la technique de liaison compétitive de cortisol radioactif avec le cortisol lié à la transcortine.)

Les urines des enfants de la crèche ont été recueillies dans des flacons en matière plastique, soit par les parents [1], soit par les puéricultrices [2]. Les urines de la nuit ont parfois été collectées à l'occasion d'un réveil de l'enfant. Pour les enfants de l'école maternelle, les recueils d'urines ont eu lieu aux mêmes heures le matin, mais ont été avancés d'une heure l'après-midi en raison de la sieste qui commence aux environs de 14 h 15 (les arrivées à l'école s'échelonnent de 13 h 45 à 14 heures). A l'école maternelle, les urines ont été collectées l'après-midi à 14 heures, 16 heures, 18 heures et 20 heures.

Généralement, nous avons obtenu 6 échantillons d'urines par vingt-quatre heures et par enfant (l'échantillon de la nuit et l'un de ceux de la fin de la journée — 18 heures ou 20 heures — manquent souvent). Les flacons d'urines ont été transmis sans retard au laboratoire de biochimie où ils ont été introduits dans une chaîne d'autres flacons

1. Les parents ont recueilli les urines de leur enfant au moment du réveil (entre 6 h 30 et 8 heures) et après le repas du soir (entre 19 heures et 20 heures).
2. Les puéricultrices ont recueilli les urines des enfants à 9 heures, 11 heures, 15 heures et 17 heures.

identiques contenant les urines de personnes hospitalisées dans divers établissements. Le dosage des métabolites des hormones du cortex surrénalien a été ainsi réalisé « en aveugle » par des personnes qui ne savaient rien des enfants.

Alors que les comportements des enfants à la crèche et à l'école maternelle ont fait l'objet d'expériences et d'observations systématiquement programmées d'octobre à juin, les urines des enfants n'ont pu être recueillies que 3 à 6 fois par an, à raison de 4 à 7 jours consécutifs chaque fois (week-end compris), à cause de diverses difficultés matérielles (chaîne d'analyse saturée, manque de personnel ; lassitude, fort compréhensible, des parents, etc.). Pour la réalisation des analyses, 12 à 18 enfants ont été sélectionnés selon leur profil de comportement ; dans la mesure du possible, nous avons choisi autant de garçons que de filles. En outre, les enfants de la crèche avaient tous entre 20 et 30 mois au 1er septembre, avant que ne commence l'étude de la nouvelle population d'enfants ; l'échantillonnage est resté ainsi invariable pendant plusieurs mois, puisque les enfants ne quittent la crèche qu'à 36-37 mois.

Ces trois dernières années, nous avons également demandé aux mères (depuis 1974) et aux pères (depuis 1975) de recueillir leurs urines les mêmes jours et aux mêmes heures que celles de leurs enfants.

Dans un certain nombre de cas, des questionnaires confidentiels [1] ont permis de connaître les principaux antécédents de l'enfant et certaines de ses caractéristiques psychophysiologiques pouvant être liées à des problèmes « relationnels » avec l'entourage familial (énurésie, anorexie, boulimie, etc.) ; à l'aide de ces questionnaires, il était aussi possible de préciser les antécédents médicaux les plus marquants

---

[1]. Nous avons dû constater que l'exploitation de questionnaires ne peut être qu'une méthode complémentaire pour l'étude des conduites humaines.

de la famille ainsi que les situations médicales, physiologiques (cycle ovarien de la mère) et psychophysiologiques de l'enfant et de ses parents (qualité du sommeil, rythmes de vie). Nous demandions également de rappeler les événements physiologiques et sociaux les plus marquants du week-end, lorsque les recueils d'urines avaient été programmés sur toute la semaine ou du vendredi matin au lundi soir. Nous posions, en outre, des questions sur les parfums et l'habitude éventuelle de fumer de la mère pour les expériences de discrimination de l'odeur corporelle.

Lorsque les questionnaires étaient bien remplis, l'accumulation de ces données, sur des populations d'enfants issus des milieux socio-professionnels les plus divers, nous a permis d'établir quelques correspondances entre des événements personnels ou familiaux (physiologiques, sociaux) et les modifications dans les courbes circadiennes d'élimination urinaire des corticostéroïdes [1].

Les enquêtes
(méthode complémentaire, parfois difficilement exploitable)

Des questionnaires, enfin, nous ont permis d'obtenir des informations sur la composition de la famille et sur la perception du comportement et de l'évolution de l'enfant par les parents et par les instituteurs.

Dans un grand nombre de cas (ce travail est encore loin d'être achevé), l'un ou l'autre des chercheurs a rendu visite aux familles, mais après une année d'étude au moins.

Pour réaliser nos expériences, nous disposions donc de trois groupes de données, obtenues indépendamment les unes des autres :

1. Sans trop entrer dans les détails techniques, nous avons dosé le cortisol libre urinaire, selon la technique de M. Th. Pham-Huu-Trung (1970) qui consiste en l'absorption du cortisol libre sur le charbon dextran en présence de cortisol radioactif (marqué au

— les mécanismes de comportement de l'enfant ;
— les caractéristiques circadiennes de la physiologie corticosurrénalienne de l'enfant, de la mère et du père ;
— les principaux événements physiologiques et sociaux passés et actuels au sein de la famille.

A cela s'ajoutait une étude à la crèche du comportement de la mère et du père à l'égard de l'enfant au moment de l'accueil, du déshabillage et de l'habillage de celui-ci.

Un certain nombre d'enfants ont pu être suivis entre l'âge de 2 ans et de 8 ans. Nous les avons observés dans les cours d'écoles maternelles et d'écoles primaires, nous avons posé des séries de questions aux institutrices et aux parents et, parfois, les institutrices ont rempli des grilles de comportement simples. Ces grilles, quand elles furent construites systématiquement pendant plusieurs mois, complétèrent utilement les données recueillies par les chercheurs.

Pour établir des différences dans le comportement des enfants et pour parvenir à retrouver certains profils caractéristiques, nous avons donc utilisé des méthodes très diverses. Notons que nos expériences ont été réalisées avec l'accord de la très grande majorité des parents et des éducateurs (nous n'avons pas suivi les enfants dont les parents étaient réticents). Les différents stades de nos observations apparaîtront tout au long de cet ouvrage, ainsi que les conclusions auxquelles nous sommes parvenus.

tritium) lié à une protéine appelée transcortine. Les mesures de radioactivité sont faites au moyen d'un compteur à scintillation liquide. Les 17-hydroxycorticostéroïdes (ou 17-OHCS) sont dosés par la réaction de R.H. Silber et C.C. Porter (1954) spécifique de l'un des deux groupes principaux d'hormones glucocorticostéroïdes dont la principale est le cortisol. Les dosages de cortisol par compétition radioactive et de 17-OHCS (par la réaction de Silber) nous ayant donné des résultats très comparables, nous avons privilégié le dosage des 17-OHCS, beaucoup plus simple à mettre en œuvre pour un nombre important d'échantillons d'urines. Au total, plus de 40 000 dosages ont été ainsi réalisés.

Deuxième partie

Les mécanismes de la communication non verbale

3
Les échanges

C'est à travers des échanges caractéristiques que les enfants expriment des comportements à valeur de message. On peut alors déterminer différents profils de comportement. Voici deux exemples d'échanges.

EMMANUEL, SULLIVAN, JULIAN et OLIVIER
Vendredi 8 mars 1974 — 9 h 50

S'aidant d'une chaise, Emmanuel, 35 mois et demi, est monté sur un meuble haut d'un mètre. Puis il a sauté et s'est reçu sur des matelas en mousse.

A peine s'est-il relevé qu'il incline la tête sur l'épaule et sourit à Sullivan, 34 mois, qui le regarde à un mètre cinquante de distance. « Viens », lui dit Emmanuel. Sullivan sourit, mais ne bouge pas. Emmanuel remonte alors sur le meuble, lève puis abaisse les bras, tout en regardant Sullivan. Il saute, se redresse, se met sur les genoux et, de nouveau, incline la tête sur l'épaule, tout en souriant à Sullivan. Celui-ci répond par des paroles incompréhensibles et effectue le même mouvement.

Toujours sur les genoux, Emmanuel avance. Il se penche sur un livre dont il montre une image ; tout en vocalisant, il balance deux fois la tête de gauche à droite. Sullivan s'approche, s'accroupit et l'imite.

Emmanuel se redresse, court, monte sur le toboggan qui se trouve dans la pièce et tape des pieds. Sullivan le rejoint et agit de même. Deux autres enfants s'approchent et commencent aussi à taper des pieds, l'un sur le toboggan, l'autre sur le sol. Emmanuel sourit, descend du toboggan et marche, tout en balançant latéralement les bras, le buste et la tête. Ses gestes sont très prononcés. Enfin, il se laisse tomber. Sullivan, qui l'avait suivi, copie ses attitudes. Emmanuel se lève, regarde Sullivan et recommence à se balancer. Sullivan l'imite, puis, tendant le bras vers Emmanuel, fait « Pan ! » Emmanuel, alors, balance le buste avant de se laisser tomber. A quatre reprises, les enfants recommencent le même jeu.

Un troisième enfant, Julian, 34 mois, survient et danse devant les deux autres : tout en sautillant, il balance les bras et le haut du corps, sourit, puis se laisse tomber.

L'index pointé en avant, Emmanuel tend le bras vers Julian ; « Pan ! », fait-il en souriant et en balançant latéralement la tête. Julian, qui s'était relevé, se laisse alors retomber. Emmanuel s'assied et commence à taper des pieds sur le sol. Julian, Sullivan et un autre enfant l'imitent. Puis Julian se relève, immédiatement suivi par Emmanuel qui, de nouveau, fait « Pan ! » Julian se laisse choir. La scène se reproduit une seconde fois, exactement de la même manière.

Olivier, 35 mois et demi, arrive près du toboggan et, brusquement, frappe sept fois Sullivan avant de se laisser tomber.

« Pan ! » fait Emmanuel. Julian tombe. Par trois fois, la scène se reproduit. Puis Emmanuel remonte sur le toboggan et tape des pieds. Julian et deux autres enfants l'imitent. Sullivan (qui a reçu les coups) et Olivier (qui les a portés) ne participent pas à l'interaction...

A nouveau, Emmanuel fait « Pan ! » et Julian se laisse tomber.

Olivier ne participera pas aux échanges suivants : il regardera à distance Emmanuel et Julian, les bras ballants, d'abord, puis le pouce dans la bouche ; il ne cherchera plus à établir le contact avec les autres.

Depuis le toboggan, Emmanuel fait « Pan ! » ; Julian et un enfant se laissent tomber. Emmanuel leur adresse alors un sourire, tout en balançant la tête de droite à gauche. A leur tour, les deux autres sourient. Puis ils se lèvent. Une nouvelle fois, Emmanuel fait « Pan ! » Julian se laisse d'abord tomber ; ensuite, il se relève et vocalise (d'une manière très aiguë), tout en sautillant. Emmanuel continue de sourire puis, à son tour, sautille. « Pan ! » dit-il. Julian tombe. Emmanuel descend du toboggan, laissant Julian y monter. Celui-ci fait « Pan ! » Emmanuel tombe ; Julian glisse du toboggan, avant de rejoindre Emmanuel à terre. Celui-ci sourit, tout en dodelinant de la tête. Julian remonte alors sur le toboggan et, de nouveau, fait « Pan ! » Emmanuel lui répond de la même manière. Puis Julian redescend, se laisse tomber et fait « Pan ! », imité immédiatement par Emmanuel. Julian tombe et la même scène se répète par deux fois. Puis Julian se lève, tourne sur lui-même et rechute ; il se relève, tandis qu'une fois de plus, Emmanuel fait « Pan ! » Julian lui répond et les deux enfants tombent. A cinq reprises, le même échange se reproduit. Il est 10 h 11.

Pendant un moment, Emmanuel et Julian vont se poursuivre, jouer ensemble avec des éléments de construction. Au moment du repas (10 h 40), les deux enfants échangeront leurs cuillères et le contenu de leur assiette, sans qu'apparaisse entre eux un comportement pouvant être considéré comme une agression.

Avant les derniers échanges, Sullivan, qui a subi des agressions répétées, est resté seul, un doigt dans la bouche. Puis il s'est couché sur un matelas. De même, Olivier, l'agresseur de Sullivan, est resté seul, gardant, lui aussi, le pouce dans la bouche. Il s'est déplacé d'un bout à l'autre de la salle de jeux, s'arrêtant parfois pour regarder des enfants jouer avec divers objets ; mais il n'a pas cherché à établir le contact avec eux. Au cours de l'un de ces arrêts, il a détruit à coups de pied la construction d'un petit de 21 mois.

Pour un observateur non averti, ces vingt et une minutes de la vie de quelques enfants ne traduisent qu'une succession d'interactions apparemment banales et décousues. Pourtant, ces enchaînements de comportements se présentent d'une manière précise, sont exprimés par un individu donné et à un moment déterminé.

L'une des constatations les plus évidentes de cette observation est le puissant pouvoir attractif d'Emmanuel et sa capacité d'entraîner les autres. C'est lui qui a pris (ou repris) l'initiative dans des activités telles que se hisser sur le meuble et sauter, montrer les images d'un livre, monter sur le toboggan et taper des pieds, désigner du doigt et faire « Pan! » Pendant tout le temps qu'ont duré ces actions, il n'a prononcé qu'une parole : « Viens. » En revanche, chaque fois qu'il s'est tourné ou dirigé vers un enfant, il a exprimé des successions particulières de mimiques, de postures, de gestes et de vocalisations qui ont entraîné chez l'autre des réponses de même forme où prédominaient le sourire, l'inclinaison latérale de la tête, les balancements des bras et du haut du corps.

Les comportements successifs d'Emmanuel s'enchaînent ainsi :

— il incline la tête sur l'épaule, sourit, dit : « Viens » ;

— il incline la tête sur l'épaule, sourit ;
— il se penche sur un livre, montre une image en balançant la tête de droite à gauche, vocalise ;
— il sourit, descend du toboggan, marche en balançant latéralement le haut du corps, se laisse tomber ;
— il balance le buste, se laisse tomber ;
— il tend le bras, fait « Pan ! », sourit, balance latéralement la tête.

Ces enchaînements se retrouvent généralement chez les enfants qui obtiennent souvent — et rapidement — le contact et qui sont rarement agressés. En revanche, les enfants qui expriment, dans les mêmes situations, une certaine violence, qu'elle soit appuyée ou répétée (Olivier), se retrouvent fréquemment coupés des autres ; de plus, ils entraînent l'isolement de ceux qui ont subi leurs agressions (Sullivan).

Voici un autre exemple d'échange où, cette fois, la menace apparaît clairement.

EMMANUEL et JULIAN
Mardi 5 mars 1974 — 9 h 55

Emmanuel, debout sur un meuble, regarde Julian qui joue sur le sol. Un peu plus tôt, les deux enfants se sont trouvés en conflit à propos de ce meuble d'où ils aiment sauter sur des matelas. A quatre reprises, ils se sont porté des coups avec la main ou le bras.
L'index pointé en direction d'Emmanuel, Julian tend le bras et dit : « Pan ! » Emmanuel tombe et « fait le mort ». A son tour, Julian se laisse tomber, puis il se redresse et s'approche du meuble. Emmanuel se lève également ; il regarde Julian venir à lui ; lorsque celui-ci n'est plus qu'à un mètre cinquante environ, il ouvre brusquement et largement

la bouche en émettant une vocalisation aiguë, très forte. Julian balance alors le haut du corps et, finalement, tombe. Emmanuel tape sur le meuble, chute, se relève aussitôt, marche. Julian, qui s'était relevé, se laisse retomber. Emmanuel (toujours sur le meuble) regarde Julian, s'assied, tape des pieds, se met debout, sautille et descend. Julian, allongé à terre, lui sourit et roule légèrement sur le côté en le regardant s'avancer. Emmanuel sourit également ; il se laisse tomber près de Julian et les deux enfants se vautrent l'un sur l'autre pendant dix secondes environ. Puis Emmanuel se relève, tourne sur lui-même et prend un ballon. Julian le poursuit, se saisit du ballon et pousse Emmanuel qui tombe. Puis il sourit, balance légèrement le buste et la tête ; finalement, et tandis qu'Emmanuel le regarde, il se laisse tomber. Emmanuel sourit, se relève et s'affaisse sur Julian ; puis il se relève de nouveau, sourit en se balançant d'un pied sur l'autre. Julian suit Emmanuel, lui prend la main après avoir souri et incliné latéralement la tête et le buste devant lui.

Emmanuel et Julian vont ensuite se poursuivre et feuilleter un livre ensemble, remonter sur le meuble et rire en regardant le hamster dans sa cage, échanger des cuillerées de purée pendant le repas. Aucune agression ne se manifestera entre les deux enfants même si des menaces seront échangées.

Ici, on retrouve entre Emmanuel et Julian des échanges comparables à ceux de l'exemple précédent, mais des éléments nouveaux apparaissent, en particulier :

— l'ouverture soudaine et large de la bouche, avec l'émission d'une vocalisation aiguë ; Emmanuel exprime cet enchaînement lorsque Julian s'approche à une certaine distance de la place qu'il occupe ;

— la saisie du ballon par Julian, qui agit sans aucune sollicitation et qui, de plus, pousse Emmanuel au point de le faire tomber.

Lorsque deux enfants sont habituellement liés (ce qui, ici, est le cas), ces comportements (que nous qualifierons respectivement de menace et d'agression) n'apparaissent, le plus souvent, qu'à la suite d'un conflit avec agressions réciproques. Ils entraînent le recul et la rupture du contact, sauf lorsqu'ils sont peu prononcés et non répétés, comme dans cette deuxième série d'interactions entre Emmanuel et Julian, où prédominent les actes suivants : sourire, inclinaison de la tête sur l'épaule, balancement du haut du corps.

Plus généralement, l'observation systématique des enfants de 14-15 mois à 3 ans et de 3 à 5 ans fait apparaître des comportements qui, d'une part, lient et apaisent et, de l'autre, entraînent la rupture du contact, le recul, la fuite et l'agression.

4
Le lien et l'apaisement

L'OFFRANDE ET LES GESTES DE LIEN ET D'APAISEMENT

L'offrande

Souvent, le jeune enfant établit ou rétablit le contact avec les autres (puéricultrices ou petits de son âge) par un comportement d'offrande [1] ; celui-ci permet un échange apaisant après une période plus agressive. Il est aussi une canalisation de la menace.

Dans de nombreuses situations, l'enfant qui pleure et qui reçoit une offrande s'apaise immédiatement, même si celui qui offre est à l'origine des larmes [2].

Le comportement d'offrande se manifeste beaucoup plus souvent chez les enfants les plus attractifs (les leaders et les dominés dont les mécanismes

---

1. L'annexe 1 présente quelques exemples du comportement d'offrande de l'enfant et de ses conséquences sur un groupe placé en activités libres ; voir également la figure 5.
2. Nous avons retrouvé ce mécanisme dans 76 % des cas analysés en 1972 et 1973 et ceci sur deux populations d'enfants âgés de 2 à 3 ans. Par ailleurs, durant ces deux années, nous avons remarqué que le seul comportement d'offrande entraînait une ou plusieurs séquences d'actes apaisants chez l'enfant à qui il était adressé. Cela s'est vérifié dans 71 % des cas.

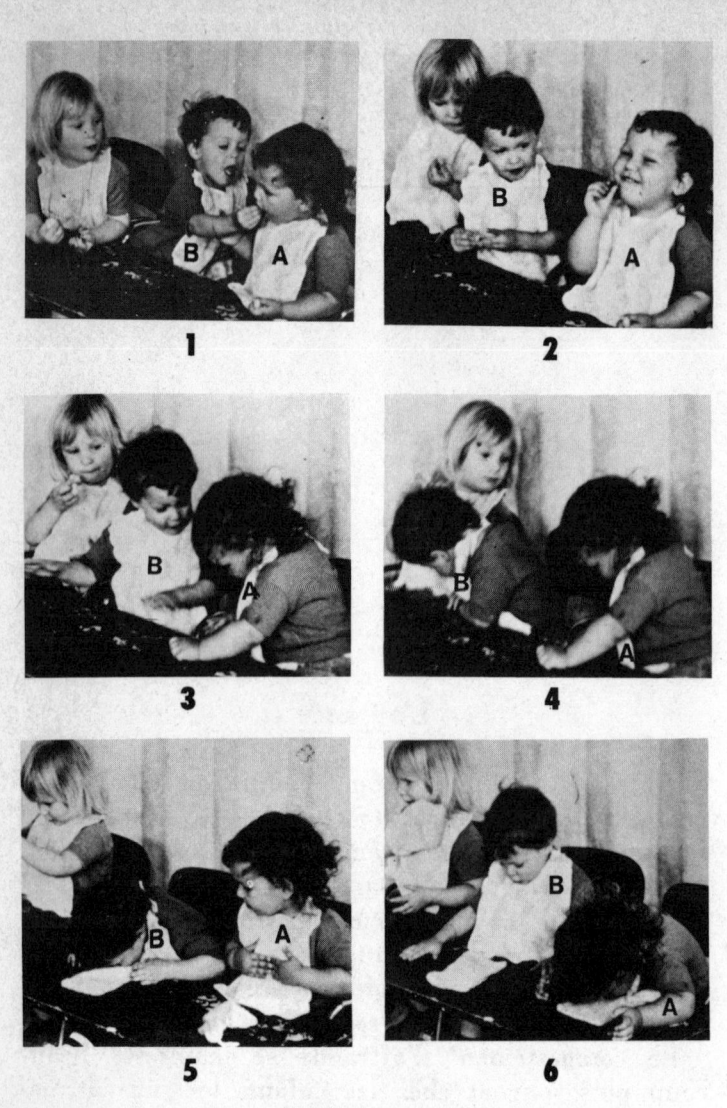

Fig. 5. L'OFFRANDE.

Le comportement d'offrande joue un rôle important dans l'apaisement et l'entraînement du jeune enfant. Les six photographies montrent comment se sont succédé les interactions entre deux enfants à partir du moment où l'un (B) a offert à l'autre (A).

1 et 2 : Après que l'enfant B (24 mois) eut offert du pain à l'enfant A (20 mois), l'enfant A sourit (2).

3 et 4 : L'enfant A balance ensuite le haut du corps et se penche (3). L'enfant B fait la même chose (4).

5 et 6 : L'enfant B pose son visage sur le gant de toilette (5). C'est maintenant l'enfant A qui l'imite (6).

Les photographies sont tirées d'un film 16 mm.

ressemblent à ceux des leaders [1]) que chez tous les autres réunis.

Au total, exprimé seul ou en association avec d'autres actes apaisants, le comportement d'offrande débouche finalement sur des imitations réciproques ou sur des activités de coopération. Nous avons vérifié ce phénomène dans 87 % des cas chez les enfants de 2 à 3 ans. La tendance à l'imitation est parfois si forte que l'on retrouve fréquemment l'enchaînement suivant : un premier enfant offre à un second, puis en frappe un troisième ; celui-ci, peu après, est victime d'une nouvelle agression, portée cette fois par le deuxième enfant qui, même quand il est leader, imite donc le premier.

D'autre part, l'offrande joue un rôle particulièrement important dans le rétablissement d'échanges non agressifs entre deux enfants habituellement liés et qui, pour une raison ou une autre, se sont porté des coups à la suite d'un conflit. Ainsi avons-nous vu souvent un enfant offrir spontanément un objet à un de ses camarades les plus proches, bien qu'un différend l'ait momentanément séparé de lui. Dans 82 % des cas, les deux enfants ont ensuite échangé des objets, se sont imités mutuellement et ont exprimé des enchaînements apaisants, parfois mêlés de coups amortis, mais sans agressions appuyées. Entre eux, se sont développées des activités communes et des coopérations (s'aider à porter un matelas en mousse et à le faire basculer par-dessus une barrière, pousser ensemble le toboggan dans une direction choisie par l'un des deux enfants, construire la même tour ou façonner le même boudin de pâte à modeler, etc.).

Un enfant debout qui a offert à l'un de ses camarades, lui-même assis, accroupi ou allongé, s'est assis

---

1. Les profils de ces différents enfants seront précisés plus loin. Les comportements décrits dans ce chapitre permettront d'établir des profils caractéristiques.

ou accroupi à ses côtés sans subir, dans 67 % des cas, ni protestation ni rejet.

Enfin, l'offrande a brisé un comportement d'agression dans 65 % des cas, celle-ci ne se manifestant alors que par des coups amortis ou portés dans le vide.

Notons d'autre part que, face à une pression émanant d'un enfant agressif, l'enfant normalement dominé (ou qu'un échange récent a rendu tel) répond souvent par une offrande.

Parfois, l'offrande n'est que simulée : par exemple, l'enfant prend une timbale vide et en verse le « contenu » dans celle de son voisin de table ; ou bien il feint de rechercher quelque chose dans ses vêtements, puis tend sa main (qu'elle soit ouverte ou fermée ne change rien, puisqu'elle est vide) vers un autre, en un geste d'offrande ; ou encore, il prend des miettes fictives sur la table ou sur lui-même et les porte à la bouche du voisin ; lorsqu'il a effectivement trouvé des miettes, celles-ci tombent souvent, ce qui n'empêche pas l'enfant de poursuivre son mouvement jusqu'à la bouche de son camarade.

Les enfants dominants-agressifs expriment et reçoivent des offrandes (simulées ou non) beaucoup plus rarement que les leaders. En outre, ces comportements se rencontrent davantage chez les dominés (qui s'adressent alors fréquemment à des leaders) que chez les dominants-agressifs [1].

L'offrande (ou la simulation de l'offrande) est un comportement qui permet d'établir et de renforcer le contact, puis de développer des échanges non agressifs. La tolérance prolongée de la présence de l'autre, les échanges d'objets, les imitations, les acti-

---

1. En quatre ans, nous avons observé 196 cas de simulation d'offrande chez les leaders, contre 58 seulement chez les dominés. Dans le même temps, les dominants-agressifs n'ont simulé d'offrandes qu'à six reprises.

vités en commun, certaines formes de coopération s'enchaînent souvent après une offrande ou une simulation d'offrande, accompagnée ou non d'actes apaisants.

A la crèche, la simulation de l'offrande s'observe aussi chez les moins de 20 mois qui, par ailleurs, sont ceux qui offrent le plus fréquemment. Dans 83 % des cas d'offrande (simulée ou non), ces enfants ont été acceptés sans menace ni agression par les dominants plus âgés (de 28 à 36 mois) qui, en outre, leur ont permis de s'asseoir à côté ou en face d'eux, de les suivre dans leurs déplacements, etc. Dans 43 % des cas, le fait d'offrir a si bien empêché la menace et l'agression de se développer, que les tout-petits ont pu jouer avec les objets des dominants, ceux-ci les protégeant même en cas d'attaque. Notons que, si l'attitude de la famille ne change pas, ces petits deviendront de futurs leaders ou des dominés aux mécanismes de leaders entre 2 et 3 ans.

En revanche, les enfants du même âge (moins de 20 mois) qui, dans les mêmes situations, ne manifestent que rarement des comportements d'offrande très développés, se heurtent à des repoussements, à des menaces répétées ou à des agressions sitôt qu'ils s'approchent à une faible distance des dominants. D'une manière générale, ces enfants ont des comportements d'apaisement peu structurés et peu durables ; leurs agressions sont beaucoup plus spontanées et fréquentes que celles des tout-petits aux comportements d'apaisement développés.

A l'école maternelle (enfants de 3 à 6 ans), les comportements d'offrande, même s'ils sont moins fréquents qu'à la crèche, jouent encore un rôle important dans l'établissement et le renforcement des liens entre les enfants : ceux qui les expriment le plus fréquemment se situent également parmi les plus attractifs et les plus suivis, mais aussi parmi les dominés-craintifs.

Les autres actes de lien et d'apaisement

Outre l'offrande, l'établissement, le rétablissement ou le renforcement d'une communication non agressive reposent sur des actes caractéristiques, le plus souvent organisés en séquences [1]. Ces actes sont divers :

La caresse et le baiser : 64 % des caresses observées à la crèche ont été exprimées par des enfants habituellement apaisants (leaders et dominés aux mécanismes de leaders), à l'adresse d'autres enfants qui venaient de subir une agression ou de se faire prendre un objet ; dans 56 % de ces observations, les caresses ont entraîné l'arrêt des pleurs.

26 % des caresses ont été reçues par des enfants qui s'étaient isolés à la suite d'agressions ou de repoussements, ou par des enfants restant habituellement à l'écart (soit les plus petits de 14 à 20 mois, soit les dominés de 20 à 36 mois). Dans 65 % de nos observations, l'enfant caressé, qui s'était isolé de lui-même ou après un rejet, a répondu soit par un sourire, une offrande ou des paroles, soit en tendant le bras comme pour montrer quelque chose, ou en se levant et en suivant l'enfant qui avait caressé. La caresse apparaît le plus souvent au cours des séquences suivantes : s'accroupir — sourire — caresser ; pencher la tête sur l'épaule — sourire — caresser ; caresser — sourire — balancer la tête de gauche à droite.

Enfin, dans 10 % des cas, la caresse est apparue au cours de diverses interactions où prédominaient les actes d'apaisement.

Quant au baiser, s'il n'est pas encouragé par la

---

[1]. Voir l'annexe 2 qui présente des extraits d'observation résultant de cinq années de travail.

puéricultrice ou l'institutrice, il est relativement peu fréquent à la crèche et encore moins à l'école maternelle, même lorsque les enfants ont été placés en activités libres.

A la crèche, d'autres actes s'apparentent, semble-t-il, à la caresse : poser, par exemple, un ou plusieurs doigts sur la joue ou le menton, prendre le menton dans la main, etc. Ces mouvements se rencontrent dans plus de 85 % des cas chez les petits de 14 à 22 mois qui sont habituellement très apaisants et chez les enfants plus âgés (2 à 3 ans) au profil de leader ou de dominé aux mécanismes de leader.

Prendre la main et prendre par le cou : ces gestes apparaissent à la crèche entre des enfants habituellement liés (frères et sœurs, enfants dont les familles sont amies), entre les leaders, entre les leaders et les plus petits ou entre les leaders et les dominés non agressifs.

Ces comportements sont le plus souvent mêlés à d'autres actes d'apaisement dont les plus fréquents sont le sourire, le balancement du haut du corps et l'inclinaison latérale de la tête et du buste.

Il arrive fréquemment que des enfants-leaders prennent par le cou ou par la main un autre enfant qui pleure ou qui geint après s'être fait enlever un objet. L'enfant en larmes s'apaise alors en quelques secondes. Dans certains cas, des enfants leaders prennent spontanément par la main un enfant qui se tient à l'écart, un ou plusieurs doigts dans la bouche (l'un des plus petits ou l'un des dominés). Dans plus de 78 % des cas, ce dernier accepte ensuite de suivre le leader.

A l'école maternelle (enfants de 3 à 4 ans et de 4 à 6 ans), ces comportements sont beaucoup plus fréquents — de deux à trois fois plus selon les classes. Sans doute sont-ils facilités par l'intervention des parents ou des institutrices.

Poser la tête sur l'épaule d'un autre (voir fig. 6) : ce comportement a été observé dans 80 % des cas chez des enfants qui, au préalable, s'étaient « coupés » des autres (en ce cas, ils suçaient leur pouce dans leur coin, se couchaient sur la table ou sur le sol, semblaient absents) ou qui s'étaient retrouvés seuls, après le départ de leur interlocuteur. Il faut signaler que ce comportement n'a jamais été exprimé à l'égard d'un dominant-agressif et que l'enfant qui a posé sa tête sur l'épaule d'un autre a toujours reçu, en réponse immédiate, un sourire, une attitude du même type, une offrande ou des paroles. Dans 95 % des cas, les échanges entre les deux enfants n'ont ensuite comporté ni menace ni agression — du moins dans les trois minutes qui ont suivi le premier échange.

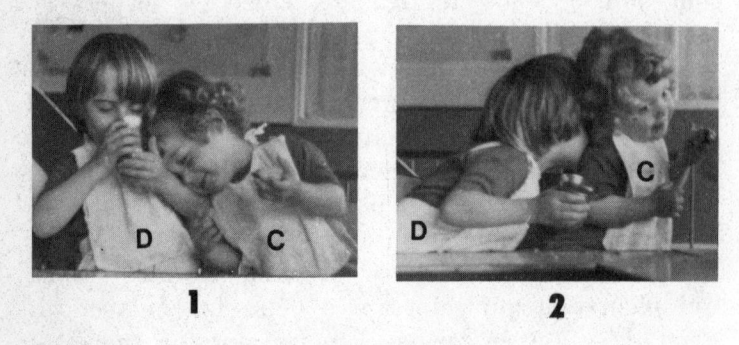

Fig. 6. L'UN DES COMPORTEMENTS QUI LIENT ET APAISENT.

Le garçon C (27 mois), l'un des leaders, pose spontanément la tête sur l'épaule du garçon D (29 mois), enfant au comportement fluctuant (1). Celui-ci répond aussitôt en enfouissant son visage dans le dos et les cheveux du premier (2). Le sourire de l'enfant C s'accentue. Cette séquence marque le début d'une succession d'échanges non agressifs entre les deux enfants.

Incliner latéralement la tête et le buste : ce comportement peut s'exprimer seul ou en association avec le sourire, le sourire et l'offrande, l'avancée des mains ouvertes l'une vers l'autre (voir fig. 7), le toucher de la tête (voir fig. 8) ou d'une autre

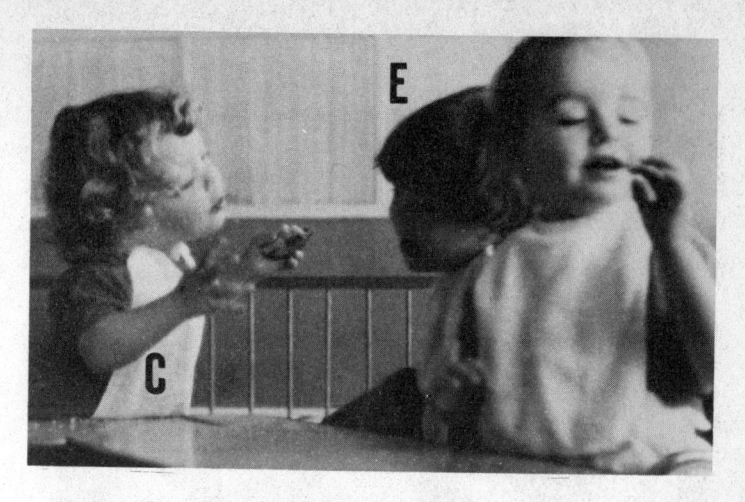

Fig. 7. UN COMPORTEMENT D'APAISEMENT.

L'enfant C (leader), 27 mois, incline la tête sur l'épaule et avance les mains tournées l'une vers l'autre en direction du garçon E, 25 mois et demi (dominant-agressif), qui vient de subir une agression.

partie du corps. Il peut également se rencontrer dans des séquences plus complexes comportant des balancements du haut du corps, des dandinements ou des battements de mains. Cela dit, dans plus de 90 % de nos observations [1], l'inclinaison de la tête sur l'épaule et l'inclinaison latérale de la tête et du buste, quand elles n'étaient pas précédées d'un geste de saisie, d'une menace ou d'une agression, ont entraîné l'établissement ou le renforcement d'un contact dépourvu de menace ou d'agression. Il faut toutefois exclure le cas où l'enfant « sollicité » était en larmes ou victime récente d'une agression.

Les réponses immédiates à l'inclinaison latérale de la tête et du buste sont variables. Il peut s'agir de réponses d'acceptation et d'apaisement ; en ce cas, l'enfant à qui est adressé le mouvement sourit, tend le bras (apparemment dans n'importe quelle direction, sauf dans celle de l'émetteur), parle (d'une manière généralement incompréhensible), admet que

[1]. Par exemple, 619 fois sur 678, et ce entre 1971 et 1974.

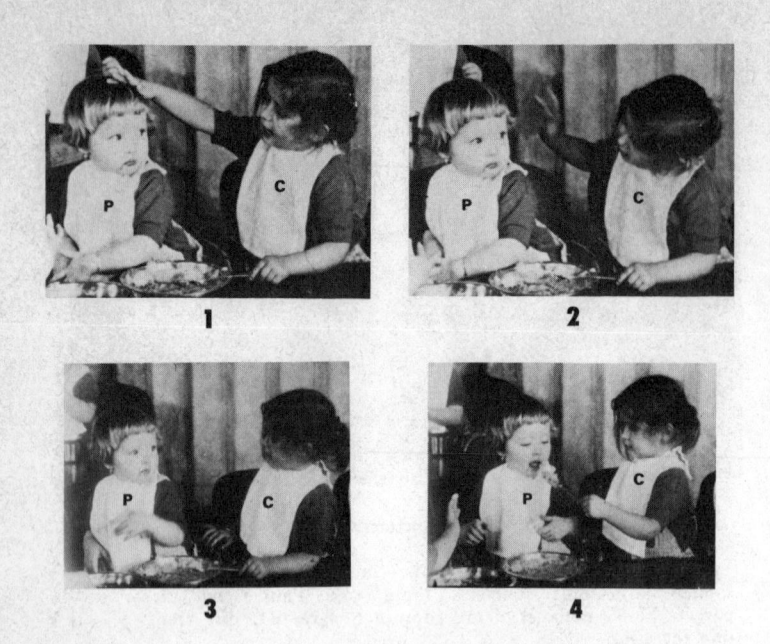

Fig. 8. LA SOLLICITATION CORPORELLE.

1. Christine (C), 33 mois, l'un des leaders, pose la main sur la tête de Patricia (P), 31 mois et demi, enfant dominé aux mécanismes de leader, quelques secondes après que celle-ci eut refusé la cuillerée de purée que lui proposait Christine. Auparavant, Patricia a reçu à six reprises une cuillerée de purée venant de Christine.
2. Christine enchaîne en inclinant latéralement la tête et le buste devant Patricia.
3. Patricia regarde Christine.
4. Puis elle accepte la cuillerée de purée de Christine.

Les photographies sont tirées d'un film 16 mm.

l'interlocuteur prenne un objet (qu'il tenait ou qui reposait près de lui), accepte une offrande (même quand il s'agit de nourriture). L'inclinaison latérale de la tête et du buste, le plus souvent accompagnée d'autres actes apaisants (parfois de paroles) et non mêlée de menaces et d'agressions, apparaît en particulier en face d'enfants isolés ou en larmes. La séquence motrice la plus fréquente est celle-ci : accroupissement devant l'enfant qui pleure (lorsque celui-ci est assis ou accroupi) — inclinaison latérale

Fig. 9. LA SOLLICITATION CORPORELLE ET L'OFFRANDE QU'ELLE PEUT ENTRAINER.

1. Les deux enfants K, 24 mois, et L, 24 mois, échangent depuis plus de quatre minutes des sourires, des balancements du haut du corps, des mouvements de bras (comme ceux de K), des vocalisations et des paroles.
2. Soudain, l'enfant L se penche latéralement devant l'enfant K.
3. Trois secondes plus tard, l'enfant K donne son gâteau à l'enfant L.

de la tête — sourire. Dans environ 40 %[1] des cas, l'enfant qui pleurait s'est calmé, même si, auparavant, il avait exprimé des menaces (ou des ébauches de menace) en direction de l' « émetteur ». Cette séquence motrice apparaît surtout chez les enfants les plus apaisants (leaders ou dominés ayant des mécanismes de leaders, dans 85 % des observations).

La réponse à l'inclinaison latérale de la tête et du buste peut également se traduire par des offrandes (précédées ou non des comportements déjà décrits — voir fig. 9) ou par l'atténuation ou l'arrêt des menaces ébauchées.

Dans plus de 80 % des observations, l'établissement du contact, l'offrande et l'arrêt de la menace ont

[1]. Par exemple, 66 fois sur 165 observations effectuées en trois ans.

été suivis d'imitations ou d'échanges de gestes et de paroles où prédominaient l'ensemble des actes d'apaisement et de lien.

Dandiner et balancer le haut du corps : ce comportement peut se manifester après un isolement prolongé ou inattendu. L'enfant (d'après nos observations, un leader dans 51 % des cas et un dominé dans 42 % des cas) s'avance alors vers le groupe où se tient celui qui l'a dominé ou encore vers les enfants auxquels il est habituellement lié. Le dandinement s'accompagne souvent de balancements du haut du corps et, parfois, de vocalisations et de battements de mains et de pieds. Dans 88 % des cas, ce comportement entraîne d'abord le sourire puis, dans 77 % des cas, des gestes de même nature et enfin, dans 32 % des cas, une offrande. Dans ce contexte (l'enfant sort d'un isolement prolongé), nous n'avons remarqué, en deux ans, que 4 fois sur 68 des actes de menace ou de repoussement dirigés contre l'enfant « émetteur ».

Quand un enfant qui n'était pas isolé s'est mis spontanément à se dandiner au cours de ses déplacements, il a été imité et suivi (76 cas sur 169 en deux ans) soit par des enfants isolés, soit par des enfants engagés dans d'autres activités. Dans une telle situation, les menaces, les repoussements et les agressions appuyées n'apparaissent que très rarement entre les enfants qui se suivent ou qui se font face en se dandinant.

En deux ans, nous avons vu 108 fois un enfant se dandiner (parfois en balançant la tête de droite à gauche) avant de se pencher ou de s'accroupir devant un autre. Dans 68 % des cas, l'enfant qui se dandinait a pris un objet, sans entraîner de la part de l'autre ni menace ni repoussement. Quand l'enfant qui se dandinait était victime d'une menace ou d'un repoussement, l'autre (dans 15 % des cas) ne l'avait pas vu s'approcher ; dans 11 % des autres cas, ce dernier enfant était un dominant-agressif.

Au cours d'un conflit, ou après une situation de compétition ayant donné lieu à des agressions, nous avons vu 94 fois en deux ans des enfants au profil de leader se mettre soudain à se dandiner, balançant parfois le haut du corps ou sautant d'un pied sur l'autre. Dans 16 cas seulement, l'enfant s'est attiré des menaces de l'un des éléments du groupe. Dans tous les autres cas, il a provoqué des actes d'apaisement et des imitations chez les leaders et les dominés et n'a subi ni menace, ni repoussement, ni agression.

Enfin, dans 80 observations, c'est un enfant leader qui s'est dirigé en se dandinant (parfois en balançant le haut du corps) vers un tout-petit qui pleurait ou geignait ; dans 49 cas, il s'est accroupi devant le petit, puis l'a caressé. Celui-ci s'est ensuite apaisé, sauf dans 2 cas.

Le dandinement joue donc un rôle non négligeable dans l'établissement ou le rétablissement de la communication non agressive entre deux ou plusieurs enfants. Accompagné ou précédé de l'inclinaison latérale de la tête et du buste, du balancement latéral de la tête et des bras ainsi que du sourire, le dandinement provoque l'acceptation, l'attraction, l'entraînement et l'apaisement chez les autres enfants — à condition, bien sûr, que ceux-ci l'aient remarqué. Lorsque l'enfant sort d'une situation apaisante, ou lorsqu'il se dirige vers un groupe déjà constitué, le dandinement est souvent précédé de vocalisations et de battements de mains. Tout montre donc que l'enfant qui survient en se dandinant est ensuite plus facilement toléré par les autres, même les plus agressifs, et qu'il peut alors les entraîner ou prendre leurs objets, sans provoquer de refus, de menace ou d'agression.

Tourner sur soi-même : Il s'agit là d'un comportement apparemment banal qui, parfois, apparaît spontanément (tout comme les actes précédemment décrits) ou à l'occasion d'airs de musique ou d'activités proposées par la puéricultrice ou l'institutrice. Mais ce comportement est aussi observé dans d'autres situations.

Un enfant qui a été menacé, repoussé ou qui a subi une agression peut tourner sur lui-même lorsque l'agresseur vient dans sa direction ou se trouve encore à proximité. Dans 83 % des cas observés en deux ans (112 sur 135), l'enfant qui avait menacé, repoussé ou tapé n'a plus ensuite reproduit ces gestes. En revanche, il a tourné sur lui-même (32 fois), a amorcé une course (25 fois), s'est balancé (22 fois), a vocalisé (17 fois) ou a parlé (3 fois) ; 13 fois, il est parti sans exprimer de comportement particulier. Dans 74 % de nos observations, l'enfant qui a tourné sur lui-même a, par la suite, échangé des séquences d'actes, de vocalisations et, parfois, des paroles avec son agresseur. Mais aucune menace, aucune agression, aucun repoussement n'est alors apparu.

Le tournoiement se retrouve en particulier chez l'enfant leader qui, après avoir participé à une compétition en vue de conquérir un objet ou une situation, revient à proximité de ceux qui ont rivalisé avec lui.

Un enfant très agressif tourne également sur lui-même lorsqu'il a manifesté une agression à l'égard d'un autre, sous le regard d'une institutrice ou d'une puéricultrice. Dans plus de 87 % des cas, celles-ci ont alors exprimé une menace corporelle, une menace verbale brève ou un regard sévère et soutenu. Dans 12 % des cas seulement, elles ont répondu par une agression. Ces chiffres montrent que le fait de tourner sur soi-même désamorce aussi l'agressivité des adultes.

Tapoter avec une cuillère, une auto ou un autre objet, sur la tête ou le bras d'un enfant assis ou debout, tout en exprimant un sourire ou un balancement latéral de la tête : cette attitude entraîne également chez l'enfant de 2 à 3 ans, un sourire, une imitation, une offrande, une succession de balancements de la tête et du buste, ou de secouements de tête.

La séquence qui a le plus fréquemment entraîné ce type de réponse est celle-ci : tapoter sur la tête du voisin — attendre quelques secondes — sourire lorsque l'autre se tourne vers l' « émetteur » — tapoter une nouvelle fois — détourner, balancer ou secouer la tête. Souvent, ce comportement est perçu comme une menace par les enfants qui ont subi une forte agression, par les dominants-agressifs et certains des tout-petits.

Fléchir plusieurs fois les jambes devant un ou plusieurs enfants et s'en aller en tournant le dos, tout en agitant un objet ou en se le plaçant sur la tête ou devant le visage : cette séquence provoque également le sourire, l'imitation, l'entraînement (dans 81 % des cas, pour ces deux dernières manifestations) ou l'un ou l'autre des actes d'apaisement déjà cités.

Les réponses immédiates aux comportements de lien et d'apaisement qui viennent d'être décrites sont suivies d'enchaînements divers qui mettent en présence l' « émetteur », le « receveur » et d'autres enfants. Ces enchaînements permettent de tirer un certain nombre de conclusions sur la valeur de séquences qui, au premier abord, semblent parfois bien banales.

Les enchaînements de comportements apaisants

DAMIEN, LIONEL, FRÉDÉRIC et CATHERINE — *9 h 26*

Damien, 18 mois (enfant au comportement fluctuant), est assis et feuillette un livre. A deux mètres de lui, Lionel, 20 mois (enfant apaisant, au profil de leader), jette des billes devant lui. Les deux enfants, bien qu'habituellement liés, sont parfois en conflit, et plus particulièrement le lundi, lorsqu'ils se retrouvent après deux jours passés dans leurs familles respectives (d'une manière générale — et nous y reviendrons — le changement de rythme et de cadre de vie durant le week-end se traduit par une augmentation de la fréquence des conflits et des agressions entre enfants). Or nous sommes lundi. Damien regarde Lionel ; tout en souriant, il tend le bras vers lui, main en pronation [1]. Lionel se dirige vers Damien ; il jette quelques billes dans la direction opposée et rit. A son tour, Damien rit. Puis il se lève. En le regardant, Lionel incline latéralement, puis balance (toujours latéralement) et secoue la tête. Damien l'imite. Lionel, alors, agite la tête et jette des billes. Damien ramasse divers objets — qu'il jette ensuite.

Frédéric, 22 mois (enfant leader), accourt et reproduit les mêmes gestes. Lionel fait rouler quelques billes, puis les jette. Damien et Frédéric l'imitent. Lionel balance le haut du corps, se dandine, sourit et vocalise. Damien l'imite. Lionel s'en va, tout en inclinant la tête sur l'épaule, en balançant latéralement les bras et en se dandinant. Damien le suit en l'imitant. Lionel sourit en direction de Damien, incline légèrement la tête et, de nouveau, jette quelques billes. Damien sourit et, par deux fois,

---

1. Main en pronation : paume tournée vers le bas, comme pour prendre ; cette forme de « sollicitation » entraîne plus souvent le refus que l'offrande.

lance divers objets. Lionel fait de même. Damien sourit et tourne sur lui-même. Lionel le regarde ; tout en souriant, il balance le haut du corps, latéralement et d'avant en arrière. Damien l'imite, puis, de nouveau, jette des objets. Lionel fait la même chose ; puis il sourit. Damien sourit également et Lionel sautille, suivi de Damien qui, en outre, tourne sur lui-même. Les deux enfants se sourient. A son tour, Lionel amorce un mouvement pour tourner sur lui-même ; mais, tout en riant, il part en courant. Damien le suit ; il rit également. Les deux enfants se retrouvent face à face (distants de deux mètres environ). Tout en riant, ils se jettent des objets. Nous comptons onze jets.

Frédéric vient alors vers Lionel ; il se dandine, se tortille. Lionel lui sourit et incline légèrement la tête sur l'épaule. Frédéric l'imite. Damien tourne sur lui-même et se laisse tomber, suivi de Lionel. Damien se relève et, de nouveau, tourne sur lui-même. Lionel et Frédéric l'imitent. Puis Frédéric s'en va en battant des mains. Lionel ébauche un mouvement similaire, puis il court derrière Frédéric, suivi par Damien.

Catherine, 24 mois (comportement fluctuant), se joint à la course ; elle suit Damien. Ce dernier se retourne. Lionel, qui le précède, se retourne également et lui sourit, tout en continuant de courir derrière Frédéric. Puis, sans que rien n'ait permis de le prévoir, Catherine agrippe Damien par le cou et lui mord la tête. Ensuite, elle le caresse, lui sourit tout en lui tapotant le menton avec un objet. Enfin, elle s'en va.

Pendant ce temps, Frédéric et Lionel poussent ensemble un carton. Damien jette un objet en direction de Lionel (qui ne remarque pas le geste) et va vers lui tout en souriant ; arrivé à un mètre environ, il tourne sur lui-même. Lionel lui sourit. Les deux enfants se poursuivent, s'imitent, échangent les mêmes séquences d'actes sans qu'apparaisse entre eux la moindre agression. Il est 9 h 40. Pendant les quatorze minutes de leurs jeux, aucun des deux enfants ne s'est exprimé verbalement. Ils resteront ensemble pendant vingt-six minutes encore sans se parler et sans se porter d'agression.

EMMANUEL, LAURENT et STÉPHANE — *9 h 34*

Allongé sur le sol, Emmanuel, 33 mois (enfant dominé aux mécanismes de leader), fait rouler son auto. Laurent, 34 mois (profil de leader), se dirige vers lui tout en se dandinant et en balançant latéralement le buste. Puis, alors qu'il se penche vers Emmanuel qui l'a regardé s'avancer, il incline latéralement le buste, s'allonge à côté de son camarade, sourit et, doucement, prend l'auto. Emmanuel n'offre aucune résistance et n'émet aucune protestation. Les deux enfants se sourient. Laurent caresse Emmanuel qui secoue la tête. Laurent l'imite et montre l'auto en souriant. Emmanuel sourit, Laurent tend son bras libre et pointe le doigt (comme pour désigner quelque chose, mais le doigt montre le plafond, nu à cet endroit). Emmanuel sourit et l'imite. Laurent se relève et monte sur la table. Emmanuel le suit. Laurent sautille, secoue et balance latéralement le buste et les bras, sourit, vocalise. Emmanuel l'imite. Laurent regarde Emmanuel qui fait les mêmes gestes, s'agenouille et pose la tête sur la table. Laurent agit de même et, tout en s'approchant un peu plus d'Emmanuel, balance la tête de droite à gauche. Emmanuel sourit et se met à plat ventre en balançant latéralement la tête et le buste. Laurent se lève brusquement, va ouvrir une porte et regarde Emmanuel qui se lève aussi et s'avance vers lui. Laurent sourit, ferme la porte, tourne sur lui-même, incline la tête sur l'épaule, balance latéralement les bras et se met à courir. Emmanuel ouvre la porte à son tour et effectue les mêmes gestes que Laurent.

Les deux enfants se poursuivent en riant pendant quinze secondes. Puis, Emmanuel ouvre de nouveau la porte, imité par Laurent. Emmanuel recommence, Laurent aussi. Ce dernier ouvre encore la porte, penche et balance latéralement la tête devant Emmanuel, puis se met à courir en souriant et va se jeter sur un matelas. Emmanuel ouvre la porte à son tour, hoche la tête de gauche à droite, se dandine en balançant latéralement les bras, court et va se jeter sur le matelas à côté de Laurent. Celui-ci se lève, va ouvrir et fermer la porte, revient en balançant latéralement les bras de façon très accentuée, sourit et se jette sur le matelas. Emmanuel fait la même chose. Les deux enfants jouent encore une fois à ouvrir et à fermer la porte, puis à se jeter sur le matelas.

Emmanuel monte ensuite sur une table, saute d'un pied sur l'autre, balance latéralement les bras, incline la tête sur l'épaule puis la balance rythmiquement en même temps qu'il sautille. Laurent monte sur la table. Emmanuel saute en vocalisant. Laurent tourne sur lui-même et sautille en vocalisant. Emmanuel balance latéralement les bras, dodeline de la tête, sautille et vocalise. Laurent l'imite. Emmanuel descend de la table, se jette sur le matelas et court ouvrir la porte. Laurent le suit et fait la même chose. Emmanuel revient sur le matelas, monte sur la table, sourit, saute d'un pied sur l'autre, balance latéralement le buste, la tête et les bras, saute de la table en vocalisant. Laurent se dirige vers Emmanuel puis vers le paravent qui sépare la salle de jeux en deux parties. Laurent pousse le paravent et avance. Emmanuel vocalise en se tournant vers Laurent qui le regarde ; puis il se laisse tomber sur le matelas. Laurent court et se place à côté d'Emmanuel. Les deux enfants se retrouvent l'un sur l'autre. Laurent tapote Emmanuel qui se lève et part en souriant, tout en se dandinant et en balançant les bras.

Stéphane, 19 mois, qui était resté à l'écart des

autres depuis son arrivée à la crèche, commence aussi à se dandiner, à secouer latéralement la tête, à pencher le buste en avant, à tourner sur lui-même, à balancer latéralement les bras ; puis il suit Emmanuel. Laurent court derrière Emmanuel tout en balançant le haut du corps.

Il est 9 h 46. Les interactions entre Emmanuel et Laurent ont duré douze minutes. Aucune menace, aucune agression n'apparaîtra entre ces deux enfants durant toute la matinée.

Les échanges les plus riches, les plus fréquents et les plus durables se retrouvent chez les enfants qui expriment les mêmes enchaînements d'actes que ceux de Damien et de Lionel d'une part, d'Emmanuel et de Laurent de l'autre.

L'inclinaison de la tête sur l'épaule, l'inclinaison latérale du buste, les balancements latéraux de la tête, du buste et des bras, les dandinements, les sautillements, les tournoiements sur soi-même et les sourires entraînent l'acceptation de l'autre et le renforcement des liens entre deux enfants. Ces enchaînements, ou séquences motrices, constituent une invitation permanente à s'approcher, à s'imiter, à se donner des objets et à participer ensemble à de multiples activités. Les interactions et les échanges ainsi créés sont dépourvus d'agression, même si quelques actes de menace y sont parfois mêlés, surtout lorsque l'un des deux enfants (ou les deux) sortent d'un conflit. L' « émetteur » et le « receveur » sont, dans les échanges apaisants, à l'écoute permanente l'un de l'autre : une séquence d'actes apaisants, suivie d'une activité (par exemple, courir, ouvrir une porte, etc.), entraîne aussitôt, ou dans un délai de quelques secondes, un enchaînement parfois tout à fait identique, souvent très proche. Notons qu'un acte peut être escamoté ou avoir, dans la séquence, une position différente par rapport aux autres.

Nos observations nous ont permis de constater que, neuf fois sur dix, de nouveaux enfants viennent, au moins temporairement, se mêler à de tels échanges. Lorsque ces enfants expriment eux-mêmes des enchaînements d'actes apaisants, identiques ou comparables à ceux de l'« émetteur » et du « receveur », les échanges débouchent sur des activités communes telles que pousser ensemble, vocaliser ensemble, participer à la construction d'une même tour, façonner ensemble des boudins de pâte à modeler, etc. En revanche, lorsqu'un enfant au comportement fluctuant (comme Catherine) ou agressif intervient, les échanges sont le plus souvent interrompus entre l'« émetteur » et le « receveur ». Ils peuvent reprendre lorsque l'intervenant exprime ensuite des actes d'apaisement à l'égard de l'enfant qui a subi son agression (Catherine à l'égard de Damien, par exemple).

Nous verrons plus loin, à propos des profils de comportement, que les enchaînements d'actes d'apaisement jouent un rôle essentiel dans l'attractivité et la capacité d'entraîner des jeunes enfants [1].

Cependant, parmi les enfants les plus petits, seuls certains essaient souvent d'imiter les grands (2 à 3 ans). Ces petits organisent en quelques mois leur comportement en séquences d'actes d'apaisement non mêlés de menaces ou d'agressions ; parallèlement, ils sont peu repoussés ou agressés et sont eux-mêmes parfois imités par les plus âgés. Dans tous les cas, ils deviennent leaders entre 2 et 3 ans, ce qui n'est pas le cas des petits dont les agressions sont fréquentes et dont les enchaînements d'actes apaisants sont assez rares et mêlés soit de menaces et d'agressions, soit d'actes de crainte et de fuite.

L'apparition précoce et fréquente des actes qui entraînent et renforcent les échanges non agressifs

---

1. Voir le tableau VI, annexe 9.

entre jeunes enfants laissés en activités libres, semble être un facteur essentiel de l'acceptation d'un petit dans les activités d'enfants plus âgés.

LA SOLLICITATION

Nous avons vu que certains actes d'apaisement provoquent souvent l'attention d'un autre enfant, de même qu'ils sont à l'origine d'un échange d'actes non agressifs ou de paroles. Ces mêmes actes peuvent aussi entraîner l'offrande d'un objet, sans que l'enfant « émetteur » ait eu nécessairement l'intention de solliciter cet objet (voir fig. 9). Il semble que, depuis l'apprentissage de la marche jusqu'à l'âge de 4 ans, ces mouvements soient de plus en plus souvent exprimés avec l'intention de solliciter l'attention, la participation à une activité, un objet détenu par un autre ou une situation enviée. Les paroles qui accompagnent ces actes prouvent, dans le cas d'enfants de 3 à 5 ans, qu'il s'agit bien d'un comportement de sollicitation.

YANNICK et PATRICIA (fig. 9)

Yannick et Patricia ont le même âge : 24 mois. Tous deux sont habituellement apaisants. Depuis deux minutes environ, ils échangent des sourires, balancent (latéralement ou d'avant en arrière) le buste et les bras, secouent la tête, vocalisent et émettent quelques paroles. Soudain, Yannick se penche et, tourné vers Patricia, incline la tête sur l'épaule. Patricia regarde Yannick, les bras levés de part et d'autre de la tête. Trois secondes plus tard, elle lui donne son morceau de gâteau. Pourtant, d'après les échanges précédents, rien ne permettait de croire que

Yannick sollicitait le gâteau. De plus, il reculera au moment de l'offrande — qu'il finira néanmoins par accepter, après quatre à cinq secondes d'hésitation.

Cette première observation montre que l'inclinaison latérale de la tête (utilisée pour établir ou renforcer un contact) se double, au cours de la deuxième année et chez l'enfant « receveur » d'une autre signification : la sollicitation d'objets.

FRÉDÉRIC et DAMIEN

Depuis leur arrivée à la crèche, Frédéric, 22 mois (habituellement très apaisant), et Damien, 18 mois (comportement fluctuant), se sont poursuivis, sont montés sur une table, ont vocalisé ensemble en sautillant, se sont assis l'un à côté de l'autre et ont joué avec des éléments de construction. Puis, Frédéric s'est levé, a couru tout seul, s'est assis à trois mètres environ de Damien qui n'a pas changé de place.

Damien, alors, se redresse. Il tient une auto et regarde Frédéric jouer avec les éléments. Pendant quatre secondes environ, Frédéric, à son tour, regarde Damien ; puis il va se mettre devant lui. Damien ne quitte pas Frédéric des yeux. Quant à Frédéric, le regard posé sur l'auto de Damien, il incline soudain latéralement la tête et le buste avant d'avancer lentement la main tendue vers la petite voiture jusqu'à la toucher. Mais il ne cherche pas à la saisir. Damien baisse les yeux, avance légèrement le bras, ouvre les doigts et se laisse prendre le jouet sans aucune résistance. Frédéric sourit, Damien aussi ; puis il suit Frédéric dans ses déplacements.

Contrairement à l'exemple précédent, il semble qu'ici Frédéric ait volontairement sollicité l'objet tenu par Damien. Cette séquence, que l'on peut observer très fréquemment chez les enfants leaders de 2 à 3 ans, se décompose de la façon suivante :

regard posé sur l'objet pendant quelques secondes — inclinaison latérale de la tête (seule ou accompagnée du buste) — avancée de la main vers l'objet convoité (on le touche presque ou on le tapote, mais sans le prendre).

ÉRIC, LAURENT et EMMANUELLE (fig. 10)

Eric, 36 mois (profil de leader), tient le pied d'une table tripode qui est renversée sur une autre. Il repousse tous ceux qui s'approchent de lui. Laurent, son frère jumeau (autre leader), occupe le pied central de la table et a un comportement similaire. Le troisième pied est libre. Eric a posé la plaquette de jeu « Lego » sur laquelle, quelques minutes plus tôt, il emboîtait des éléments de construction. Emmanuelle, 26 mois (habituellement dominée), s'avance lentement vers lui, regarde la plaquette, incline latéralement la tête et le buste. Elle parle. Eric a d'abord un geste pour la repousser puis, quatre secondes plus tard, il lui donne la plaquette. Emmanuelle s'en va alors avec le sourire, tandis qu'Eric la regarde.

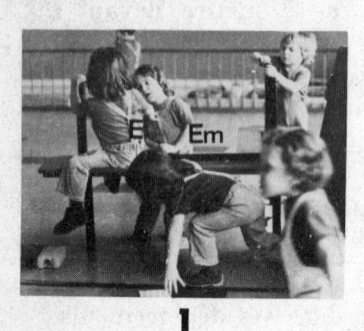

Fig. 10. LA SOLLICITATION CORPORELLE.

1. Emmanuelle (Em), 26 mois, enfant dominée aux mécanismes de leader, vient se placer devant Eric (E) 36 mois, l'un des leaders, tout en inclinant latéralement la tête et le buste.
2. Quelques secondes plus tard, Eric donne à Emmanuelle la plaquette qui reposait sur la table.

EMMANUEL, JULIAN et OLIVIER

La puéricultrice a fait s'asseoir à une table Emmanuel, 32 mois, Julian, 30 mois et demi, et Olivier, 32 mois (les deux premiers enfants ont des profils de leaders ; Olivier est dominant-agressif). Emmanuel est au milieu ; la puéricultrice lui donne un ballon à gonfler ; les deux autres reçoivent chacun une auto attractive. Cinq secondes plus tard, Olivier se penche vers Emmanuel et, poussant sa petite voiture, l'abandonne devant lui (ce comportement est celui qu'exprime le plus souvent Olivier à l'égard d'un enfant leader, dans une telle situation). Emmanuel cache alors son ballon sous la table et avance le buste. Olivier tente de se saisir du ballon. Emmanuel s'écarte, détourne la tête et le buste et conserve cette attitude pendant vingt secondes environ ; mais il continue de jouer avec le ballon.

Lorsque Emmanuel reprend sa posture initiale, Olivier incline latéralement la tête et le buste devant lui, tout en lui présentant son auto (le buste d'Olivier est très incliné). Emmanuel le regarde pendant deux secondes, puis lui donne son ballon en même temps qu'il prend l'auto. Aucune menace, aucune agression n'apparaîtra ensuite entre les deux enfants.

JULIAN, OLIVIER et ARNAUD

La puéricultrice a fait s'asseoir sur un tapis Julian, 34 mois et demi (profil de leader), Olivier, 36 mois (dominant-agressif), et Arnaud, 26 mois et demi (l'un des plus dominés). Elle remet une auto attractive à Julian, une autre à Arnaud et une auto banale en plastique à Olivier. Comme dans l'exemple précédent, Olivier se penche vers Julian, pousse sa petite voiture et l'abandonne devant Julian. Celui-ci détourne la tête et le buste en serrant son jouet sur sa poitrine. Olivier se tourne alors vers Arnaud et lui prend son auto. Arnaud ne présente aucune résistance et n'émet aucune protestation. Olivier se tourne vers Julian, incline latéralement la tête et le buste devant lui et sourit. Quatre secondes plus tard, Julian pousse son auto vers Olivier qui effectue le même geste dans sa direction. Puis, à deux reprises, les enfants échangent leurs autos. Aucune menace, aucune agression n'apparaîtra entre eux.

L'inclinaison latérale de la tête et du buste, accompagnée ou non d'un sourire, d'une offrande ou d'autres attitudes apaisantes, de vocalisations et de paroles, se manifeste de plus en plus souvent entre 14 mois et 3 ans chez un enfant qui a vu un objet habituellement attractif entre les mains d'un autre. L'inclinaison latérale de la tête a donc non seulement une fonction d'apaisement, d'établissement et de renforcement d'un contact non agressif, mais encore (et de plus en plus, de 1 à 3 ans) une fonction de sollicitation. Ce geste a entraîné l'offrande dans 55 % des cas observés par nous-mêmes. Ce pourcentage est une moyenne : il peut atteindre 70 % quand le groupe comprend 5 ou 6 enfants-leaders pour 1 ou 2 enfants très agressifs. Lorsque l'« émetteur » a un profil de leader, l'inclinaison latérale de la tête et du buste peut même entraîner un comportement d'offrande chez un enfant à qui, pourtant, elle n'était pas adressée. Cependant, ce mouvement n'entraîne pas forcément à lui seul un contact non agressif durable — et, à plus forte raison, une offrande. En effet, les actes qui précèdent et qui suivent l'inclinaison peuvent faciliter ou empêcher la communication non agressive et l'offrande.

Certaines séquences, quand elles sont jointes à l'inclinaison latérale de la tête et du buste, facilitent l'offrande. Voici un exemple de ce processus.

L'enfant solliciteur est debout et se dirige vers un

de ses camarades, également debout, qui joue avec un objet. Le premier enfant marche en se dandinant, en balançant les bras et la tête latéralement. Puis, l'autre l'ayant regardé venir, le premier avance lentement la main vers l'objet, le montre du doigt ou le tapote, sans chercher à le saisir. Ensuite, il incline latéralement la tête et le buste, parfois de façon très prononcée, sourit et se penche vers l'objet. Lorsque les deux enfants ne sont pas agressifs, l'enfant sollicité donne (ou se laisse prendre) l'objet dans plus de 80 % des cas.

Les séquences, cependant, peuvent s'agencer différemment. Par exemple : l'enfant solliciteur est debout et se dirige vers un autre qui joue avec un objet en position assise ou accroupie. Le premier enfant exprime le même enchaînement d'actes que dans le scénario précédent. Ensuite, il s'accroupit devant l'autre, avance lentement la main vers le jouet, la paume glissant sur le sol ; il montre alors l'objet (ou le tapote), mais sans chercher à le saisir. Ici aussi, le pourcentage d'offrande est de l'ordre de 80 %.

Certains actes, nous l'avons dit, contrarient les effets de communication et d'offrande, habituellement liés à l'inclinaison latérale de la tête et du buste. Par exemple, lorsque l'enfant qui convoite un objet avance brusquement la main ou tend celle-ci en pronation pour s'en saisir, il essuie un refus, un repoussement ou une menace, et cela dans 85 % des cas. Le fait qu'il ait ou non souri, incliné la tête latéralement ou exprimé l'une des séquences d'actes d'apaisement que nous avons décrites ne change rien à la réponse. Si de tels enchaînements peuvent être exprimés par tous les enfants, ils caractérisent essentiellement les dominants-agressifs et les dominés-agressifs.

D'une manière plus générale, le refus, le repoussement, la menace ou l'agression sont provoqués : par l'incorporation d'actes de menace et de tentatives de saisie à la séquence d'actes d'apaisement ; par la brusque arrivée de l'enfant solliciteur, surtout lorsque cette arrivée est suivie d'un contact physique avec l'enfant sollicité ; par l'enchaînement précipité des actes d'apaisement.

En d'autres termes, l'offrande et les échanges non agressifs sont empêchés quand l'enfant solliciteur présente un comportement ambigu [1]. Nous verrons plus loin que l'ambiguïté dans l'expression corporelle et la brusquerie dans le mouvement sont aussi des facteurs qui empêchent ou désorganisent les relations de l'enfant avec l'adulte.

Cependant, au cours de nos recherches sur les enfants de 2 à 3 ans, nous avons pu en 3 ans observer 27 cas où un mélange d'actes apaisants et de menaces entraînait l'approche et l'offrande d'un second enfant, en même temps que le départ d'un troisième.

Chaque fois, l'enfant qui s'approchait était lié à l' « émetteur », tandis que l'enfant qui s'écartait (la plupart du temps un dominant-agressif) était auparavant en conflit avec lui. Ce type de comportement tend à montrer qu'en face d'une attitude ambiguë, l'enfant répond en fonction de ses liens habituels avec autrui. Dans une perspective d'offrande, les échanges antérieurs entre l' « émetteur » et un autre enfant sont donc déterminants. La situation du moment passe alors au second plan.

Nous avons souvent retrouvé ce type de processus chez les petits âgés de 14 à 20 mois quand ils sont placés à côté ou en face d'éléments plus âgés. Par exemple, lorsqu'un enfant leader tapote avec la main ou un objet la tête d'un petit, ce dernier sourit et, dans 41 % des cas, offre l'un de ses jouets. En revanche, en face d'un enfant dominant-agressif ou

---

1. Nous qualifions ainsi un comportement dans lequel s'enchaînent des séquences qui, exprimées séparément, entraînent des réponses antagonistes.

dominé-agressif, le petit pleure, se détourne ou s'en va et n'offre que rarement.

Notons, par ailleurs, que demander avec la main en supination [1] est un comportement assez peu répandu avant 2 ans, mais de plus en plus rencontré chez l'enfant de l'école maternelle. Ce dernier, en outre, a de plus en plus tendance à formuler verbalement sa demande. Ces deux manières de procéder dépendent, tout comme chez les tout-petits, des actes qui précèdent, mais aussi des liens qui unissent habituellement les enfants. De plus, le profil de comportement du solliciteur joue également un grand rôle dans les échanges.

Cependant, on retrouve chez les enfants d'école maternelle les mêmes séquences de sollicitation qu'à la crèche. En effet, malgré le développement du langage, quand un enfant âgé de 3 à 6 ans réclame un objet, une friandise ou même l'attention, il incline souvent latéralement la tête et le buste et utilise les mêmes enchaînements d'actes et d'apaisement et de lien qu'à la crèche. Les observations suivantes le confirment.

MARIE-DOMINIQUE et YOUSSEF

Marie-Dominique, 4 ans, est assise près de Youssef, 4 ans, enfant d'origine algérienne (nous verrons, grâce à cet exemple, que les différences de race ne semblent pas jouer un rôle important chez les enfants). Youssef mange une brioche. Soudain, Marie-Dominique incline latéralement la tête et le buste (ses gestes sont très prononcés) devant le petit garçon, tout en regardant la brioche ; elle ne parle pas et, hormis son geste, ne présente aucune expression, pas même un sourire. Youssef la dévisage pendant deux secondes environ, puis lui offre un morceau de sa brioche. Après avoir mangé, Marie-Domi-

1. Main en supination : paume tournée vers le haut.

nique sollicite une nouvelle fois Youssef par le même comportement et obtient encore un morceau de brioche. A la sollicitation suivante, Youssef lève le bras, la paume de la main tournée vers la fillette. Marie-Dominique se redresse et détourne légèrement la tête. Youssef offre un nouveau morceau de sa brioche.

Puis, Marie-Dominique tend le bras vers la pâtisserie, la main en pronation, avant d'incliner latéralement la tête et le buste devant Youssef. Cette nouvelle succession d'actes entraîne un refus de Youssef qui, ensuite, n'offre plus à Marie-Dominique.

OUASSILA, ZAOUA et ABDEL

L'institutrice dépose un chocolat sur le sol, sans avoir été vue par les enfants, laissés en activités libres depuis quinze minutes environ. Ouassila, 4 ans, trouve le chocolat, puis le met dans sa poche. Elle s'assied par terre. Zaoua, 4 ans, qui, également, a vu le chocolat, vient s'asseoir à côté de la petite fille, puis incline latéralement la tête et le buste de façon très marquée (le visage est presque à l'horizontale) devant elle. Ouassila détourne la tête. Zaoua lui touche légèrement la joue puis, sans aucune parole, s'incline latéralement de plus en plus profondément devant elle, présente la main en supination, accentue encore l'inclinaison du buste, étend le bras gauche et balance la tête de droite à gauche. Ouassila la regarde puis mange un peu de chocolat. Zaoua, qui s'est redressée, refait son geste de sollicitation muette, tête penchée à droite, puis à gauche, puis à droite de nouveau ; elle avance la tête vers le chocolat. Ouassila tend le bras vers sa droite, parle, détourne la tête. Zaoua demande une nouvelle fois. Abdel, 4 ans, vient se mettre à genoux devant Ouassila et sollicite, comme Zaoua. Ouassila les regarde et offre un morceau de chocolat à Abdel, puis à Zaoua. Elle en donnera encore trois fois à Zaoua.

Même si le langage occupe une place de plus en plus prépondérante dans les communications entre enfants de 3 à 6 ans à l'école maternelle, l'inclinaison latérale de la tête et du buste ainsi que les balancements de la tête, du buste et des bras, le dandinement, le tournoiement sur soi-même, le sautillement, les touchers légers de la tête, du haut du corps et des bras, continuent à jouer un rôle important dans l'acceptation, l'entraînement et l'offrande. En effet, même si certains enfants, essentiellement dans la salle de classe, attirent et entraînent par leur langage développé ou leur « production scolaire » (beaux dessins, constructions élaborées, etc.), la plupart des élèves attractifs (c'est-à-dire recherchés et suivis) sont ceux qui, au cours de communications et de contacts, expriment les mêmes séquences d'apaisement et de lien que les petits de la crèche. Nous avons aussi remarqué que ces séquences surgissaient sans cesse entre les enfants de l'école primaire (de 6 à 11 ans) dans les cours de récréation. Il semble donc que ces attitudes, même chez les plus âgés, remplissent également des fonctions d'acceptation, de sollicitation, d'attention et d'entraînement. En outre, certaines de ces séquences jouent un rôle non négligeable dans les rapports adultes-enfants.

LES CONSEQUENCES D'UN REFUS OU D'UNE ABSENCE DE REPONSE A UNE SOLLICITATION

Il arrive cependant qu'une séquence de sollicitation se heurte à un refus ou à une absence de réponse apaisante [1]. Confronté à une telle situation, l'enfant solliciteur peut réagir en s'isolant, en mena-

---

1. Voir, à ce sujet, l'annexe 3.

Fig. 11. L'ABSENCE DE RÉPONSE A UNE SOLLICITATION EST SOUVENT SUIVIE D'UNE MENACE ET D'UN ACTE DE SAISIE.

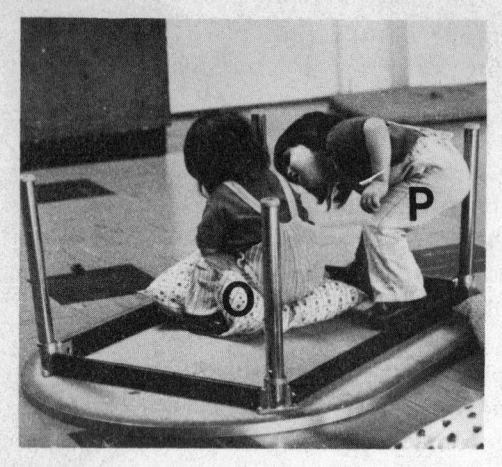

1. Le garçon P, 25 mois, dominant-agressif, sollicite la fillette O, 16 mois, dominée aux mécanismes de leader, qui ne le regarde pas.
2. N'ayant pas reçu de réponse, l'enfant P se saisit du coussin qu'il convoitait en ouvrant largement la bouche et en émettant une vocalisation aiguë.

çant et en saisissant l'objet convoité (voir fig. 11). Il peut également développer des agressions à l'encontre de l'enfant sollicité ou d'un autre. Apparemment contradictoires, les tendances qui consistent, d'une part, à s'isoler, de l'autre, à exprimer une agression, dépendent aussi du profil de l'enfant solliciteur, des liens qui l'unissent habituellement au sollicité, et des événements que l'un et l'autre viennent de vivre.

Au cours de nos observations, face à un refus, l'enfant s'est isolé dans un peu plus de 26 % des cas (six fois sur dix, il s'est mis un ou plusieurs doigts dans la bouche ; deux fois sur dix, il s'est allongé à même le sol, sur un tapis ou sur une table, plus ou moins recroquevillé sur lui-même ; dans les autres cas, il s'est déplacé ou a joué seul, à l'écart des autres enfants). Ceux qui ont réagi de la sorte sont :

— les plus petits (14 à 20 mois) face aux plus dominant de 26 à 36 mois ;
— les dominés face aux dominants ;
— les leaders face aux dominants-agressifs, après qu'ils eurent subi une agression ou essuyé plusieurs refus successifs à leurs sollicitations.

Après un refus ou une absence de réponse à diverses tentatives de sollicitation, l'isolement des leaders a toujours été bref (n'excédant que rarement une minute), alors que celui des petits et des dominés a duré plus longtemps (parfois une dizaine de minutes, à moins qu'un autre enfant ne soit venu les solliciter).

La tendance qui consiste à s'emparer de l'objet convoité ou à exprimer une agression face à un refus de sollicitation ou d'offrande a été observée dans un peu plus de 39 % des cas ; elle a été remarquée :

— chez les dominés-agressifs, les dominants-agressifs, les enfants les plus fluctuants dans leur comportement ;
— chez les dominés de 2 à 3 ans, à l'égard des tout-petits de 14 à 20 mois ;
— chez un leader qui vient de solliciter, sans succès, l'un des enfants auxquels il est habituellement lié.

Dans 17 % des cas de refus, l'agression a été

réorientée sur un troisième enfant ; ce dernier, huit fois sur dix, était un tout-petit ou un dominé. Cette situation se retrouve entre des enfants habituellement liés ou lorsque le solliciteur est un dominant-agressif.

Dans les autres cas (18 %), les réactions du solliciteur face à un refus ont été très variées.

Notons, pour finir, que lorsque des dominants-agressifs, des dominés ou des leaders sont victimes d'agressions et qu'ils ne reçoivent pas de la puéricultrice (ou de l'institutrice) une réponse à leurs sollicitations répétées (ou encore lorsqu'ils obtiennent d'elles une menace), ils ont ensuite tendance à refuser tout ce qui leur est proposé. Nous verrons plus loin à quel point les refus et les isolements de l'enfant sont liés aux absences de réponse ou aux menaces « hors de propos » des adultes, y compris des parents.

5
La menace et l'agression

LES COMPORTEMENTS DE MENACE

La convoitise d'un objet, les compétitions et les situations de conflit entraînent souvent des comportements caractéristiques, à valeur de menace [1]. Ceux-ci peuvent eux-mêmes déboucher sur des actes de menace, sur l'abandon, par le « receveur », de l'objet convoité (les manifestations sont alors les suivantes : détournement du haut du corps, recul, fuite ou crainte), enfin, sur des agressions ; ces dernières sont fréquentes chez les enfants qui ont des comportements d'offrande et d'apaisement faiblement développés.

La construction du comportement de menace

C'est, semble-t-il, à partir de l'ouverture béante de la bouche et de l'émission sonore qui l'accompagne que le tout-petit âgé de 14 à 17 mois [2] à qui l'on vient

---

1. Voir, à ce sujet, l'annexe 4.
2. Notons que cette mimique de refus ou de protestation se rencontre déjà chez les petits âgés de 10 à 12 mois à qui l'on vient de prendre un objet sans sollicitation préalable.

de prendre un objet, met en place l'un des comportements de menace les plus fréquents à 2 ans (voir fig. 12 et 13). Le petit résiste, la plupart du temps, à celui qui se saisit de son jouet, (ou qui tente de le faire), en se penchant spontanément en avant. C'est là un comportement banal de protection de l'objet. La brusque avancée du buste, le plus souvent associée à l'ouverture béante de la bouche et à l'émission d'une vocalisation aiguë, est aussi exprimée de un à deux mois après l'acquisition de la marche, dans deux autres situations :

— à l'adresse de celui qui prend ou qui tente de prendre l'objet tenu par l'un de ses voisins, surtout lorsque le « preneur accompagne son acte de saisie d'une agression » ;
— en direction de deux enfants qui se battent ou d'un autre qui pleure très fort et depuis plusieurs minutes.

Cependant, à partir de 2 ans environ, la brusque projection du buste n'est pas présente dans tous les cas et, de même, l'émission d'une vocalisation très aiguë n'accompagne pas toujours l'ouverture de la bouche. Quant à la projection du (ou des) bras, elle peut être suivie ou remplacée par la projection de la jambe ou par des mouvements rythmiques ; l'enfant menaçant projette alors ou secoue un objet en direction de l'autre.

Des réductions de la séquence menaçante se rencontrent surtout chez les enfants âgés de 28 à 36 mois qui, souvent, ne font plus que lever, projeter ou secouer le bras en direction de l'enfant menacé. Cette tendance se poursuit jusqu'à l'école maternelle, chez les enfants âgés de 3 à 4 ans. Par ailleurs, une autre forme de menace, plus symbolique, apparaît chez les enfants âgés de 28 mois à 4 ans, surtout chez les plus apaisants (leaders et dominés aux mécanismes de leaders, dans plus de

Fig. 12. DES SITUATIONS QUI PROVOQUENT LA MENACE SONORE...

Cet enfant de 21 mois vocalise très fort en direction de celui qui tient le seul élément de construction qu'il n'a pu s'approprier.

80 % des cas) : le froncement de sourcils accompagné d'un retour du menton sur la poitrine.

Chez les leaders et les dominés aux mécanismes de leaders, l'expression de la menace semble comporter, depuis l'acquisition de la marche jusqu'à l'âge de 4 ans, un passage progressif de la zone orale (l'ouverture de la bouche ainsi que les mimiques et les vocalisations qui l'accompagnent) aux membres (projection des bras ou des jambes vers l'autre), puis au regard et à la parole. En d'autres termes, l'expression de la menace est de plus en plus symbolique chez les enfants les moins agressifs, même si, à partir de 4 ans, elle peut encore avoir la même forme qu'à 2 ans.

Fig. 13. LE COMPORTEMENT DE MENACE DE L'ENFANT DÉFENDANT UNE SITUATION.

1. L'enfant R, 36 mois (leader), regarde l'enfant S, 33 mois (dominant-agressif), qui s'approche de la table qu'il occupe.
2 et 3. Lorsque l'enfant S arrive à moins de deux mètres, l'enfant R ouvre largement la bouche en même temps qu'il émet une vocalisation aiguë et de forte intensité ; en outre, il projette le bras en direction de l'enfant S.
4. L'enfant S s'enfuit. L'enfant R reste « maître » du pied central de la table renversée et du toboggan.

4

Les situations qui provoquent la menace

Complète ou partielle, la séquence menaçante apparaît non seulement pour la défense d'un objet ou d'une situation, mais aussi pour celle d'un autre enfant. Elle est également émise par l'enfant non dominé qui répond à celui qui vient de le menacer ou qui voit venir vers lui un dominant-agressif ou un enfant qui lui a fait mal auparavant.

Cependant, lorsque l'enfant s'est fait mal lui-même (en se cognant, par exemple), il peut également exprimer une partie ou la totalité de la séquence (mais dans le vide), à l'adresse de « l'objet qui a fait mal » ou en direction d'un autre enfant. Dans ces cas-là, les battements des mains ou les projections des bras en avant apparaissent avant l'ouverture de la bouche accompagnée de vocalisations. Dans les situations de compétition, il suffit souvent que l'un des enfants effectue un seul mouvement de tête, du buste ou de la main en direction ou à proximité de l'objet détenu par un autre enfant, pour que ce dernier exprime la totalité ou la plupart des gestes de la séquence. De même, cette séquence est exprimée par l'enfant qui, sortant d'un conflit ou d'une compétition où il a reçu et porté des agressions, convoite l'objet ou la situation d'un autre. Enfin, elle apparaît souvent dans des situations très différentes chez l'enfant habituellement agressif ou fluctuant. Elle se manifeste alors non seulement à l'égard de celui qui s'attire les remontrances ou les menaces de la puéricultrice, mais encore contre celui qui vient de faire tomber bruyamment un objet, cependant que les deux enfants ne jouaient pas ensemble.

Lorsque la compétition ne donne pas lieu à des agressions appuyées et lorsque les conflits ne s'accompagnent pas d'un échange d'agressions, la bouche s'ouvre moins largement, la vocalisation est plus faible et l'avant-bras peut être simplement levé et non projeté ; en ce cas, le mouvement, lent, s'amortit lorsque la main touche l'autre enfant. Dans 74 % des cas observés, l'enfant qui a ainsi « amorti » son comportement avait un profil de leader.

LES REPONSES AUX COMPORTEMENTS DE MENACE

A la crèche, comme à l'école maternelle, les réponses à la séquence menaçante — exprimée partiellement ou complètement — varient selon les profils de comportement de l' « émetteur » et du « receveur ». Dans la plupart des cas, les actes que nous venons de décrire entraînent l'abandon d'un objet ou d'une situation, le détournement du corps, le recul, le départ ou la fuite de celui vers qui ils sont orientés — du moins lorsque l' « émetteur » est le plus dominant. Ils provoquent aussi (en plus, ou seulement) des actes de crainte chez les plus dominés, chez ceux qui ont un comportement fluctuant ou chez tout autre enfant, victime récente d'une agression.

Les effets de la menace entre deux leaders

Lorsque la séquence partielle ou totale est émise par un enfant au profil de leader à l'adresse d'un autre leader, elle entraîne, dans 44 % des cas, une réponse similaire (avec, parfois, l'abandon d'un objet) et, dans 37 % des cas, un détournement de la tête, du buste ou encore un recul. Lorsque, dans sa réponse, le « receveur » projette le bras en direction de l' « émetteur », il ne l'atteint que rarement, se contentant de l'effleurer ou de le toucher de façon amortie. Des agressions appuyées, en réponse à la menace, ont été observées dans 5,5 % des cas seulement.

L' « émetteur » répond ensuite au « receveur » par un comportement de même nature (61 % des cas). Dans les trois minutes qui suivent l'échange, on assiste à une imitation réciproque au cours de laquelle les actes d'apaisement et de lien remplacent peu à peu les gestes menaçants ; en outre les agressions appuyées sont alors peu fréquentes (par exemple, 87 agressions seulement, sur 755 cas observés en 2 ans).

Les effets de la menace entre un leader et un dominant-agressif

En revanche, lorsque la séquence est émise par un enfant-leader à l'adresse d'un enfant dominant-agressif, elle entraîne, le plus souvent, une agression (dans 49 % des cas), un comportement de même forme (dans 29 % des cas) ou (dans 15 % des cas) une fuite (voir fig. 13). Cependant, il suffit que l' « émetteur » au profil de leader introduise dans ses réponses des actes d'apaisement ou des actes inhabituels, pour que le « receveur » amortisse son agression ou l'arrête ; ensuite, il sourit et tente d'exprimer les mêmes actes que le premier enfant.

Les effets de la menace entre deux dominants-agressifs

La menace d'un enfant très agressif exprimée à l'adresse d'un autre enfant très agressif provoque, dans la majeure partie des cas, une agression (dans 56 % des cas), une réponse de même forme (dans 20 % des cas) ou la fuite (dans 10 % des cas). Enfin, un enfant très agressif exprime fréquemment une agression juste après avoir émis la séquence de menace, sans attendre ou sans tenir compte de la réponse de l'autre enfant ; parfois également, il agresse en même temps ou juste avant de menacer.

Il apparaît donc que les jeunes enfants ont à leur disposition des attitudes d'avertissement à valeur de menace qui entraînent, la plupart du temps, l'abandon de l'objet ou de la situation convoités, une réponse de même nature, le détournement du corps, le recul ou la fuite. Seuls les agressifs répondent, le plus souvent, à ces attitudes par des agressions.

Par ailleurs, en face d'une menace (suivie ou non d'une ébauche d'agression ou d'une agression réelle), certains enfants (surtout les leaders) expriment, après le détournement de la tête ou du buste, des enchaînements de comportements tels que cette menace n'est pas suivie d'une agression à leur encontre.

LES COMPORTEMENTS D'AGRESSION

Dans l'état actuel de nos recherches, nous n'avons pas préjugé le rôle de la parole dans l'expression de l'agression. Il est évident que ce rôle est important, et ce dès la crèche, en dépit du caractère rudimentaire du langage utilisé par les tout-petits ; mais nous manquons ici d'une méthode suffisante pour mettre en évidence ce qui, dans les mots et leur enchaînement, est reçu comme une agression. A l'exception des situations où l'enfant s'est isolé après avoir essuyé un refus à une tentative de communication, nous avons considéré comme étant des agressions tous les comportements de contact qui entraînent des pleurs, des isolements prolongés et des recours à la puéricultrice ou à l'institutrice. Nous n'y avons pas inclus les coups amortis ; en effet, ces derniers apparaissent, le plus souvent, comme des comportements entraînant les mêmes réponses que les comportements de menace ou de sollicitation.

Les actes d'agression que nous avons quantifiés chez le jeune enfant sont : mordre — griffer — agripper, ou pincer les joues, le nez ou les bras — tirer les cheveux — agripper et tirer jusqu'à faire tomber — pousser brusquement — porter des coups non amortis avec le pied, le bras ou la main, celle-ci tenant ou non un objet [1].

Les agressions, tout comme les simples menaces, peuvent apparaître dans la quasi-totalité des situations qui donnent lieu à une compétition pour l'obtention d'objets. Elles sont particulièrement fréquentes lorsque ces objets sont en nombre réduit et lorsqu'ils ont un grand pouvoir attractif. Par ailleurs, l'agression se développe souvent autour d'une situation attractive (et unique) que les enfants aimeraient occuper (table renversée — voir fig. 14 — toboggan, etc.). Elle se manifeste également lorsque l'enfant a essuyé un refus ou qu'il n'a pas reçu de réponse à ses sollicitations, ou encore lorsque, isolé depuis plusieurs minutes, un autre enfant s'approche trop près de lui ; dans la plupart des cas, l'enfant

---

1. Voir, dans l'annexe 5, les actes d'agression les plus évidents chez le jeune enfant.

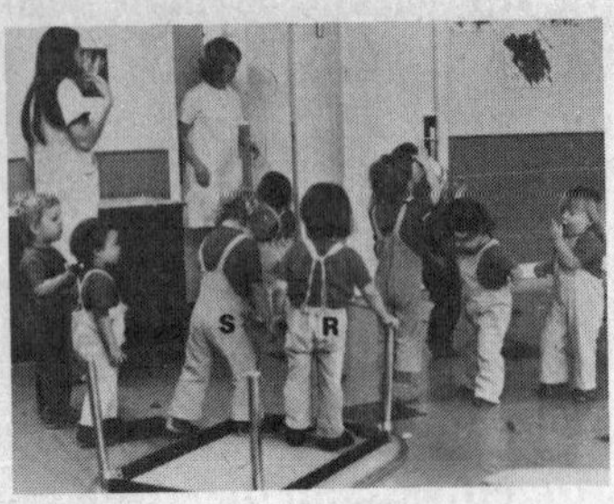

1

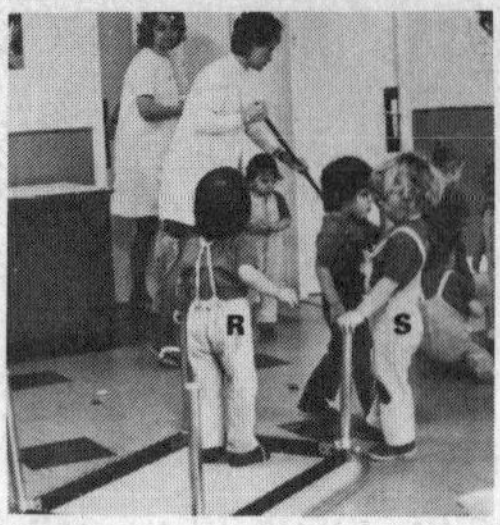

2

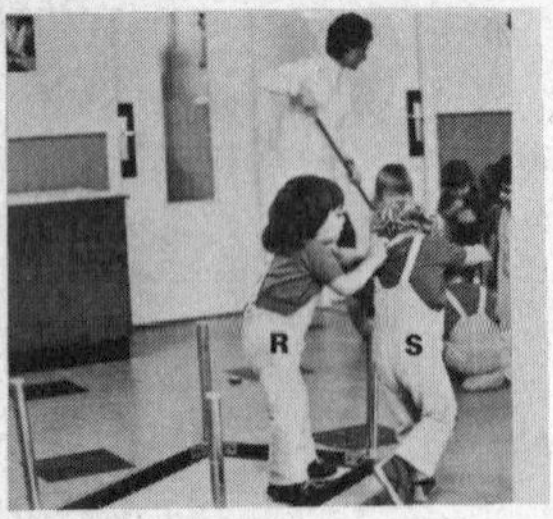

3

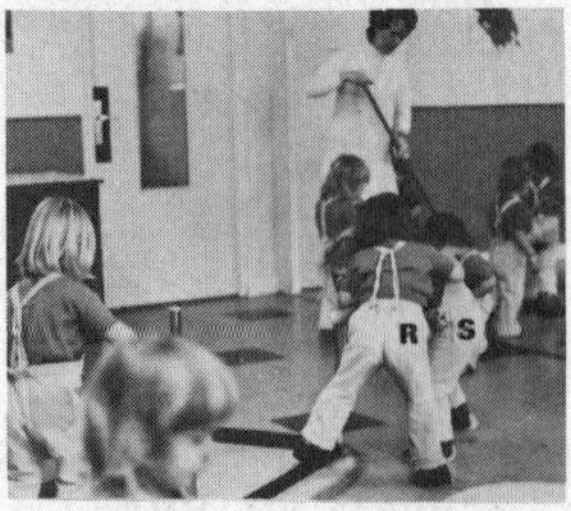

4

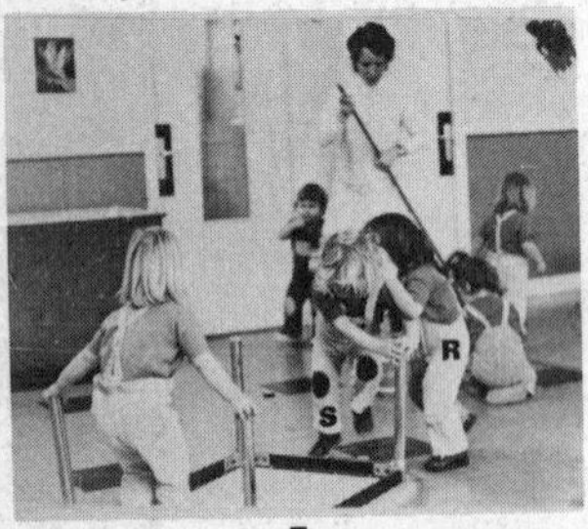

5

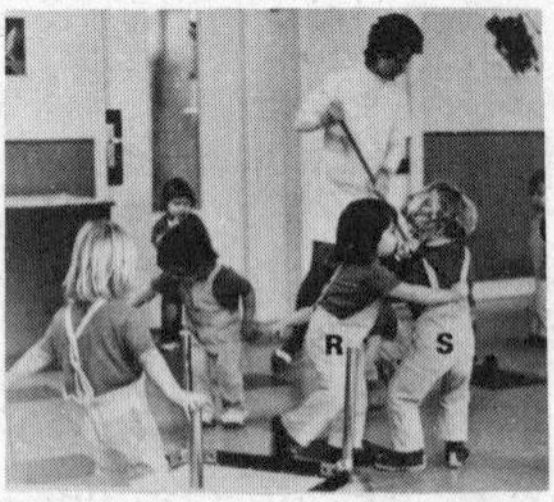

6

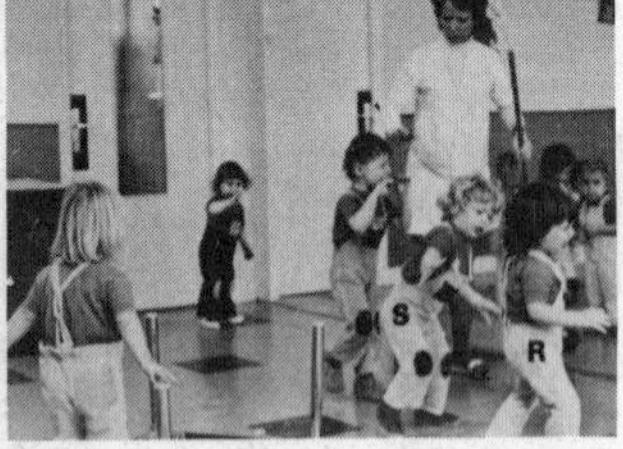

7

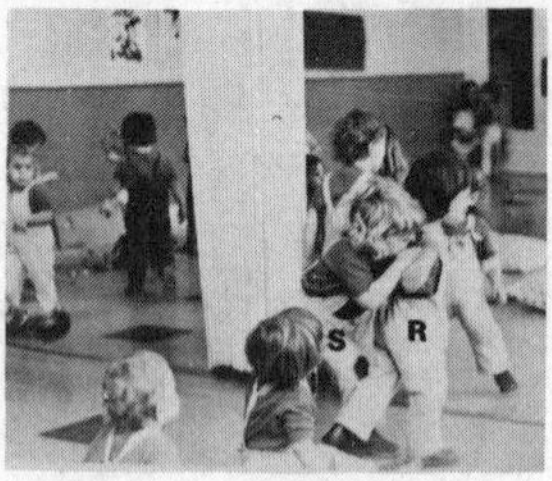

8

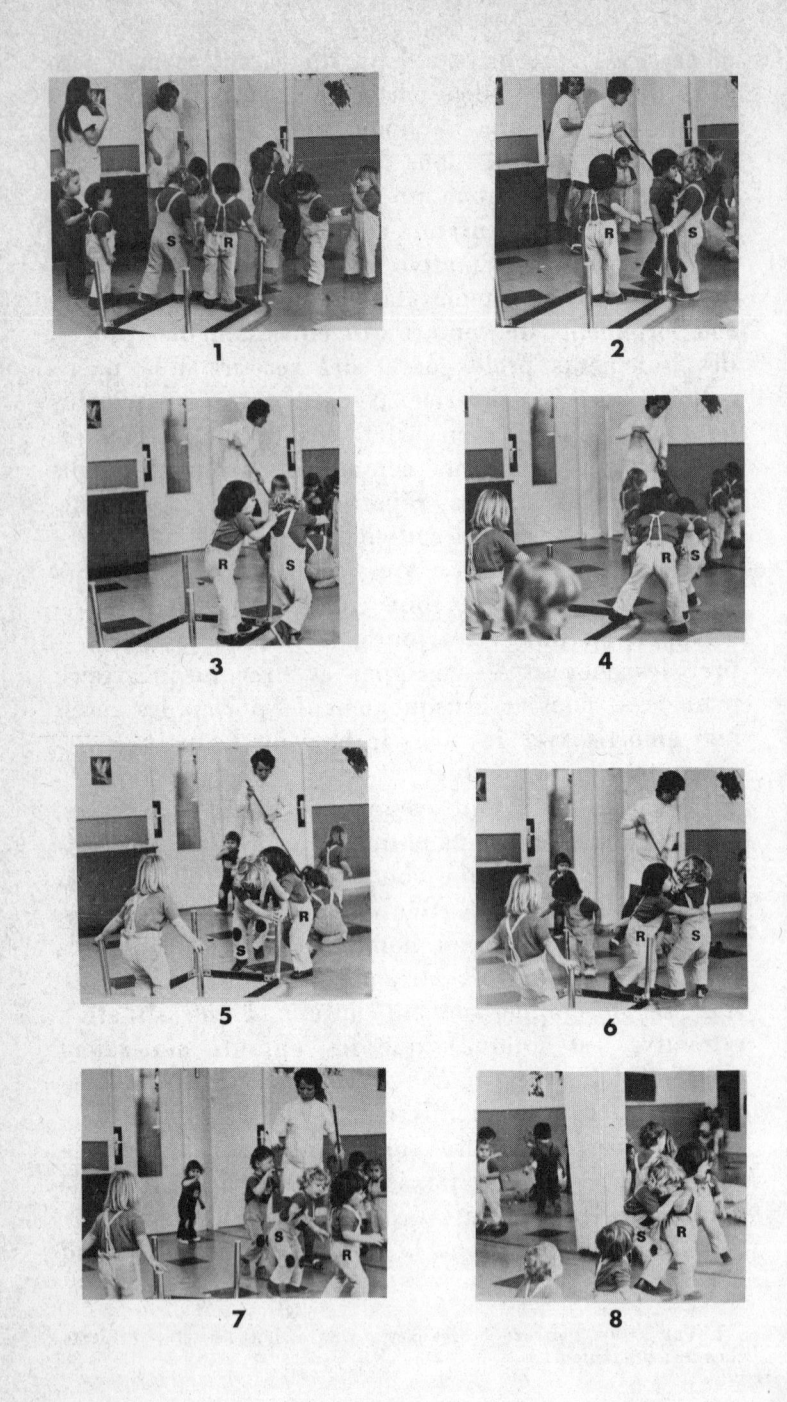

isolé est un dominé ou un dominant-agressif. Enfin, les pleurs très sonores entraînent soit des agressions, soit des coups amortis, selon le profil de l'enfant qui s'est approché.

S'il est donc relativement facile de cerner les situations qui favorisent l'expression d'une agression, il ne nous a pas été possible de reconnaître des stimulus ou des mécanismes qui déclenchent de façon spécifique l'agression du jeune enfant [1].

Dans un grand nombre de cas, certains enfants de 2 à 3 ans expriment des agressions en arrivant à la crèche ou à l'école maternelle, en sortant d'une activité solitaire ou après des échanges apaisants ; mais il demeure impossible d'établir un lien entre cette expression, apparemment spontanée, et des types particuliers de situation ou d'échange. Tout se passe comme s'il s'agissait d'agressions gratuites, sans cause extérieure apparente, comme si les enfants avaient « naturellement » une force interne qui les pousse à l'agression. En fait, et nous y reviendrons, l'expression ou la non-expression de l'agression spontanée dépendent étroitement du type de relations qui se sont développées auparavant entre l'enfant et sa famille, et surtout entre l'enfant et sa mère.

---

1. Et ce, contrairement aux belles études des éthologistes sur l'agression animale — voir, par exemple, *L'Agression* de K. Lorenz (1969) et les multiples colloques qui se sont tenus depuis dix ans sur ce thème. Rappelons qu'en période de reproduction, le comportement d'agression d'une épinoche mâle, propriétaire d'un territoire, serait électivement déclenché par la vue d'un objet rouge ou partiellement rouge (coloration du ventre d'un mâle parvenu à la maturité sexuelle).

Fig. 14. LES ENFANTS DOMINANTS OU TRÈS FLUCTUANTS ET LES CHAINES D'AGRESSIONS.

Exemple d'enchaînement de conduites agressives appuyées et durables entre un enfant dominant-agressif (R) et un dominant très fluctuant temporairement très agressif (S) au cours d'une compétition pour les pieds d'une table renversée. Les agressions ne sont pas précédées par un signal de menace ni chez l'un ni chez l'autre ; dans ce cas, les enfants s'agrippent et se mordent, parfois profondément.

L'agression s'exprime plus facilement à la suite d'un isolement (par exemple, après un geste ambigu) qu'à la suite d'une interaction qui ne comporte que des agressions peu appuyées — ou qui n'en comporte pas. L'agression est alors souvent très marquée ou répétée : les enfants qui passent par les périodes d'isolement les plus longues (dominants-agressifs, dominés-agressifs et dominés-craintifs) sont aussi ceux qui expriment les agressions les plus violentes.

LA CANALISATION DE LA MENACE ET DE L'AGRESSION [1]

A la crèche

Dans les situations de conflit et de compétition, certains enfants expriment souvent, en face d'une menace ou d'un début d'agression, des enchaînements de comportements qui détournent l'attention de l'enfant menaçant, empêchant ainsi une menace ou un début d'agression de se développer. Ce sont surtout les enfants peu agressifs (leaders, dominés aux mécanismes de leaders) qui expriment ces comportements lorsqu'ils se trouvent à une distance trop faible pour fuir un enfant dominant-agressif qui devient menaçant. Les enfants peu agressifs répondent également de cette façon à la menace ou au début d'agression provenant d'un autre auquel ils sont habituellement liés ou par lequel ils sont souvent protégés.

Parmi les comportements qui détournent l'attention de l'enfant menaçant, on observe des enchaînements tels que : le détournement de la tête et du

---

1. Les exemples de l'annexe 6 permettent de cerner les comportements qui empêchent la menace de se développer en agression.

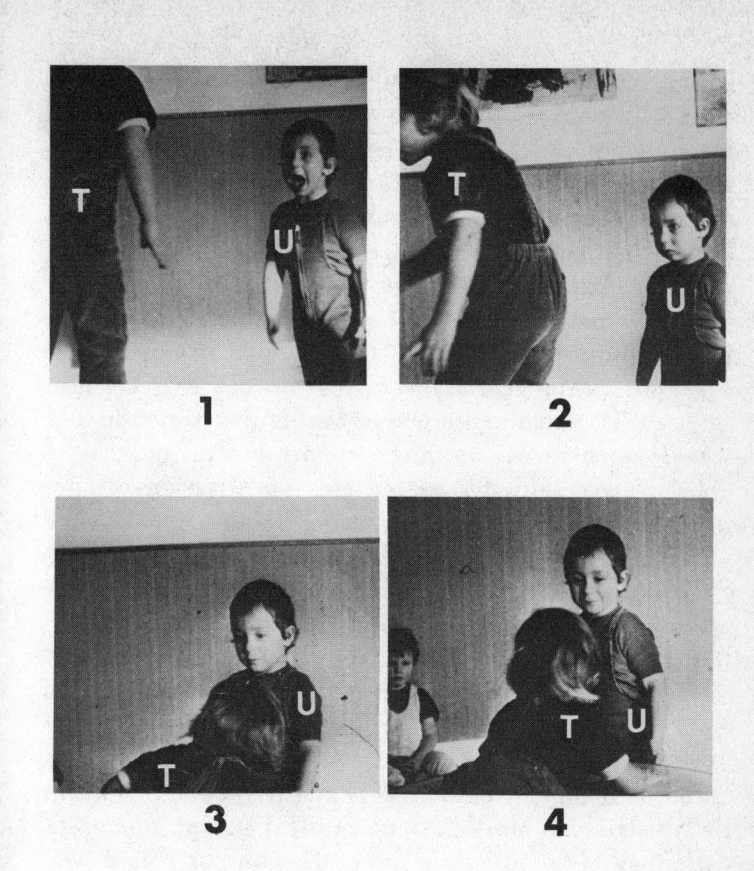

Fig. 15. LES COMPORTEMENTS QUI EMPÊCHENT LE PASSAGE DE LA MENACE A L'AGRESSION.

1. Arrivé à moins de deux mètres de la table occupée par le garçon T, 32 mois (leader), le garçon U, 33 mois (dominant-agressif), exprime un comportement de menace dépourvu de tout autre élément moteur.

2. L'enfant T répond en se détournant. La menace du garçon U disparaît.

3 et 4. S'étant allongé sur la table, l'enfant T balance la tête latéralement et de haut en bas. L'enfant U sourit. Par son comportement, le garçon T a détourné l'attention du garçon U et provoqué chez celui-ci un sourire, alors qu'il était arrivé en menaçant.

Il s'est écoulé deux à trois secondes entre les moments (1) et (2) et de quatre à cinq secondes entre les moments (2) et (3). Le moment (4) vient immédiatement après le moment (3).

Les photographies sont tirées d'un film 16 mm.

buste, accompagné ou suivi de balancements latéraux de la tête, du buste et des bras (nous avons vu que ces actes avaient aussi une fonction d'apaisement et de lien). L'enfant qui répond ainsi à la menace peut ensuite enchaîner avec des secouements et des balancements de la tête de bas en haut (voir fig. 15). Dans 65 % des cas observés, la menace n'a pas été suivie d'une agression ou bien l'agression, juste ébauchée (un coup amorti, par exemple), ne s'est pas prolongée. Dans 52 % de ces cas, l'enfant menaçant a ensuite imité l'enfant qui a répondu par un détournement de tête ou de buste, puis il a échangé avec lui des gestes, des vocalisations et des paroles.

La brusque extension du bras avec l'index désignant une direction quelconque empêche également la menace de se développer. Ce type de comportement, accompagné en général de vocalisations et de paroles, détourne l'attention de l'enfant menaçant qui regarde alors dans la direction indiquée. Souvent, le premier enfant menace à son tour, montrant la même direction, cependant qu'aucun enfant ne s'y trouve. Mais l'attention de l'enfant menaçant est ainsi réorientée. Ce type de comportement est, la plupart du temps, exprimé par des enfants leaders ou des tout-petits ayant des caractéristiques de leaders (82 % des cas observés).

Se frotter ou se tapoter la tête ou le bras après avoir été touché par l'enfant menaçant constitue une autre réponse à la menace. La partie corporelle frottée ou tapotée est, généralement, celle qui a été touchée. Cette réponse est presque toujours accompagnée ou suivie de l'une des séquences d'apaisement que nous avons déjà décrites. Dans 84 % des cas observés, elle a entraîné l'arrêt de la menace ou du début d'agression. Cinq fois sur dix se sont instaurés des imitations et des échanges divers entre les deux enfants. Lorsque l'enfant qui occupe une position habituellement recherchée manipule un

objet attractif, et lorsqu'il voit venir vers lui un
enfant très agressif, il peut aussi tout simplement
exprimer une séquence de gestes apaisants.

L'expression soudaine d'un acte nouveau qui
entraîne normalement l'imitation (par exemple, soulever une table et la laisser retomber) canalise également la menace ou le début d'agression. Au cours
des minutes qui suivent cet acte brusque, l'enfant
menacé qui répond ainsi est souvent imité par
l'enfant menaçant. Aucune agression n'apparaît
alors.

Enfin, un enfant menaçant peut voir son attention
détournée par un de ses camarades qui exprime
soudain devant lui un comportement qui débouche
habituellement sur l'imitation (par exemple, taper
sur une vitre). L'enfant menaçant peut, au cours de
cette imitation, exprimer des menaces dans le vide,
ou encore en direction d'un autre enfant qu'il mena-
çait initialement.

A l'école maternelle

Les détournements de la tête et du buste, souvent
accompagnés de tours sur soi-même ou de danses,
de sautillements, d'inclinaisons latérales de la tête
et du buste, de balancements du haut du corps et
des bras ; les détournements d'attention par la parole
et par le bras qui indique une direction (même
si celle-ci ne correspond à rien de précis) ; l'adoption d'une attitude de « clown » (frottements de la
tête, coups, pincements ou morsures simulées sur
soi-même, grimaces) ; la proposition soudaine d'une
activité originale ou habituellement attractive : tous
ces comportements sont aussi utilisés par les enfants
de l'école maternelle (3 à 6 ans) devant la menace
ou le début d'agression, sauf lorsqu'ils sont dominants-agressifs ou dominés-agressifs. Il en est de

même dans les cours de récréation d'écoles primaires où certains enfants, toujours les mêmes (ils sont âgés de 6 à 12 ans), parviennent à échapper à la plupart des agressions : c'est que, malgré l'utilisation constante du langage, ces enfants, très recherchés et protégés, ont, face à une menace ou à un début d'agression, les mêmes séquences de comportement que les enfants de la crèche et de l'école maternelle [1].

LA REORIENTATION DE LA MENACE ET DE L'AGRESSION [2]

Lorsqu'un enfant se trouve en situation de conflit avec un autre, il peut répondre à une menace ou à une agression en réorientant sa propre menace et sa propre agression sur un objet, un troisième enfant ou encore sur lui-même. Cette tendance est particulièrement nette quand l'agresseur a un niveau de dominance égal ou supérieur à celui de l'agressé, ou quand les deux enfants en conflit sont habituellement liés. Juste après l'échange la réorientation de la menace et de l'agression peut même s'exprimer « à vide », au moyen, par exemple, d'un bras projeté devant soi ou latéralement ou d'un objet lancé dans n'importe quelle direction. La réorientation de la menace ou de l'agression sur un troisième enfant — la plus fréquente des réorientations, selon nos observations [3] — se produit géné-

1. Il est intéressant de noter que, chez certains vertébrés, en particulier chez les oiseaux et les mammifères, l'adoption de comportements de détournement, analogues à ceux que nous avons décrits, empêche aussi l'agression des plus dominants de se développer (voir fig. 16).
2. Voir l'annexe 7.
3. Nous avons observé une telle réorientation 1 391 fois à la crèche et 460 fois à l'école maternelle, et cela, sur une période de quatre ans.

Fig. 16. LE DÉTOURNEMENT DE LA TÊTE EMPÊCHE AUSSI LE PASSAGE DE LA MENACE A L'AGRESSION CHEZ LES SINGES.

Le babouin A détourne la tête lorsqu'il est menacé par B. Il empêche ainsi B de passer à l'agression. Ce mécanisme se retrouve chez la plupart des singes.

ralement aussitôt après l'échange de coups et touche un dominé ou un tout-petit situés à proximité.

Parfois, la réorientation est différée de quelques secondes (ou même de plusieurs minutes), surtout lorsque les deux enfants en conflit ont échangé des menaces à distance. En ce cas, ces menaces, d'abord peu accentuées, deviennent de plus en plus vives.

Après que l'agressé a réorienté sa menace et son agression sur un troisième enfant, il arrive que l'agresseur l'imite dans ses attitudes et agisse de la même manière. D'une part, lorsqu'un enfant s'est fait mal lui-même, il peut agresser le premier enfant rencontré. Ceux qui agissent ainsi sont, à 90 %, des dominants-agressifs, des dominés-agressifs, ou des enfants au comportement fluctuant.

Par ailleurs, les sujets habituellement très agressifs peuvent aussi se mordiller ou se mordre, surtout après avoir porté et subi plusieurs agressions.

Enfin, l'intervention inopportune ou hors de propos d'une puéricultrice, d'une institutrice ou de l'un des membres de la famille entraîne chez l'enfant des comportements d'agression parfois très violents à l'égard d'un de ses camarades.

Toutes ces réorientations sont suffisantes pour désorganiser un groupe : elles aboutissent fréquemment au rejet des enfants sur lesquels s'est réorientée l'agression. Ces enfants sont presque toujours les plus dominés.

Notons que la connaissance des mécanismes de réorientation de la menace permet de mieux comprendre l'origine d'une agression et d'éviter d'attribuer une étiquette, comme celle de « méchant », à un enfant qui en attaque un autre sans raison apparente ; en fait, comme nous l'avons vu, l'enfant ne fait souvent que réorienter l'agression qu'il a subie de la part d'un tiers. Et ainsi peut-on comprendre pourquoi et comment les agressions « familiales » sont réorientées sur d'autres, dans le cadre de la crèche ou de l'école maternelle — et inversement.

# Troisième partie

Les profils de comportement

La terminologie empruntée à l'éthologie permet de caractériser les enfants comme ayant un comportement fluctuant, comme étant leaders, dominants-agressifs, dominés-craintifs, etc. Mais cette terminologie n'a pas pour but d'établir un catalogue de types et, par suite, d'attribuer une étiquette à chaque enfant. Elle se propose d'indiquer les différents « styles de relation », ou profils de comportements, que nous avons rencontrés chez les enfants laissés en activités libres, en tenant compte des réussites et des échecs de chacun à obtenir un objet attractif et à occuper une situation habituellement recherchée. En d'autres termes, notre terminologie repose à la fois sur la « façon d'être » habituelle de l'enfant avec les autres, et sur ses possibilités (ou niveau de dominance) à obtenir des objets et à occuper les situations qui donnent lieu à des compétitions. En éthologie, on parle alors souvent de statut social, celui-ci étant la place et le rôle occupés par l'individu parmi ses congénères.

L'étude des relations de dominance, selon des critères éthologiques, nous a conduits à établir une première distinction entre les enfants âgés de 14-15 mois à 3 ans : celle des dominants et des dominés.

L'étude d'un groupe d'enfants âgés de 14-15 mois à 3 ans et laissés en activités libres montre, en effet, que certains sujets s'imposent plus souvent que d'autres dans la conquête d'un objet, d'une friandise ou d'une nouvelle situation. Ce sont les mêmes qui s'approprient les jouets attractifs que la puéricultrice a introduits discrètement dans l'environnement des enfants. Ils s'imposent aussi dans l'occupation d'un toboggan ou d'une table. Nous avons qualifié ces enfants de dominants.

L'examen d'un tableau récapitulatif des réussites dans l'appropriation d'objets ou de situations habituellement recherchés (établi sur un mois) montre que ces enfants se trouvent au sommet d'une échelle de dominances que l'on peut fractionner à plusieurs niveaux [1]. A l'exception des plus jeunes de 14-15 à 24 mois, les niveaux de dominance varient peu d'un mois à l'autre [2], tout au moins lorsque la composition de la population d'enfants reste stable et lorsque la famille subit peu de changements. Les plus dominants sont, en général, les plus âgés. Il existe une corrélation positive entre l'âge et le niveau de dominance ; mais cela ne constitue pas une règle : certains enfants, parmi les plus âgés, en majorité des filles, ne parviennent que rarement à s'approprier l'objet ou la situation qui ont donné lieu à ces compétitions. Au total, les garçons représentaient 60 à 70 % des enfants très dominants dans les populations que nous avons suivies.

Les phénomènes de dominance entre jeunes enfants ont été étudiés ces dernières années par d'autres éthologistes [3] qui, comme nous-mêmes, ont constaté que les populations d'enfants sont très hétérogènes : il n'existe aucune corrélation particulière entre le rang d'agressivité (les enfants sont classés en fonction de leur degré d'agressivité) et le nombre

---

1. Voir le tableau II, annexe 9.
2. Voir le tableau III, annexe 9.
3. N.G. Blurton Jones et W.C. MacGrew, surtout, ont étudié les phénomènes de dominance chez les enfants.

des « victoires » (constituées, par exemple, par l'appropriation d'un objet ou de l'un des pieds d'une table renversée). En effet, certains enfants parviennent à obtenir les objets attractifs et à occuper les situations qui ont engendré des compétitions, et ce sans avoir exprimé la moindre agression et, parfois même, sans avoir participé à ces compétitions. Les notions de dominance et d'agression perdent alors de leur utilité : elles ne permettent pas à elles seules de comprendre pourquoi certains se recherchent, pourquoi quelques-uns attirent et entraînent, pourquoi d'autres provoquent souvent les pleurs, le repoussement, le recul ou la fuite ; elles ne renseignent pas non plus sur les circonstances dans lesquelles un petit groupe se forme ou se défait, ni de quelle manière apparaissent des échanges durables et des activités communes.

En revanche, tout cela peut être mieux cerné si, en plus des phénomènes de dominance, l'étude porte sur les mécanismes d'approche, d'entrée en contact, de poursuite de la relation — et ce dans les situations les plus diverses (et pas seulement pendant les compétitions). Plusieurs profils de comportement ont été ainsi caractérisés.

6

Les profils de comportement chez les enfants de 1 à 3 ans

Voici quelques exemples de comportements qui correspondent généralement à des profils caractéristisques (dominants-agressifs, leaders, dominants-fluctuants et dominés).

LES DOMINANTS-AGRESSIFS

MATHIEU, EMMANUEL et MARYLINE

Mathieu, 28 mois (dominant-agressif), entre dans la salle de jeux ; il sourit. Soudain, sans que rien n'ait permis de le prévoir, il bouscule successivement quatre enfants : trois d'entre eux se mettent aussitôt à pleurer. Ensuite, Mathieu pousse Emmanuel, 26 mois (leader). Ce dernier se retourne, sourit et heurte légèrement Mathieu qui commence à courir. Emmanuel le poursuit en vocalisant (les cris sont aigus) et en balançant le haut du corps. Brusquement, Mathieu s'arrête et regarde trois enfants qui jouent ensemble. Ne répondant ni aux vocalisations ni aux sourires ou aux balancements d'Emmanuel (qui l'a rejoint), il place son pouce dans la bouche et regarde fixement les trois autres enfants. Puis il amorce une nouvelle course, grimpe sur une table où se trouve maintenant Emmanuel, puis le pousse violemment. Emmanuel ouvre largement la bouche et émet une vocalisation aiguë. Mathieu agit de même puis, après être descendu de la table, porte un coup de pied dans la construction d'un autre enfant, bouscule violemment un petit de 20 mois, tire les cheveux de Maryline (33 mois et demi), s'assied sur Emmanuel (qui s'était laissé tomber) et, après avoir frappé un dernier enfant, se saisit de son cube. Trois enfants pleurent et vont se réfugier auprès de la puéricultrice.

Mathieu présente souvent une telle succession de comportements caractérisés par :, des agressions spontanées (sans raison immédiate apparente), fréquentes, appuyées et répétées ; des enchaînements d'actes hétérogènes et ambigus (les actes de lien et d'apaisement de Mathieu, lorsqu'ils apparaissent, sont rarement organisés en séquences homogènes : dans la plupart des cas, ils sont mêlés à des actes de saisie, à des menaces ou à des agressions), des actes de menace qui ne remplissent plus leur fonction d'avertissement car ils accompagnent ou suivent l'agression ; une absence de réponse ou des réponses fugaces aux sollicitations des autres.

FRÉDÉRIC

Isolé depuis quelques minutes, Frédéric, 33 mois, se met à plat ventre sur le vélo qu'il vient de trouver. Soudain, il lâche la bicyclette pour s'emparer de l'auto d'un tout-petit. Celui-ci délaisse sa voiture et veut prendre le vélo. Frédéric abandonne la petite voiture pour s'emparer du vélo. Le petit reprend son auto, mais Frédéric la lui enlève de nouveau. Ce manège se reproduit quatre fois, avec la même alternance.

Le profil de Frédéric se caractérise par des comportements répétés de saisie d'objets, sans offrande ou sollicitation préalables. Il prend fréquemment le jouet d'un autre, l'abandonne aussitôt pour se saisir de l'objet d'un second enfant, l'abandonne encore, s'approprie celui d'un troisième, puis le délaisse pour, finalement, reprendre le premier jouet, ramassé entre-temps par un autre enfant. Le manège se poursuit jusqu'au moment où, alertée par des pleurs, une puéricultrice intervient. Dans le comportement de Frédéric, les actes de lien et d'apaisement ainsi que les actes de menace sont rares, les gestes répétés de saisie et les agressions non précédées de menaces prédominent. Le comportement de Frédéric provoque beaucoup de pleurs et d'isolements.

PHILIPPE

Assis sur un tapis, quatre enfants échangent des cubes. Puis, après avoir joué pendant trois minutes, l'attention de trois d'entre eux se porte sur la construction du quatrième : ils la montrent du doigt, la touchent, y ajoutent des éléments sans rencontrer de protestations ou de menace de la part de l'enfant qui l'a réalisée. Les interactions s'accompagnent de vocalisations, de sourires, de rires et de séquences d'actes de lien et d'apaisement. Philippe, 28 mois, s'approche à quatre-vingts centimètres environ de ces enfants et reste à les regarder après s'être mis un doigt dans la bouche. Il n'exprime ni parole, ni vocalisation, ni séquence motrice. Soudain, il se penche vivement, balaie les constructions, se saisit d'un cube, marque une séquence de menace, frappe par cinq fois un premier enfant sur la tête, puis un autre, ouvre largement la bouche sans émettre de vocalisation, se tourne vers un troisième et le mord. Il se redresse en portant des coups de pied, d'abord dans le vide, ensuite dans les éléments de construction et dans les jambes de deux enfants. Puis il court, bouscule un de ses camarades, en pousse un autre, s'adosse à la cloison en regardant dans la direction des enfants dont il a désorganisé les activités (deux d'entre eux pleurent). Cinq secondes plus tard, il se met le pouce dans la bouche, se laisse glisser le long de la cloison, regarde devant lui et reste ainsi figé pendant vingt-deux secondes, jusqu'à l'arrivée d'un petit de 17 mois qui se baisse pour ramasser un objet. Gardant le pouce dans la bouche, Philippe repousse l'enfant avec les pieds, puis reprend son attitude figée. Il reste ainsi trente-huit secondes et, se levant brusquement, pousse violemment un enfant de 23 mois. Il s'engage ensuite dans six agressions successives.

Le comportement de Philippe se caractérise par des agressions spontanées, fréquentes, appuyées et répétées, mêlées à des isolements qui peuvent durer plusieurs minutes. Ses comportements de sollicitation sont rares ou nuls. Ses actes de menace sont suivis aussitôt d'agressions, à moins qu'ils ne les accompagnent ou même les suivent. Comme nous l'avons vu, Philippe désorganise très souvent les activités des autres.

Les enfants comme Mathieu, Frédéric et Philippe expriment des agressions fréquentes, appuyées et répétées, qu'ils jouent librement ou qu'ils soient en situation de compétition. Ces agressions apparaissent aussi bien en réponse à n'importe quelle forme de comportement que de façon spontanée. Certains jours, les agressions alternent avec des isolements de plusieurs minutes : la durée des isolements augmente avec l'amplitude et la fréquence des agressions (elle peut atteindre quinze ou vingt minutes).

Le comportement des dominants-agressifs comprend souvent des mélanges d'actes de menace et d'agression. Ces enfants passent généralement à un acte d'agression aussitôt après avoir menacé et, apparemment, sans tenir compte des réponses de l'enfant menacé ; parfois, leur menace accompagne ou suit l'agression. En ce cas, les actes de menace perdent leur fonction d'avertissement.

Par ailleurs, on ne retrouve pas chez ces enfants des enchaînements d'actes de lien et d'apaisement comme ceux d'Emmanuel et de Julian, de Damien et de Lionel, ou encore d'Emmanuel et de Laurent (voir les exemples précédents). Et quand cela est, ces enchaînements s'interrompent brusquement, sans cause apparente, se réduisant à quelques actes non organisés en séquences : ils se mêlent à des gestes de saisie, de menace ou d'agression. En d'autres termes, les dominants-agressifs, perçus par leur entourage comme turbulents et agressifs, peuvent, à tout moment, exprimer des successions de gestes désordonnés où apparaissent des agressions gratuites.

Voici d'autres exemples de comportements exprimés par des enfants dominants-agressifs.

PHILIPPE et CHRISTOPHE

A table, Philippe, 26 mois, incline la tête, puis le buste, devant Christophe, 35 mois ; ensuite, il sourit et tape sur la table avec sa timbale. Après une série de deux imitations réciproques, Philippe frappe sur le bras de Christophe, ouvre largement la bouche en même temps qu'il lève le bras. Puis, par cinq fois, il tape de façon très appuyée sur la tête de Frédéric, sans tenir compte des réactions du garçon qui s'est mis à pleurer. Philippe, alors, recule le buste, se met un doigt dans la bouche et regarde fixement devant lui ; il reste ainsi environ quatre minutes.

ÉRIC et PHILIPPE

Eric, 25 mois et demi, se balance devant Philippe en souriant et en secouant la tête, puis tend le bras en montrant la fenêtre. Philippe sourit et tend aussi le bras. Eric commence alors à courir, suivi pendant quelques mètres par Philippe. Soudain, celui-ci change de direction et va vers un autre enfant ; arrivé à un mètre de lui, il le menace. Il se saisit ensuite de l'objet que tient cet enfant et s'en sert pour le taper trois fois sur la tête.

PHILIPPE et LAURENT

Assis sur un matelas, Philippe regarde Laurent, 25 mois et demi, qui emboîte des cubes. Il touche légèrement ceux-ci avec l'index, puis sourit lorsque Laurent le regarde. Un tel enchaînement d'actes est, jusqu'à ce point, tout à fait identique à celui d'un leader placé dans la même situation. Mais Philippe passe ensuite, sans transition, à un comportement de menace (il ouvre largement la bouche, émet un cri aigu et lève le bras), puis à une agression sur un petit de 20 mois qui s'était approché. Enfin, il disperse les cubes de Laurent avec ses pieds, menace, prend un cube, tape sur le sol, agrippe l'un de ses voisins et lui porte des coups.

Chez les dominants-agressifs [1], de 2 à 3 ans, la fréquence des séquences d'actes de lien et d'apaisement est, pour une unité de temps d'un mois, toujours inférieure à celle des agressions spontanées : le coefficient obtenu (en divisant la fréquence des séquences d'apaisement par celle des agressions spontanées) est donc toujours inférieur

---

1. Voir le tableau IV, annexe 9.

à 1. Par ailleurs, les dominants-agressifs sont peu attractifs, peu suivis et peu imités. Comparée à celle des leaders, leur approche entraîne souvent l'abandon d'un objet, le détournement, la fuite, la crainte ou même les pleurs. Passant beaucoup de temps dans des compétitions, les dominants-agressifs ne conservent pas longtemps la même activité. Il est difficile, en particulier, de les « fixer » sur des jeux pratiqués avec d'autres enfants : quelques instants après avoir reçu des cubes, par exemple, ils se saisissent de ceux des voisins et défont les constructions de ces derniers.

En suivant les enfants à partir de l'âge où ils savent marcher et en analysant leurs échanges avec les autres, il est facile de reconnaître ceux qui deviendront dominants-agressifs entre 2 et 3 ans. En effet, si, entre 14 et 20 mois, ces enfants présentent, au moins certains jours, des offrandes et des actes de lien et d'apaisement de même forme que ceux qui deviendront leaders, ils ne les expriment pas de manière similaire : leurs offrandes et leurs actes d'apaisement, quand ils existent, ne s'organisent pas en séquences complexes et durent peu de temps. Très souvent, ils finissent par se mélanger avec des mouvements de saisie, des menaces, des agressions ou des isolements prolongés. En outre, ces enfants de 14 à 20 mois ne répondent que rarement aux séquences d'apaisement et aux sollicitations des autres par des offrandes ou des chaînes de réactions dépourvues d'agression ; leur balance de comportement est très changeante d'un mois ou d'une quinzaine à l'autre et, le plus souvent, inférieure à 1 [1].

Entre l'acquisition de la marche et l'âge de 20 mois, la non-organisation des actes de communication en séquences homogènes et non ambiguës, l'absence ou la rareté des offrandes et l'expression

---

1. Voir le tableau V, annexe 9 (et, plus particulièrement, le comportement de Damien).

fréquente d'agressions spontanées ont abouti chaque fois à l'apparition d'un profil de dominant-agressif entre 2 et 3 ans. En sept ans de recherches, nous n'avons jamais observé de cas contraire à ce processus.

Les garçons présentant ce profil de comportement sont deux à trois fois plus nombreux que les petites filles. Enfin, la proportion de dominants-agressifs varie d'un groupe à l'autre, car les différents profils sont étroitement liés à l'influence que la famille exerce sur l'enfant.

LES LEADERS

DOMINIQUE, EMMANUEL, LAURENT, OLIVIER et LAURENCE

Trois leaders, Dominique, 31 mois et demi, Emmanuel, 32 mois et demi, et Laurent, 36 mois, se suivent en traînant leurs pieds dans des bacs en matière plastique. Ils sourient et vocalisent. Laurent, le plus apaisant et le plus attractif, a pris l'initiative de se déplacer ainsi ; Dominique et Emmanuel le suivent depuis quatre minutes environ. Douze minutes plus tard, Olivier, 30 mois, et Laurence, 27 mois, se joignent aux trois enfants. Au bout de vingt minutes, deux autres enfants jouent aussi de la même façon. C'est seulement après vingt minutes d'imitations réciproques, de sourires, de balancements, de vocalisations, etc., qu'apparaît la première agression entre les leaders (Emmanuel et Dominique).

JULIAN, EMMANUEL, OLIVIER et AURÉLIE

La puéricultrice a fait s'asseoir trois enfants derrière une table : Julian, 30 mois et demi (leader), Emmanuel, 32 mois (leader également), et Olivier,

32 mois (dominant-agressif). Emmanuel est au milieu. La puéricultrice donne une auto en plastique à Julian et à Emmanuel et un ballon en baudruche à Olivier. Aurélie, 28 mois et demi (enfant dominant du comportement fluctuant), vient offrir spontanément des papiers à Emmanuel qui pose aussitôt l'un d'eux sur l'auto qu'il manipule. Olivier met, lui aussi, un papier sur l'auto d'Emmanuel qui pose successivement deux papiers sur l'auto de Julian. Celui-ci sourit et rapproche son buste de celui d'Emmanuel qui se tourne sur sa chaise pour regarder derrière lui. Julian fait la même chose.

Pendant ce temps, Olivier n'a participé à aucune interaction, mais a mordillé et déchiré son ballon. Tout à coup, sans que rien n'ait permis de le prévoir, il se lève, menace et poursuit Aurélie. Il revient et offre des papiers à Emmanuel. Parallèlement, un petit de 19 mois s'est mis à plat ventre sur la table pour regarder Emmanuel. Aurélie vient s'asseoir à la place abandonnée par Olivier et se rapproche d'Emmanuel.

Soudain, Olivier tente de se saisir des papiers d'Emmanuel qui se détourne en ouvrant largement la bouche et en poussant un cri aigu. Emmanuel enchaîne en jetant une auto qu'Olivier va chercher : en détournant l'attention du dominant-agressif, il évite ainsi une agression éventuelle de sa part (Olivier exprime habituellement des actes d'agression lorsqu'il tente de s'emparer de l'objet d'un autre). Emmanuel incline latéralement la tête et le buste devant Aurélie qui joue avec les restes du ballon déchiré par Olivier. Aurélie se détourne. Emmanuel recommence, Aurélie répond par une menace (bouche ouverte et vocalisations). Emmanuel jette un papier dans sa direction, le reprend et menace lui aussi. Aurélie l'agrippe par l'épaule. Emmanuel détourne la tête et le buste. Aurélie se lève et s'en va. Emmanuel la regarde en souriant. Aurélie revient et jette un papier dans sa direction. Emmanuel sourit, balance latéralement la tête et le buste, se met le menton dans la main, se détourne et balance de nouveau latéralement la tête et le buste. Aurélie sourit et l'imite. Puis elle se met à plat ventre sur la table et pousse le ballon déchiré vers Emmanuel.

DAVID ET FRANCK

David, 25 mois (comportement fluctuant), vient tirer par-derrière les cheveux de Franck, 36 mois (leader) ; celui-ci crie, se retourne, poursuit David, lui prend doucement les cheveux et les lâche aussitôt. David s'enfuit silencieusement, Franck le regarde et le menace (ouverture de la bouche et vocalisations). Franck ne touchera pas davantage à David.

ALAIN, OLIVIER, SANDRA et CHRISTOPHE

La puéricultrice a renversé une table sur une autre. Quarante-cinq secondes plus tard, les trois pieds sont occupés par Alain, 32 mois (dominant-agressif), Olivier, 27 mois et demi (leader), et Sandra, 28 mois et demi (comportement fluctuant). Christophe, 31 mois et demi (dominant-agressif), s'approche du pied tenu par Alain qui le repousse aussitôt en lui appliquant une main sur la figure ; puis il le griffe, le frappe, ouvre largement la bouche et émet un cri aigu de très forte intensité. Christophe répond en levant le bras, en ouvrant largement la bouche et en simulant une morsure sur un petit de 21 mois qui s'était approché des deux enfants (il réoriente donc la menace). Puis il se dirige vers Olivier, l'un des leaders, et se saisit du pied de table qu'il occupe. Olivier le repousse ; Christophe agrippe et frappe Olivier. Celui-ci ouvre largement la bouche, émet une vocalisation aiguë, lève le bras et l'abaisse lentement sur la tête de Christophe qui recule. Olivier secoue et balance ensuite latéralement la tête, vocalise et tend le bras vers la fenêtre. Christophe regarde dans la direction indiquée, sourit et parle à Olivier. Celui-ci descend de la table, court vers la fenêtre, suivi de Christophe, et revient douze secondes plus tard. Entre-temps, un autre enfant a pris le pied de table qu'il occupait. Olivier lui porte un coup très amorti sur le bras puis lui sourit en inclinant latéralement la tête et le buste. L'autre enfant ne répond pas. Olivier lui porte alors un autre coup amorti, puis tape sur le pied de la table en amortissant de plus en plus ses coups ; il regarde l'autre qui, cette fois, descend de la table. Olivier reprend le pied. L'autre s'écarte de quatre-vingts centimètres environ, ramasse un cube, puis vient taper légèrement sur le bras d'Olivier qui répond en levant la main puis en balançant latéralement la tête. L'autre enfant sourit, mord son cube et s'éloigne.

FRÉDÉRIC, CLAIRE, DAMIEN et CHRISTELLE

Frédéric, 27 mois (leader), est assis en face de Claire, 21 mois et demi (leader également), qui, elle, est debout. Il accepte sans protestation ni menace que la fillette prenne des éléments à la tour qu'il vient de construire. Claire saisit d'abord toute la construction puis en rend la moitié à Frédéric qui ne proteste toujours pas. En revanche, Damien, 23 mois et demi (comportement très fluctuant), balaie le sol avec sa paume au moment où Claire rend la moitié de la tour, puis tape sur la main de Frédéric qui répond en levant le bras et en l'abaissant lentement, sans toucher Damien. Celui-ci recule le buste, s'allonge, se redresse et porte deux coups à Frédéric qui répond comme précédemment tout en regardant ses cubes. Dans son mouvement, Frédéric touche légèrement la joue de Damien qui s'allonge, se redresse et le frappe de façon très appuyée au moyen d'une auto. Frédéric répond en ouvrant largement la bouche, en émettant un cri aigu et en projetant par trois fois le bras dans la direction de Damien qui ne reçoit qu'un seul coup. Damien, ensuite, s'allonge, se redresse et balaie les cubes de Frédéric qui détourne le buste, lève le bras, l'abaisse lentement dans la direction de Damien, puis joue avec ses cubes. Damien se lève et tape Frédéric sur la tête. Celui-ci regarde Damien, ouvre largement la bouche, émet une vocalisation aiguë qui dure environ trois secondes et lève le bras dans la direction de Damien. Celui-ci met un doigt dans la bouche, regarde Frédéric pendant quatre secondes et mord Christelle, 24 mois et demi, qui passait à côté.

Ces exemples prouvent, une fois de plus, que les leaders expriment des actes de lien et d'apaisement beaucoup plus souvent que les dominants-agressifs. Par ailleurs, ces actes s'enchaînent en séquences complexes, appropriées à la situation vécue, qui permettent aux leaders d'être à l'origine du plus grand nombre d'échanges non agressifs et de les prolonger. Les leaders expriment spontanément ces séquences, tant au cours de leurs courses ou autres déplacements que lorsqu'ils sont à table ou qu'ils jouent avec des objets. Les leaders provoquent ainsi chez les autres enfants l'approche et l'offrande, sans qu'il soit possible de conclure qu'ils ont exprimé de telles attitudes dans l'intention d'attirer et d'entraîner les autres. Il existe tout simplement une corrélation positive, au sens statistique, entre, d'une part, le pouvoir d'attraction et d'entraînement de l'enfant de 2 à 3 ans et, de l'autre, la fréquence de ses séquences d'apaisement divisée par celle de ses agressions spontanées. En d'autres termes, l'enfant de 2 à 3 ans est d'autant plus attractif, imité et suivi que la fréquence de ses séquences d'apaisement est plus élevée et celle de ses agressions plus faible.

Par ailleurs, dans les compétitions et les conflits, l'expression d'une séquence d'actes de lien et d'apaisement non mêlée de saisie d'objets, de menace ou d'agression permet fréquemment aux leaders de canaliser la menace des plus agressifs et d'éviter des agressions appuyées. Lorsque les leaders ont eux-mêmes une attitude menaçante, ils l'expriment le plus souvent par une séquence d'actes non ambiguë et non précédée ou non accompagnée d'une agression. La séquence menaçante (large ouverture de la bouche — émission d'une vocalisation aiguë — élévation ou projection du bras) remplit alors clairement sa fonction d'avertissement : elle ne se double que rarement d'une agression. Il s'écoule un délai entre l'expression de la menace et le passage à l'agression : tout se passe comme si le leader attendait la réponse de son camarade avant d'exprimer un autre comportement. Généralement, lorsque l'enfant leader n'a pas subi d'agressions appuyées ou répétées et lorsque la disponibilité maternelle à son égard ne varie pas, il se contente d'amortir ses coups, lorsqu'il passe à l'agression. En général, l'autre enfant se détourne, s'éloigne ou abandonne l'objet sans pleurer. Il semble que les coups amortis soient perçus davantage comme une menace, ou même une sollicitation, que comme une agression.

Autres particularités des enfants leaders : ce sont eux qui, avec les dominés aux mécanismes de leaders, accueillent le plus souvent les autres (surtout les plus petits) à leur arrivée à la crèche. Ils les consolent spontanément lorsqu'ils sont en larmes et menacent ceux qui les ont fait pleurer. En outre, les non-leaders leur désignent fréquemment leurs agresseurs ou ceux qui ont pris leurs objets, et les sollicitent quand ils proposent un nouveau jeu. Les leaders sont eux-mêmes les initiateurs des activités communes les plus complexes et les plus durables. Les séquences motrices nouvellement mises en place au cours d'une activité habituellement attractive ont,

1

2

Fig. 17. LES COMPORTEMENTS D'UN LEADER (EMMANUEL).

Exemples de comportements caractéristiques d'un enfant leader (Le) :
1. Le leader Le participe à la plupart des interactions non agressives de longue durée (*1 et 2*).
2. Il développe tous les modes de communication qui entraînent l'apaisement et la coopération, tant les touchers corporels légers (*1 et 3*) que la sollicitation corporelle (*2*). Il parvient ainsi très souvent à se faire accepter sans repoussement et sans agression aussi bien par les autres leaders (Ld) (*1 et 2*) que par les dominants-agressifs (Da) (*1 et 3*).

dans plus de 80 % des cas, un leader à leur origine. Voici un exemple du comportement d'un leader.

EMMANUEL

Emmanuel, 30 mois (leader), approche une chaise pour se hisser sur un meuble haut de quatre-vingts centimètres ; une fois monté, il saute et recommence deux fois les mêmes gestes, entraînant quatre enfants derrière lui. Puis il court vers la fenêtre, grimpe sur les tables, se dandine, sautille et vocalise. Les autres le suivent. Emmanuel soulève et renverse ensuite une table avec l'aide de deux enfants, puis il gambade d'un pied sur l'autre, va chercher un matelas qu'il parvient, avec l'aide de trois enfants, à placer sur les pieds de la table. Il se faufile ensuite sous le matelas, suivi par deux des trois enfants, puis en sort en déplaçant un cube comme s'il s'agissait d'une auto. Enfin, il rentre par l'autre extrémité du « tunnel ». Cinq enfants l'imitent ; trois d'entre eux renouvelleront ces activités les jours suivants. Les variantes seront introduites par Emmanuel ou par Julian, également l'un des leaders (voir fig. 17).

Au total, les enfants leaders sont aussi ceux qui, dans 70 % des cas au moins, répondent aux offrandes, aux sollicitations et aux menaces des autres par des comportements de même nature ; en outre, ils attendent une réponse de celui qu'ils ont apaisé, sollicité ou menacé. Ils la provoquent, la renforcent et la compliquent en ajoutant de nouveaux éléments à cette communication. L'organisation en séquences de leurs actes d'apaisement et de menace leur permet de défendre et de recevoir des objets, d'obtenir ou de maintenir la communication non agressive, de canaliser la menace et donc de ne pas subir l'agression des autres. Par la richesse et l'organisation de leurs actes de communication en séquences homogènes (c'est-à-dire par leur capacité de symboliser), les leaders sont ceux qui répondent de la façon la plus appropriée au comportement de leurs camarades et qui occupent de la meilleure façon l'espace de jeu. Ce sont les enfants qui s'adaptent le mieux aux environnements extérieurs à la famille. Ils acceptent aussi plus facilement que les autres les changements de rythme de vie qui leur sont imposés (passage de la crèche à l'école maternelle, passage de la famille au domicile d'une baby-sitter, etc.).

Dans tous les cas, les enfants devenus leaders entre 2 et 3 ans présentaient entre 15 et 20 mois les caractéristiques suivantes : ils s'approchaient des plus âgés, même dans les situations de compétition, sans exprimer d'actes de crainte (souvent même, ils offraient) ; ils se tournaient ou se dirigeaient vers un autre en présentant spontanément, non seulement des enchaînements de deux, trois ou quatre actes de lien et d'apaisement non mêlés de menace ou d'agression, mais encore des séquences complexes de plus en plus proches de celles des leaders de 2 et 3 ans ; ils exprimaient des séquences de menace distinctes des séquences d'apaisement ; ils manifestaient de plus en plus souvent des menaces distinctes des agressions, à mesure qu'ils atteignaient l'âge de 2 ans ; ils exprimaient et subissaient moins d'agressions que les autres enfants du même âge ; leur balance de comportement (la fréquence des apaisements par rapport à la fréquence des agressions) était toujours nettement supérieure à 1 d'un mois à l'autre [1] : ils participaient aux compétitions et parvenaient à s'imposer plus souvent que certains enfants plus âgés [2]. L'organisation en séquences (et donc symbolique) du comportement entre 14-15 et 20 mois apparaît comme un facteur essentiel de l'acceptation d'un petit par les plus âgés, de son intégration dans leurs activités et de son évolution vers un profil de leader.

Notons qu'entre 2 et 3 ans, les leaders sont à 60 % des garçons. A 4 ans, les proportions entre garçons et filles s'équilibrent.

LES DOMINANTS AU COMPORTEMENT FLUCTUANT

Certains enfants de 2 à 3 ans présentent un comportement fluctuant : leur profil, de type leader pendant un jour ou une semaine, devient de type

[1]. Voir le tableau V, annexe 9 (en particulier, le comportement de Frédéric).
[2]. Voir les tableaux II et III, annexe 9.

dominant-agressif peu après (ou inversement). Leur attractivité et leur pouvoir d'entraînement varient en fonction de cette fluctuation. Les enfants fluctuants à 2 et 3 ans organisaient déjà, entre 14 et 20 mois, leurs actes d'apaisement et leurs actes de menace en séquences homogènes ; cependant, cette homogénéité alternait d'un jour ou d'une semaine à l'autre avec des comportements ambigus, où prédominaient les saisies d'objets et les agressions. Le plus souvent, ces enfants restent fluctuants à 3 ans. Selon les modifications physiologiques, matérielles ou personnelles qui surviennent au sein de la famille, ces enfants peuvent devenir plus instables et agressifs, évoluer ainsi de plus en plus nettement vers le profil de dominant-agressif ou, au contraire, tendre vers un profil de leader. A l'âge de 3 ans, les garçons au comportement fluctuant sont aussi nombreux que les filles.

LES DOMINÉS

Certains enfants n'apparaissent que peu ou très peu dans les compétitions visant à l'appropriation de situations ou d'objets attractifs [1]. A condition, d'une part, de ne pas se limiter aux phénomènes de dominance et aux échecs dans l'appropriation des objets et, d'autre part, d'analyser également les mécanismes de la communication non verbale, plusieurs profils de comportement apparaissent parmi les dominés.

---

1. Voir les tableaux II et III, annexe 9.

Les dominés aux mécanismes de leader

30 à 40 % des petites filles dominées de 2 à 3 ans expriment un comportement riche en actes d'apaisement et organisé en séquences homogènes. Il en est de même pour certains garçons (de 5 à 10 %). La structure du comportement de ces enfants est comparable ou identique à celle des leaders. Ils entraînent le plus souvent des groupes de trois ou quatre enfants.

PATRICIA, NATHALIE, YANNICK, CATHERINE et ALEXANDRE

Patricia, 30 mois, se met à genoux près de la puéricultrice ; celle-ci lui sourit et lui parle en lui montrant les images d'un livre que Patricia regarde silencieusement et sans autre manifestation motrice que celles liées à la vue et à l'attention. La puéricultrice pose ensuite son regard sur Patricia qui répond en parlant et en montrant le livre. La fillette se tape sur la tête, montre et frappe le livre. Deux autres enfants l'imitent. Puis, l'un d'eux menace Patricia en ouvrant largement la bouche et en poussant un cri aigu. La petite fille répond de la même façon et l'autre la repousse. Patricia détourne alors le buste et montre le livre à Nathalie, 33 mois, qui vient d'arriver. Puis, sans attendre la réponse de celle-ci, elle emboîte des cubes et va s'allonger à côté de Yannick, 30 mois (leader), qui la caresse. Mais Patricia ne répond pas : elle se met sur le dos et tapote les reins de Catherine, 27 mois, comme vient de le faire la puéricultrice. Soudain, sans que rien n'ait permis de le prévoir, Patricia subit trois coups portés par Alexandre, 26 mois (dominant-agressif). La fillette s'agenouille et offre un papier à la puéricultrice qui lui sourit et lui tapote la joue. Patricia tapote alors légèrement la joue d'un petit de 17 mois, puis, par cinq fois, lui touche les cheveux, le caresse quatre fois, lui touche de nouveau les cheveux, lui prend la main. Elle se tourne vers un autre petit de 19 mois et lui met les mains sur la tête. Puis elle incline latéralement la tête devant Yannick, provoquant chez celui-ci un sourire et une offrande. Les deux enfants échangent des vocalisations, des balancements du haut du corps et des sourires, puis ils se lèvent et se poursuivent. Ils s'arrêtent près de deux dominants-agressifs qui se battent. L'un d'eux se tourne alors vers eux et tape Patricia qui pleure et va se réfugier auprès de la puéricultrice.

Notons que Patricia ne participe que rarement aux compétitions pour des objets ou des situations habituellement attractifs. Lorsque cela se produit, elle cède sa place dès que l'un des autres enfants menace ou ébauche une agression. Patricia est attractive et recherchée par les leaders et les autres dominés non agressifs. Ses séquences menaçantes et ses actes d'agression sont rares ou nuls, selon les jours.

Patricia se caractérise donc par des séquences de comportement aussi homogènes que celles des leaders, mais elle répond moins souvent que ceux-ci aux attitudes de ses camarades. Par ailleurs, elle n'exprime que peu d'actes de menace. Contrairement aux leaders, elle répond rarement à une agression par une menace. Patricia a une structure de comportement comparable à celle des leaders, mais elle n'a pas leur pouvoir de réaction ni leur capacité de réponse. Ayant des comportements de défense peu développés, elle a recours aux puéricultrices beaucoup plus souvent que les leaders. Elle tendra vers le profil de leader peu avant 3 ans, mais avec des séquences d'actes de lien et d'apaisement moins complexes que celles des leaders types. Dans tous les cas, les enfants comme Patricia se sont rapprochés du profil de leader à l'école maternelle, au sein de petits groupes de deux, trois, quatre ou parfois cinq enfants, avec cependant moins de participation aux compétitions que les leaders.

SYLVAIN, CHRISTINE et JÉRÔME

Sylvain, 19 mois, est assis et regarde des enfants dominants jouer avec des cubes. Il se lève et s'approche de Christine, 29 mois et demi (leader), qui échange des objets avec Jérôme, 30 mois (dominant au comportement fluctuant). Après que celui-ci eut montré une auto, Christine le prend par le cou et parcourt quelques mètres avec lui. Puis elle l'abandonne pour rejoindre les plus dominants qui occupent une table (laquelle est renversée sur une autre). Sylvain se dirige vers ces enfants, sourit à l'un d'eux et essaie de monter. Il ramasse un papier et l'offre à un enfant qui lui donne un cube en échange. Mais Sylvain est écarté du bras par un dominant-agressif ; se retrouvant seul, il se met le pouce dans la bouche et se dirige vers la puéricultrice. Puis il revient vers la table occupée par les dominants, retourne vers la puéricultrice et lui offre l'auto qu'il vient de ramasser. La puéricultrice le caresse, imitée par Christine. Sylvain répond en souriant, en balançant latéralement la tête et en offrant une nouvelle fois à Christine. Celle-ci incline latéralement la tête devant Sylvain qui répond en souriant, en balançant latéralement la tête et en offrant.

Peu avant 3 ans, Sylvain présente une structure de comportement comparable à celle des leaders types, avec, cependant, un faible niveau de dominance (il participe peu aux compétitions) et un pouvoir attractif plus faible.

Le peu de réussites ou la non-participation aux compétitions, en même temps que le faible développement des conduites d'agression n'aboutissent donc pas forcément à l'isolement d'un enfant, du moins lorsque celui-ci exprime des offrandes et des séquences d'actes de lien et d'apaisement qui ressemblent à celles des leaders. A 3 ou 4 ans, même s'ils participent moins aux compétitions que les leaders types, les dominés qui présentent des séquences homogènes deviennent attractifs, suivis et imités. Ils sont à l'origine de nombreux échanges non agressifs et d'activités nouvelles. Si leurs agressions restent peu fréquentes et peu appuyées entre 3 ou 4 ans, leurs actes de menace deviennent plus fréquents. Ceux-ci apparaissent alors en séquences homogènes comme chez les leaders types. A l'exception du niveau de dominance, il n'existe plus de différence fondamentale à 3 ou 4 ans entre ces enfants et les leaders.

On ne peut donc se fonder sur les seules notions de dominants et de dominés pour comprendre la vraie place d'un enfant au sein d'un groupe : il faut surtout bien connaître la manière dont s'établit et se développe la communication dans le groupe.

Les dominés-craintifs

Certains dominés, cependant, expriment des comportements de crainte, de recul et de fuite fréquents.

CHRISTOPHE

A table, Christophe, 34 mois, se met une serviette dans la bouche et balance la tête latéralement en regardant d'autres enfants. L'un de ceux-ci se place également une serviette dans la bouche, mais sans balancer la tête (exprimé entre 28 et 36 mois, un tel comportement entraîne habituellement l'imitation des autres ; mais Christophe, enfant non attractif, n'entraîne pas). Quelques secondes plus tard, Christophe menace et tape légèrement Christelle, 30 mois. Celle-ci le repousse et le frappe. Christophe répond de la même façon. Une nouvelle fois la fillette repousse et tape le petit garçon. Celui-ci présente alors un recul et un détournement de la tête et du buste, puis des gestes de protection du visage avec les bras ; en même temps, il cligne des yeux.

De tels actes de recul et de crainte sont fréquents dans l'attitude de Christophe qui, en outre, présente souvent des comportements de fuite inattendus. Par exemple : il s'approche de David, 28 mois (dominant au comportement très fluctuant), et lui sourit. Puis il offre une boîte à Emmanuel, 23 mois (dominant au comportement fluctuant), s'enfuit sans attendre de réponse, s'assied et joue seul.

D'une manière générale, si Christophe s'approche souvent des dominants, tentant d'entrer en contact avec eux, il reste généralement distant d'un ou plusieurs mètres. Il exprime bien des offrandes et des actes d'apaisement aussi fréquents que les leaders, mais sans les organiser en séquences aussi complexes et homogènes. Par ailleurs, dès qu'il est en difficulté, bousculé ou menacé, il interrompt ces comportements et exprime ensuite des actes de recul, de crainte et de fuite. Il se retrouve alors souvent isolé et attaqué. A l'âge de 20 mois, il avait, par exemple, agi de la manière suivante : repoussé par un leader et un dominant-agressif, Christophe avait fait le tour du parc des tout-petits en tapant sur les barreaux ; puis il avait regardé courir les autres, sans tenter de s'intégrer à eux. Emmanuel, 36 mois (leader), s'était dirigé vers lui, lui avait tiré légèrement les cheveux avant de se tourner vers Bruno, 33 mois et demi (dominant au comportement fluctuant), qui avait dit : « Moi aussi. » Bruno avait tiré sur les côtés de la bouche de Christophe. Celui-ci s'était mis à pleurer sans exprimer le moindre geste de défense.

David, 24 mois, et Jean-Marc, 24 mois et demi, enfants habituellement liés, viennent vers Emmanuel, 36 mois (leader), et Christophe. Jean-Marc se saisit de l'objet de celui-ci et s'enfuit. Christophe crie. Jean-Marc lui rend l'objet, mais David porte un coup de pied à Christophe, imité successivement par Jean-Marc et Emmanuel. Christophe pleure.

En l'espace d'une minute, Christophe reçoit six agressions portées par Bruno. Puis il est attaqué par Stéphane, 20 mois, et par Christelle, 26 mois et demi. Il va pleurer dans un coin de la salle de jeux. Son isolement dure environ treize minutes.

Dans le groupe, c'est Christophe qui subit le plus d'agressions et qui s'isole le plus longtemps. Les autres le repoussent souvent. Par exemple : Emmanuel (leader) ne veut pas que Christophe s'asseye à côté de lui. Christophe pleure. Emmanuel le tape alors en lui disant : « T'es vilain », puis : « Tu m'as fait mal. » La puéricultrice vient caresser Christophe, imitée par Emmanuel.

D'autre part, Christophe exprime, sans raison apparente, des agressions très appuyées après un isolement de plusieurs minutes : brusquement, il se met à courir et à pousser violemment un ou plusieurs des plus petits. Les enfants dominés, craintifs et souvent isolés comme Christophe, bien qu'exprimant des offrandes et des séquences d'apaisement ressemblant à celles des leaders, sont parmi ceux qui subissent le plus d'agressions ; en outre, après un isolement prolongé, ils expriment des bouffées d'agressions très violentes, comparables à celles des dominants-agressifs. Les dominés-craintifs sollicitent beaucoup les puéricultrices qui, d'ailleurs, les caressent et les consolent fréquemment. D'après nos observations, le comportement de ces enfants se caractérise, entre 14 et 20 mois, par de longues périodes d'isolement, des pleurs, des attitudes de crainte et de fuite, ainsi que des actes d'apaisement isolés, non organisés en séquences complexes. Les filles présentant ce profil sont, à cet âge, aussi nombreuses que les garçons.

Les dominés-agressifs

Les dominés ou isolés-agressifs, quant à eux, se caractérisent par une tendance marquée à rester à l'écart des activités des autres (ils s'approchent peu des dominants qui ont en moyenne deux fois plus d'échanges avec les dominés-craintifs) ; par des offrandes peu fréquentes ou nulles ; par des actes de lien et d'apaisement rares ; par des agressions le plus souvent inattendues, répétées et appuyées alternant avec des périodes d'isolement.

Ne participant que rarement aux compétitions, les dominés ou isolés-agressifs peuvent s'approcher d'enfants jouant sur une table renversée et agresser l'un d'eux sans tenter pour autant de se saisir d'un pied de table. Il en est de même pour les objets nouveaux et attractifs que la puéricultrice a introduits dans l'environnement des enfants. Par ailleurs, lorsqu'ils participent à une compétition, les dominés ou isolés-agressifs abandonnent rapidement l'objet qu'ils détenaient ; de la même manière, ils quittent une situation quelques secondes après l'avoir occupée, puis s'isolent ou expriment spontanément une agression.

Ces enfants ont une structure de comportement comparable à celle des dominants-agressifs ; comme eux, leur comportement n'est pas organisé en séquences d'actes homogènes. Perçus comme instables, isolés et agressifs, les puéricultrices ont de la peine à fixer leur attention sur des activités qui demandent un effort soutenu. Tout comme les dominants-agressifs, ils défont les constructions, désorganisent les activités des autres et provoquent de nombreux pleurs. Mais ils se différencient de leurs camarades par une tendance marquée à l'isolement, une plus faible fréquence de réponse au comportement des autres et une participation restreinte ou nulle aux compétitions.

Notons que, chez les dominés-agressifs, des comportements d'agression peuvent s'exprimer et se développer sans aboutir à la différenciation d'un niveau élevé de dominance. Ces comportements apparaissent même le plus souvent en dehors de toute situation de compétition et de toute relation de dominance. Ce profil se rencontre autant chez les filles que chez les garçons.

Les enfants à l'écart (ou les dominés peu gestuels)

Certains enfants de 2 à 3 ans (des filles, dans 70 % des cas) se tiennent constamment à l'écart des activités des autres enfants. Nous les avons appelés les dominés peu gestuels. Leur comportement est pauvre en actes d'apaisement comme en actes de menace. Ils se déplacent parmi les autres sans exprimer la moindre sollicitation, ne participent presque jamais aux compétitions et ne répondent pas aux séquences de comportement d'un tiers. Parfois, ils manipulent des objets, mais seuls, s'asseyent à l'écart, le long d'une cloison, ou s'allongent sur un tapis ou sur le sol. Ces enfants, comme les dominés-craintifs, reçoivent la plupart des agressions réorientées, celles-ci provenant des dominants comme des dominés-agressifs. Ils restent souvent seuls pendant des matinées entières, dès l'âge de 14-15 mois. La pauvreté et la rareté de leurs échanges ne nous ont pas permis de cerner avec précision la structure de leur comportement. Si certains changent à l'école maternelle, la plupart possèdent encore ces caractéristiques à 4 et 5 ans.

LA FORMATION DU PROFIL DE COMPORTEMENT

Le profil de comportement d'un enfant semble donc se dessiner à partir de l'acquisition de la marche. Ce profil repose, comme nous l'avons vu, sur certains enchaînements d'actes. La période de 1 à 2 ans apparaît ainsi comme essentielle dans l'organisation des mimiques, des postures, des gestes et des vocalisations qui règlent les échanges au sein du groupe. Cette période se caractérise par le fait que l'enfant attire et entraîne d'autant plus souvent les autres qu'il exprime des offrandes et des enchaînements apaisants, indépendamment de la fréquence de ses agressions. Tout indique que le jeune enfant de 14 à 24 mois se dirige et se tourne de préférence vers les conduites d'apaisement, même si celles-ci sont exprimées par un enfant habituellement agressif [1].

C'est donc d'abord de l'expression des actes de lien et d'apaisement entre 1 et 2 ans que dépendent l'attractivité et les préférences pour tel ou tel enfant. Cependant, la non-organisation des actes de lien et d'apaisement en séquences homogènes symboliques ainsi que la fréquence élevée des agressions spontanées modifient cette corrélation aux environs de 2 ans : pour qu'un enfant soit attractif, imité et suivi entre 2 et 3 ans (ce qui est le cas du leader), il ne suffit plus, en effet, que ses actes d'apaisement soient fréquents : encore faut-il qu'il les exprime en séquences homogènes non ambiguës et qu'il manifeste peu d'agressions spontanées. C'est à partir de 2 ans environ que l'expression renouvelée de l'agression s'accompagne d'une plus grande fréquence des rejets par les autres.

1. Voir le tableau VI, annexe 9.

7

Les profils de comportement chez les enfants de 3 à 6 ans

C'est seulement de cinq à sept mois après leur entrée dans la petite classe que les enfants de l'école maternelle (âgés alors de 3 à 4 ans) expriment des profils de comportement comparables à ceux de la crèche.

De septembre à février, lorsque les enfants sont laissés en activités libres, il est en effet difficile de reconnaître les leaders (sauf lorsqu'il s'agit du fils ou de la fille de l'institutrice) et d'établir une distinction claire entre les différents profils que nous avons regroupés sous le terme de « dominés ». On voit surtout apparaître les dominants-agressifs (qui bousculent, se saisissent des objets des autres et agressent) et les dominés-craintifs qui, le plus souvent, pleurent beaucoup et longtemps après avoir quitté leurs parents. Les autres enfants passent la plus grande partie de leur temps à se déplacer ou à jouer, seuls ou avec un de leurs camarades rencontré en dehors de l'école (parent, voisin, ami, etc.). Les interactions sont pauvres, moins fréquentes et moins durables que dans les groupes d'enfants de 2 à 3 ans rencontrés à la crèche. Les comportements qui prédominent sont les saisies d'objets, les agressions, les reculs, les fuites, les déplacements, les jeux solitaires et les isolements.

C'est en février ou en mars qu'il est possible de

retrouver des profils de comportement comparables à ceux des enfants de 2 à 3 ans, mais plus nuancés pour la plupart et avec quelques différences (dont certaines ont été évoquées dans les pages précédentes).

LES DOMINANTS-AGRESSIFS

Les enfants dominants-agressifs ont des profils de comportement semblables à la crèche et à l'école maternelle, à moins (ce que nous avons vérifié dans 18 % des cas) que l'attitude de la mère à l'égard de ses enfants n'ait changé entre-temps. En effet, si la fréquence des actes d'agression des dominants-agressifs diminue beaucoup de 3 à 5 ans (au point que leurs offrandes et leurs séquences d'apaisement deviennent souvent plus nombreuses que leurs agressions spontanées), leur structure de comportement reste inchangée au cours de leurs échanges avec les autres. Ces échanges se caractérisent toujours par des actes de saisie, des menaces suivies de saisies ou d'agressions, des enchaînements d'actes de lien et d'apaisement brusquement interrompus ou mêlés de saisies, de menaces ou d'agressions.

Qu'ils aient ou non fréquenté la crèche, les dominants-agressifs présentent les caractéristiques suivantes : ils sont très brusques et désordonnés dans leurs mouvements, très instables dans leurs occupations (il est difficile de les « fixer » plus de cinq à six minutes sur un même exercice) ; ils désorganisent les activités des autres ; leurs agressions spontanées provoquent des actes de crainte, des reculs, des pleurs, des fuites et des isolements. Le qualificatif de « méchant » est de plus en plus souvent utilisé à leur propos par les enfants de 3 à 5 ans (surtout les dominés), mais aussi par les adultes qui en ont la « charge » (parents et institutrices). Les dominants-agressifs peuvent être suivis et imités au cours de jeux à thème (jeu du gendarme et du voleur, jeux de cow-boys, etc.) et de leurs déplacements, surtout dans la cour de récréation. C'est, semble-t-il, leur comportement gestuel très développé (malgré son caractère désordonné) et leur très grande activité qui entraînent la poursuite et l'imitation de ces enfants. Mais lorsqu'ils sortent d'un conflit où ils ont exprimé et reçu des agressions, ou lorsque l'espace libre est assez restreint, ils sont le plus souvent « suiveurs » et interrompent fréquemment l'activité en cours, soit par des actes de saisie, soit par des agressions. Ils sont alors abandonnés ou rejetés par les autres, ce qui entraîne chez eux de nouvelles agressions ou des isolements. En deux ans, nous avons vu 167 fois un dominant-agressif exprimer une ou plusieurs agressions, puis s'isoler de lui-même ou se faire rejeter par ses camarades.

A 8 ou 9 ans, dans la cour de l'école primaire, les dominants-agressifs présentent des caractéristiques de comportement similaires à ceux des enfants de la maternelle. Cependant, la présence des instituteurs les canalise et les amène à simuler l'agression (simulacres de coups de poing, de coups de pied, de coups de tête, etc.) plutôt qu'à l'exprimer réellement. On retrouve les dominants-agressifs à l'origine des bagarres non ritualisées qui entraînent la désorganisation d'un jeu ou l'éclatement d'un groupe. Ils infligent aux plus dominés des agressions appuyées parfois si violentes qu'elles provoquent des blessures. Ils peuvent donner l'illusion d'être des leaders, mais ils ne sont que des « chefs », comme ils se qualifient eux-mêmes, c'est-à-dire des sortes de « pôles de force » que suivent surtout les dominés-craintifs et les dominés-agressifs. Ces enfants n'ont pas l'attractivité et le « pouvoir d'entraînement » spontané des leaders. Ils sont abandonnés par plusieurs de leurs « suiveurs » dès qu'un autre pôle de force apparaît. Avec leur étiquette de « méchant » (ou équivalente), ces enfants ont tendance à privilégier l'agression et l'isolement comme modes de réponse aux menaces et aux rejets des adultes. Leur profil de dominant-agressif se double alors d'un rôle qu'ils cherchent à assumer à tout moment. Ils sont ainsi de plus en plus souvent rejetés, tant par les enfants non agressifs que par les adultes.

LES LEADERS

S'ils parlent beaucoup plus et de façon plus élaborée qu'à 3 ans, les leaders de 3 ans et demi à 4 ans, comme ceux de 5 et 6 ans, conservent des comportements d'offrande fréquents et des enchaînements homogènes d'actes de lien et d'apaisement. La succession des actes et des vocalisations au sein de ces enchaînements change peu (ou pas), même s'ils sont généralement plus courts et apparemment moins nets. Par exemple, lorsqu'un leader a remarqué un objet attractif ou une friandise dans les mains d'un autre enfant, il est assez rare qu'il se dirige vers celui-ci en se dandinant ou en balançant latéralement les bras et la tête. Mais il arrive souvent que, parvenu tout près de cet enfant, il exprime cette séquence que l'on retrouve fréquemment chez les petits de 30 mois : montrer du doigt ou toucher doucement l'objet, la plupart du temps, en parlant et en souriant, puis incliner latéralement la tête (que l'interlocuteur regarde ou non), toucher légèrement le bras ou la joue de l'autre. Le leader peut ensuite recommencer la même séquence ou tourner sur lui-même, puis montrer ou toucher doucement l'objet et avancer la tête vers son camarade tout en souriant. Dans 78 % des cas observés pendant deux ans, l'autre enfant a donné son objet à un leader qui venait d'exprimer l'un ou l'autre de ces enchaînements.

Les séquences de menace, quant à elles, sont les mêmes qu'à la crèche, bien que souvent réduites à l'enchaînement suivant : brusque avancée du buste vers l'autre, bras levé ou projeté, ou froncement de sourcils. Chacun de ces éléments est généralement accompagné de paroles « menaçantes ». Chez les leaders, la balance de comportement est encore plus élevée qu'à la crèche. A la fin de la première année d'école maternelle, leurs agressions sont rares.

Les leaders restent très attractifs, suivis et imités : il existe toujours une corrélation entre la fréquence avec laquelle un enfant attire et entraîne et la fréquence de ses séquences d'apaisement (sauf dans les jeux à thème). Les leaders accueillent souvent les autres, même lorsque ceux-ci pleurent. Dans 85 % des cas au moins, ils acceptent à côté d'eux n'importe quel enfant. De la même manière, il n'est pas rare qu'ils entrent en communication avec les plus isolés et les plus craintifs et qu'ils les entraînent dans leurs déplacements et dans leurs jeux. La présence de plusieurs leaders dans un groupe se traduit ainsi par une diminution de la fréquence et de la durée des isolements des enfants qui se tiennent habituellement à l'écart. L'institutrice peut d'ailleurs jouer un rôle essentiel dans ces sorties d'isolement en demandant aux leaders d'aller chercher ou de consoler les enfants restés isolés ou pleurant dans leur coin.

De 3 à 6 ans, les leaders sont, avec les dominés aux mécanismes de leaders, ceux qui organisent la plupart des activités, tant dans la salle de jeux que dans la cour, au moins pour les enfants de la même tranche d'âge. Ils créent de nouveaux jeux, soit sous forme de poursuites ou de « clowneries » (modes inhabituels de déplacements ou de gesticulations qui provoquent le sourire et le rire), soit en utilisant des objets d'une manière originale, ou encore en assemblant différemment des éléments de construction. C'est d'ailleurs souvent à partir et autour des leaders que l'institutrice organise les activités collectives : dans ces conditions, des enfants habituellement très isolés acceptent de sortir de leur isolement et de participer aux activités communes.

Les leaders sont aussi les enfants les plus stables dans leurs comportements. Le lundi, pourtant marqué par une augmentation des actes de saisie, des agressions et des isolements, leurs mécanismes de communication changent peu, sauf en cas d'événements particuliers survenus dans le milieu familial. D'une manière générale, les leaders passent plus facilement que les autres d'une structure à une autre (de la famille à l'école) et ne présentent pas de grandes modifications de comportement lorsque des faits imprévus surviennent au cours de la semaine (jours fériés, absence ou remplacement de l'institutrice).

En d'autres termes, les leaders peuvent être considérés comme étant les mieux adaptés aux changements de rythme de vie et aux échanges avec les autres ; leurs offrandes sont fréquentes, leurs mécanismes de communication sont les plus diversifiés, les mieux appropriés à la situation vécue, les plus symboliques et, par suite, les mieux compris par les autres enfants et les adultes.

Ayant revu à 6, 7, 8 ou 9 ans 65 % des leaders que j'avais suivis à la crèche ou à l'école maternelle, j'ai constaté que ces enfants conservent, dans la cour de l'école primaire, le même style de communication. Leurs agressions sont toujours aussi rares ; leurs actes de lien et d'apaisement, très fréquents, se suivent de la même manière qu'à 3 ans. Tout indique que les échanges corporels ritualisés continuent à jouer un rôle essentiel dans la tolérance de la présence d'un camarade, dans la sollicitation et dans l'établissement ou le renforcement des liens avec les autres enfants.

Dans 15 % des cas seulement, des leaders de 3 ans sont devenus fluctuants dans leur comportement ou dominants-agressifs à 4 ans. Ces changements ont coïncidé avec des modifications du milieu familial lorsque les enfants avaient entre 3 et 4 ans.

LES DOMINANTS AU COMPORTEMENT FLUCTUANT

Les enfants qui, à 3 ans, exprimaient tantôt un profil de leader tantôt un profil de dominant-agressif, restent très fluctuants à 4 et 5 ans, lorsque le comportement de leur famille n'a pas varié à leur égard. En revanche, quand il se produit un changement durable dans leur mode de relation avec leurs parents (essentiellement avec leur mère), ils tendent, selon la nature du changement, vers un profil de leader ou vers un profil de dominant-agressif, mais sans toutefois les atteindre. Ils gardent des mécanismes de communication variables, surtout lorsqu'ils sortent d'un conflit : ils ont alors tendance à s'isoler plus longtemps que les leaders et à exprimer des successions d'actes où prédominent saisies et agressions. Après le week-end et les jours fériés, ou lorsque l'institutrice habituelle est absente, ils expriment davantage d'actes de saisie et d'agressions que les leaders. Beaucoup plus stables et moins agressifs que les dominants-agressifs, les dominants au comportement fluctuant réagissent aux changements de rythme de vie par des agressions plus fréquentes et des comportements plus fluctuants que les leaders.

LES DOMINÉS

Les dominés aux mécanismes de leaders se distinguent des leaders types par une participation deux à trois fois plus faible aux compétitions et par près de deux fois moins de réussites dans l'appropriation de situations et d'objets attractifs. Ils ont aussi une fréquence de déplacements deux fois moindre que celle des leaders. Ils sont, en général, suivis et imités par moins d'enfants : 2 à 3 pour environ 70 % d'entre eux ; 4 à 8 pour 30 % (cette dernière proportion étant égale à celle des leaders types). A partir de 4 ans et demi, il n'existe donc plus de différences importantes entre ces enfants et les leaders quant à l'attractivité, à l'entraînement et à la création de nouvelles activités. Participant peu aux compétitions, les dominés aux mécanismes de leaders peuvent sembler isolés lorsqu'ils sont nouveaux dans un groupe ; mais, dans tous les cas, deux à trois semaines plus tard, ils deviennent plus recherchés. On les retrouve alors de plus en plus souvent à l'origine de nouvelles activités collectives.

La participation aux compétitions et la différenciation d'un haut niveau de dominance ne sont donc pas essentielles pour qu'un enfant soit intégré dans un groupe ; de même, elles n'interviennent pas de manière excessive dans la fonction exercée au sein d'activités communes.

Les dominants (leaders types) et les dominés dont les mécanismes de communication ne sont pas ambigus, dont les agressions demeurent rares, les offrandes et les séquences d'apaisement fréquentes, sont les enfants les plus attractifs, les plus suivis et les plus imités. On ne peut clairement les différencier que dans des situations de compétition, où les leaders s'imposent nettement par rapport aux dominés. Les mécanismes de communication et le leadership peuvent donc se développer indépendamment des relations de dominance et des compétitions.

Quant aux dominés-craintifs, à 4 et 5 ans, ils gardent les mêmes caractéristiques de comportement qu'à 3 ans, bien que leurs actes de crainte, de recul, de retrait et de fuite soient moins marqués et moins fréquents. Bousculés, menacés ou attaqués, ils interrompent leur course et se retirent de l'interaction à laquelle ils participaient. Dans plus de 75 % des cas, ils se mettent ensuite à pleurer, s'isolent (debout, avec le pouce dans la bouche, assis le long d'une cloison, etc.), quand ils ne cherchent pas refuge auprès de l'institutrice. Ces enfants — qui pleurent facilement, parfois après avoir seulement reçu une menace ou un refus — se heurtent aux repoussements et aux agressions, surtout lorsque celles-ci sont réorientées. En sortant de leur isolement, les dominés-craintifs expriment eux-mêmes parfois des agressions soudaines et très appuyées à l'encontre d'autres dominés. Ils acceptent très difficilement (moins encore que les autres) toute structure nouvelle : par exemple, lorsqu'ils changent d'école entre 5 et 8 ans, il leur faut de deux à trois mois avant d'être vraiment acceptés dans les activités collectives organisées par leurs camarades. Repoussés, ils se rejettent aussi souvent d'eux-mêmes et contournent les groupes. Cette période de rejets est marquée par des pleurs fréquents, y compris dans le milieu familial, par des troubles du sommeil et, parfois, par de l'énurésie.

Une fois acceptés dans un groupe, les dominés-craintifs peuvent donner l'illusion d'être, du moins dans certaines activités, des leaders ; en effet, leurs séquences de communication se rapprochent de celles exprimées par ces derniers. Mais dès qu'un conflit surgit, qu'une compétition se développe ou qu'un autre enfant les repousse ou les attaque, ils apparaissent vite avec leur véritable profil. Ces enfants changent peu de 3 à 8 ans, même si leurs actes de crainte et de fuite sont moins marqués et moins fréquents.

Les dominés-agressifs, quant à eux, conservent la même structure de comportement à la crèche et à l'école maternelle. Qualifiés parfois par leur entourage de « sournois », ces enfants expriment des agressions sans raison apparente et des isolements de longue durée (parfois de quinze à trente minutes). Entre 3 ans et demi et 4 ans et demi, certains d'entre eux participent activement aux compétitions ; ils ont alors une structure de comportement comparable à celle des dominants-agressifs, à cela près qu'ils développent des attitudes de crainte, de recul et de fuite et qu'ils participent beaucoup moins aux jeux et aux autres activités collectives. Se déplaçant et jouant seuls, ces enfants entrent soudain dans une compétition, se saisissent d'un objet, expriment une agression, quittent la situation de compétition et s'isolent avec l'objet.

Agressifs et plutôt isolés, souvent perçus comme peu sociables et « sauvages » (au contact difficile), les dominés-agressifs varient peu de 3 à 8 ans, même si la fréquence de leurs échanges non agressifs augmente, alors que celle de leurs agressions diminue.

Les enfants qui se tenaient à l'écart des autres à 3 ans peuvent rester très isolés à 4 et 5 ans, ou sortir de plus en plus fréquemment de leur isolement en gardant toutefois une préférence marquée pour les jeux solitaires. Nous ne sommes pas toujours parvenus à saisir clairement les raisons pour lesquelles certains restent isolés, alors que d'autres participent aux jeux collectifs.

Ceux qui restent très isolés se déplacent souvent seuls, apparemment sans but, s'adossent à un arbre ou à un mur, s'asseyent ou s'allongent en se recroquevillant. Le pouce dans la bouche, ils sucent fréquemment un mouchoir, le col de leur tablier ou leur tricot. La plupart du temps, ils ne répondent pas aux sollicitations des autres ; quand ils le font, c'est en s'écartant ou en se détournant. Bousculés ou attaqués, ils s'isolent encore davantage (s'ils se déplacent, ils se réfugient dans un coin de la cour de récréation), parfois en pleurant ou en geignant. Le regard peu expressif, ils peuvent passer tout le temps de la récréation sans avoir reçu ou exprimé la moindre sollicitation. Ces enfants changent peu de 3 à 8 ans, même si la fréquence de leurs contacts et de leurs échanges augmente, tandis que la fréquence de leurs isolements diminue.

Ceux qui sortent de leur solitude de plus en plus souvent à 4 et 5 ans peuvent, au cours de leurs échanges, exprimer des enchaînements d'actes proches de ceux des leaders ; mais ces enchaînements sont brefs et rarement répétés. Si la présence de ces enfants est tolérée par les autres, ils sont peu sollicités et n'expriment eux-mêmes que de rares sollicitations. Dans la cour de récréation, on les voit souvent qui se déplacent ou jouent seuls, s'approchent d'un groupe sans participer au moindre échange, s'en écartent, croisent un ou plusieurs enfants en échangeant un regard, un sourire, parfois quelques paroles et des gestes fugaces. Considérés comme timides, ces enfants changent peu à partir de 5 ou 6 ans.

8
La communication et les profils de comportement à l'école primaire

Chez les enfants d'école maternelle (3 à 6 ans) et d'école primaire (6 à 11-12 ans), de nombreux enchaînements d'actes et de vocalisations diffèrent peu de ceux des enfants de 2 à 3 ans (même lorsque des paroles sont échangées). Par exemple, l'entrée en contact dans une cour de récréation se fait souvent par des enchaînements comme : toucher le bras, l'épaule ou le dos — pencher la tête sur l'épaule — sourire — détourner et balancer la tête et le buste — tourner partiellement ou complètement sur soi-même ou sautiller sur place ; se diriger vers celui avec lequel s'établira le contact en sautant d'un pied sur l'autre et en souriant — balancer latéralement les bras et le haut du corps, en détournant la tête et le buste — dodeliner de la tête en arrivant près de l'autre, tout en alternant rires, sourires et grimaces — toucher ou tendre le bras comme pour montrer quelque chose ou quelqu'un — pencher la tête sur l'épaule...

Si, de 2 à 11 ans, les enchaînements d'actes d'entrée en contact comportent de plus en plus de paroles et sont de plus en plus mêlés d'onomatopées et d'interjections diverses, ils gardent sensiblement la même structure et, semble-t-il, les mêmes fonctions qu'auparavant :

— après avoir été abordé, un enfant qui s'était isolé échange des actes, des vocalisations et des paroles avec le « solliciteur », puis l'imite ou le suit ;
— un enfant qui jouait seul ou avec d'autres accepte le plus souvent la présence de l'enfant « solliciteur » quand celui-ci ne s'est pas approché avec un comportement rigide ou brusque, quand il n'a pas seulement sollicité par la parole ou quand il n'a pas tenté de saisir un objet ou de s'introduire dans le jeu sans sollicitation préalable ;
— un enfant qui tient un objet nouveau ou habituellement recherché le montre, le prête ou le donne ensuite souvent à l'enfant « solliciteur » ;
— un enfant qui vient de menacer, d'agresser ou de se faire agresser sourit ensuite fréquemment au « solliciteur » et échange avec lui des enchaînements d'actes, de vocalisations et de paroles, où n'apparaissent ni menace ni agression.

On retrouve donc bien à l'école primaire les mêmes fonctions des comportements de lien et d'apaisement que nous avons observés chez les petits de 2 à 3 ans, puis de 3 à 6 ans : l'acceptation, la sollicitation et l'induction d'une offrande, la canalisation de la menace et de l'agression. Associée ou non aux enchaînements précédents, l'offrande est aussi fréquemment observée au moment de l'entrée en contact, surtout chez les enfants qui ont été rejetés, qui arrivent après le commencement d'un jeu ou qui sont nouveaux dans la classe ou l'école.

Au cours des conflits et des compétitions qui se produisent dans une cour d'école primaire, on retrouve également les séquences de menace observées à la crèche et à la maternelle, même si elles sont souvent suivies d'enchaînements complexes d'actes, de vocalisations et de paroles symbolisant des affrontements corporels (boxe, judo, karaté, etc.) ou des combats à distance (coups de pistolet, rafales de mitraillette, etc.). Mais, lorsque le groupe ne comporte pas d'enfants dominants-agressifs ou de dominés-agressifs et lorsque les instituteurs sont présents, les heurts sont simulés ou amortis. En effet, après les premiers échanges de coups ainsi ritualisés, et à condition qu'un coup appuyé n'ait pas été porté, on voit se succéder des échanges où sont mêlés sourires, balancements latéraux du haut du corps, tournoiements sur soi-même, inclinaisons de la tête sur l'épaule, dodelinements de la tête (actes de lien et d'apaisement), détournements de la tête et du buste, extensions du bras comme pour montrer quelque chose ou quelqu'un (actes de canalisation de la menace et de l'agression), ouvertures larges et soudaines de la bouche avec des vocalisations aiguës, projections du buste en avant, projections des bras en direction de l'autre (actes de menace).

De tels mouvements se poursuivent par des enlacements et des agrippements mais, dans la mesure où l'un des enfants ne se fait pas mal ou que les enchaînements ne sont pas interrompus par un coup appuyé, le « ballet » se complique et débouche sur de nouvelles variantes et parfois de nouvelles idées de jeux collectifs.

Tout se passe donc comme si la communication ritualisée, faite d'enchaînements d'actes de lien et d'apaisement, de menaces non suivies d'agressions, de coups simulés ou amortis, débouchait sur des contacts corporels qui renforcent les liens et autorisent des activités en commun de plus en plus élaborées. En revanche, lorsque des actes de saisie (d'un objet, d'une partie de la veste, etc.) apparaissent, lorsque des enchaînements d'actes de lien et d'apaisement ne sont plus exprimés et lorsque le comportement devient rigide et brusque, les coups ne s'amortissent plus et d'autres formes d'agressions se développent (tirer par les cheveux, pousser violemment, griffer, mordre). Souvent, l'un des enfants — ou les deux — s'isole (il s'adosse à un mur ou à un arbre, s'assied à l'écart des autres, se déplace seul et sans répondre aux sollicitations des autres) et manifeste des actes de repoussement, des menaces et des agressions à l'égard d'autres enfants (on retrouve ici les mécanismes de réorientation de l'agression).

Cependant, les agrippements et les enlacements des enfants dans la cour de récréation d'une école (ou ailleurs) ressemblent tant aux « bagarres » et symbolisent tellement la « violence » aux yeux des adultes, que ceux-ci interrompent souvent de tels jeux en sanctionnant un ou plusieurs enfants. Si une intervention de ce type peut paraître opportune (par exemple, lors d'échanges de coups appuyés), elle ne l'est probablement plus lorsqu'elle est systématique, car elle finit par appauvrir l'expression corporelle de l'enfant. La maîtrise de sa motricité se trouve ainsi limitée, de même que les activités de coopération qui dérivent des échanges ritualisés et des dialogues imaginaires très riches qui les accompagnent et les suivent. Par ailleurs, la punition par l'éducateur entraîne souvent une réorientation sous forme de coups, d'actes de saisie ou de menaces verbales sur un ou plusieurs autres enfants.

Lorsque les relations familiales restent stables, l'enfant conserve donc les mêmes caractéristiques à l'école maternelle et à l'école primaire. D'observations dans les cours de récréation, il ressort que les paramètres qui évoluent beaucoup de 3 à 8 ans sont : la fréquence des agressions, la fréquence et la durée des isolements, la fréquence des actes de crainte et des comportements de fuite. La structure scolaire et l'attitude des instituteurs jouent un rôle important dans cette évolution. En revanche, le style des échanges avec les autres change peu : on retrouve les mêmes enchaînements d'actes chez l'enfant qui établit, poursuit et rompt une communication, au moins lorsqu'il n'est pas canalisé (activité décidée, organisée ou contrôlée par l'instituteur) ou « visiblement » observé par un adulte.

9
L'influence familiale

En cherchant à cerner les profils de comportement de certains enfants, nous fûmes amenés, mon équipe et moi-même, à nous interroger sur les facteurs qui pouvaient rendre compte des différences et des fluctuations de ces profils (et ce particulièrement entre 1 et 3 ans, puis entre 3 et 6 ans et, enfin, entre 6 et 8 ou 9 ans).
On sait que la différenciation d'un comportement, même le plus élémentaire, peut traduire la maturation de processus qui sont inscrits dans le patrimoine génétique, provenir d'influences de l'environnement vécues par l'organisme avant et après la naissance, ou encore résulter de ces deux types d'éléments. Rappelons toutefois que si les études scientifiques nous ont apporté des preuves incontestables de l'existence de facteurs génétiques dans le comportement (et ce tant chez les invertébrés que chez les vertébrés), nous n'avons pas de méthode pour reconnaître à coup sûr la part qui revient au seul codage génétique dans l'expression du comportement animal et humain. En effet, comme T.C. Schneirla et D.S. Lehrman l'ont souligné, un nombre croissant de travaux montrent ou suggèrent que les activités motrices du nouveau-né, même de type réflexe, sont déjà la résultante d'informations contenues dans le patrimoine génétique et des

« expériences » vécues par le fœtus au cours de sa vie intra-utérine. Seules des études systématiques de l'ontogenèse des activités motrices de l'embryon (l'ontogenèse commence dès la fécondation de l'ovule) pourraient vraiment nous permettre de cerner de plus en plus près la part du code génétique dans le comportement du nouveau-né. Mais ces études sont à peine ébauchées.

Conscients de l'influence du code génétique dans l'expression du comportement, mais manquant d'une méthode précise pour la mettre clairement en évidence, nous avons délibérément choisi d'étudier l'évolution des comportements de communication du jeune enfant en fonction de sa physiologie globale (myopie, surdité, maladies, etc.) et des influences de son environnement habituel. Procédant de la même manière que de nombreux chercheurs, nous avons recherché tout d'abord l'influence éventuelle du père et de la mère, tant sur la différenciation des profils de comportement que sur les variations des mécanismes de communication de l'enfant. Ces variations sont parfois très importantes et on les remarque d'une semaine à l'autre, ou même d'un jour à l'autre.

Trois méthodes nous ont conduits à dégager l'influence essentielle du comportement maternel sur la différenciation et les fluctuations du profil de l'enfant de 2 à 3 ans :

1° L'analyse du comportement des parents qui reprennent leur enfant en fin d'après-midi, à l'entrée de la salle de jeux de la crèche.
2° L'étude quantitative des séquences d'actes de lien et d'apaisement (y compris les offrandes) et des séquences de menace et d'agression exprimées par la mère et le père à l'égard de leur fils ou de leur fille. Nous avons pu observer ces attitudes lorsque les parents (ensemble ou séparément) se trouvent avec l'enfant le matin et

l'après-midi. Ils l'habillent alors dans le local prévu à cet effet non loin de la salle de jeux de la crèche. En prenant une unité de temps d'un mois, il nous a été possible d'établir pour chaque parent une balance de comportement spécifique.

3° L'étude des modifications du comportement de l'enfant le lundi, en fonction des événements survenus dans la famille pendant le week-end.

La deuxième méthode montre qu'il existe une corrélation positive importante entre la balance de comportement des enfants dominants (leaders, dominants-agressifs et enfants fluctuant entre ces deux profils) et la balance de comportement de leur mère [1]. Il n'en est pas de même pour la balance de comportement du père, du moins lorsqu'elle a pu être cernée. En effet, si certains pères mènent et reprennent leur enfant à la crèche tous les jours ou en alternance avec la mère, d'autres ne le font que rarement et certains jamais. La mère paraît donc avoir une influence privilégiée sur le comportement de l'enfant.

LES FAMILLES DES DOMINANTS-AGRESSIFS

Le soir, au moment de l'accueil à la crèche, les mères des enfants dominants-agressifs présentent généralement deux types de réactions : elles restent fermées, attendent, avec une attitude plutôt raide où les actes d'apaisement et de sollicitation n'apparaissent pas ou se réduisent au sourire ; de temps en temps, au contraire, elles ont une attitude « hypergestuelle », émettant des menaces corporelles et verbales (ou seulement verbales) qui alternent, le plus souvent, avec des actes d'apaisement, des saisies

---

1. Voir le tableau VII, annexe 9.

brusques de l'enfant par le bras ou la jambe et, parfois, des agressions. Contrairement aux mères d'enfants leaders, on ne retrouve pas très souvent dans le comportement des mères de dominants-agressifs l'enchaînement suivant : sourire (en voyant l'enfant arriver) — s'accroupir — embrasser — prendre dans les bras. Nous avons estimé que seulement 40 % des mères d'enfants dominants-agressifs présentaient un tel enchaînement, et encore était-ce limité à certains jours. Lorsqu'elles se retrouvent seules avec l'enfant pour l'habiller ou le déshabiller, ces mères expriment fréquemment un ensemble de menaces, tant verbales que corporelles ; elles saisissent brusquement leur enfant, le font s'asseoir ou se lever brusquement, lui prennent vigoureusement la main ou la jambe ; souvent, elles manifestent des agressions, tapant les mains, les jambes, les fesses et parfois les joues et la tête du petit. Dans tous les cas observés, les mères d'enfants dominants-agressifs avaient, pour une unité de temps d'un mois, une balance de comportement comprise entre 0,40 et 1,60 [1].

Impatientes et pressées, ces mères échangent relativement peu avec leur enfant. En le retrouvant, elles regardent d'abord l'état de ses mains, de son visage ou de ses vêtements, surveillent l'apparition d'attitudes « défendues » (grimper sur un meuble ou sur une table, taper sur une porte vitrée, passer devant une personne connue sans lui prêter attention, dire des mots considérés comme grossiers, etc.). Elles répondent à de telles manifestations par des gestes et par un discours où prédominent les actes et les mots menaçants. Parfois, ces mères s'adressent à la puéricultrice avant même d'avoir accueilli leur fille ou leur fils dans leurs bras. Il arrive que l'enfant

---

1. La balance de comportement des mères s'obtient en divisant la fréquence des offrandes et des apaisements par la fréquence des menaces et des agressions (voir le tableau VII).

réagisse en courant dans une direction opposée, ou en tapant sur un objet ou sur un tiers. En ce cas, la mère répond par des menaces répétées et accentuées et, souvent, par une agression.

Il en va de même à l'extérieur de la crèche. Les mères des dominants-agressifs ne nous sont pas apparues comme étant vraiment à l'écoute de leur enfant. Dans le comportement de celui-ci, elles remarquent d'abord, et très souvent exclusivement, les éléments qui leur déplaisent. Menacé, rabroué, saisi brusquement et tapé, l'enfant a ensuite tendance à privilégier les actes de saisie et d'agression lorsqu'il se retrouve parmi ses camarades.

En essayant de cerner les causes du comportement de ces mères à l'égard de leur enfant, nous avons rencontré deux groupes de facteurs : des facteurs inhérents à l'histoire de la mère, issue d'un milieu instable, confrontée à des problèmes matériels ou de santé, et devenue agressive ; des facteurs conjoncturels dus à un déséquilibre physiologique (maladies à répétition ou de longue durée), à une hospitalisation, à des conditions de travail très contraignantes (rythme soutenu et programmé tout au long de la journée, comme chez les ouvrières d'usine, les secrétaires de direction, les médecins), à une existence matérielle précaire, à des conditions de vie devenues difficiles (à l'occasion, par exemple, de la naissance d'un deuxième enfant ou d'un changement de logement), à des conflits conjugaux ou à des changements de conception (la mère pensant, par exemple, que l'enfant doit être désormais élevé selon des principes d'autorité et de contrainte).

Nous n'avons pas remarqué de différence essentielle dans la structure de comportement des enfants dominants-agressifs, selon qu'ils avaient un père également irritable, brusque, peu disponible et agressif ou un père apaisant et disponible. En revanche, la fréquence des agressions et des isolements de ces enfants est nettement plus élevée quand le père est brusque, agressif et peu disponible.

Lorsque, pendant un week-end, la mère a été plus menaçante et plus agressive que d'habitude, le comportement de l'enfant, le lundi suivant, se caractérise par des alternances d'agressions appuyées et répétées et par des isolements de longue durée (allant parfois de quinze à vingt minutes).

Lorsque la mère s'absente un soir et confie son fils ou sa fille à une personne offrante, apaisante et disponible qui accepte une partie des agressions que l'enfant réoriente sur elle-même, la fréquence des agressions de l'enfant diminue à la crèche. Au retour de la mère, les agressions augmentent dès le lendemain.

Nous avons pour règle de ne pas intervenir auprès des adultes ; toutefois, il est arrivé que certains parents d'enfants dominants-agressifs aient voulu nous rencontrer, après avoir vu, par exemple, leur enfant porter et subir plusieurs agressions appuyées. Sans jamais nous autoriser le moindre jugement de valeur, nous avons expliqué aux parents l'influence qu'ils pouvaient avoir sur le comportement de communication de leur enfant. Nous leur avons montré en particulier comment un enfant attaqué par un plus dominant réoriente son agression sur un autre, ou comment l'agression émanant des parents et subie par l'enfant dès le matin se réoriente sur un ou plusieurs de ses camarades quelques minutes après son arrivée dans la salle de jeux de la crèche. Cinq mères ont ensuite modifié leur mode de relation avec leur enfant et ont consacré une partie de leur temps à être à son écoute et à lui répondre, tant par la parole que par des poursuites ludiques, des « cloweries » ou des sollicitations verbales ou corporelles (tête penchée sur l'épaule, main tendue en supination et sourire). Dans le même temps, elles se sont efforcées d'atténuer la brusquerie de leurs actes à l'égard de l'enfant et de réduire la fréquence des fessées et autres agressions.

Ces changements de relations s'étant produits lorsque les enfants avaient entre 32 et 42 mois, dans tous les cas, la balance de comportement s'est révélée, trois mois plus tard, égale ou supérieure à 1,45. Le comportement de l'enfant est alors apparu beaucoup plus stable et organisé en séquences homogènes. A 5 ans, le profil de ces enfants était proche de celui des leaders.

En revanche, la même démarche tentée par des parents de dominants-agressifs âgés de 4 ans et demi à 6 ans n'a pas abouti, jusqu'à ce jour, à une modification nette du profil de l'enfant, même si la fréquence des agressions a ensuite diminué. Par ailleurs, nous avons remarqué que certaines institutrices acceptaient les conduites agressives des dominants-agressifs dès le premier trimestre de l'année scolaire et y répondaient non par des agressions mais par des remontrances mesurées. Parfois, nous les avons vues canaliser ces enfants, les entraînant, par exemple, dans une activité collective comme une ronde, une danse, etc., ou leur confiant une responsabilité. On observe alors au deuxième et au troisième trimestre une nette diminution dans la fréquence et l'amplitude des agressions : celles-ci n'apparaissent pratiquement pas lorsque le groupe ne comprend que 15 à 20 enfants — cas du samedi matin, par exemple. En revanche, les mécanismes de communication de ces enfants varient peu du mois d'octobre au mois de juin, quelle que soit l'attitude de l'institutrice : chaque fois que les agressions sont portées par les parents à l'encontre de leur enfant, celui-ci les réoriente à l'école maternelle et présente de nouveau les caractéristiques habituelles du dominant-agressif. Et même lorsque l'enfant n'a pas été victime d'agressions familiales le matin et le jour précédent, il apparaît à l'école avec son profil habituel dès qu'il participe à des compétitions ou qu'il entre en conflit avec un autre. Le comportement des enfants de 6 à 9 ans est similaire, même si la présence vigilante de l'instituteur les amène à ritualiser momentanément leur comportement et à différer leurs actes de saisie et leurs agressions.

LES FAMILLES DES LEADERS

Dans tous les cas observés, les mères d'enfants-leaders avaient toutes une balance de comportement nettement supérieure à 2, au moins lorsque l'unité de temps était d'un mois [1]. Pauvre en menaces (corporelles et verbales) et en agressions, leur comportement comprend des offrandes et des séquences d'actes de lien et d'apaisement fréquentes, non ambiguës, spontanées ou adaptées au comportement de l'enfant. Souvent à l'écoute de celui-ci, ces mères répondent par des mimiques, des postures, des gestes, des vocalisations ou des paroles qui provoquent des réponses de même forme, des enchaînements d'actes de lien et d'apaisement, des contacts corporels ou des offrandes. Dans de tels couples mère-enfant, les « dialogues multicanaux [2] » sont très fréquents et très réguliers. La mère et l'enfant sont généralement en situation d'écoute réciproque et se répondent par des séquences motrices ou verbales peu ambiguës et appropriées à la situation vécue. Quatre-vingt-dix pour cent de ces mères accueillent le plus souvent leur enfant en exprimant l'enchaînement suivant : sourire (en voyant l'enfant arriver) — s'accroupir — embrasser — parler doucement — prendre dans les bras.

1. Voir le tableau VII, annexe 9.
2. Dialogues multicanaux : dialogues qui font appel à tous les modes de communication : mimiques, gestes, touchers, paroles, odeurs, etc., et qui sollicitent donc la plupart des organes sensoriels — au même moment ou successivement.

En outre, la mère n'accapare pas continuellement l'enfant : attentive aux sollicitations de celui-ci, elle le laisse occuper librement l'espace dont il dispose (appartement, aire de jeux, pourtour de l'immeuble, etc.), pourvu que la sécurité de l'enfant ne soit pas menacée. Elle n'impose pas sa présence à tout moment. La grande disponibilité des mères des leaders se traduit en particulier par une durée des échanges avec l'enfant supérieure à celle des autres mères (mis à part celles qui ont une attitude de surprotection à l'égard de leur enfant quand elles le retrouvent à la fin de la journée). Les mères des leaders ne brusquent l'enfant que très occasionnellement et ne « donnent » la fessée qu'après des menaces répétées (si l'on se fonde sur leurs déclarations, certaines n'en ont jamais donné).

Très stables dans leur comportement, ces mères appartiennent à toutes les catégories socio-professionnelles ; elles se rencontrent toutefois plus rarement dans les milieux ouvriers et dans les professions qui comportent, tout au long de la journée, des sollicitations programmées et difficilement évitables (secrétaires de direction, médecins, etc.). Soixante-dix-huit pour cent des mères d'enfants leaders ont une tâche relativement peu contraignante (au moins à certains moments de la journée), une certaine latitude pour organiser elles-mêmes leur journée et une ambiance de travail non rythmée de façon stricte ; elles sont étudiantes, chercheuses, sténodactylographes, employées d'administration, etc.

Si, occasionnellement, la mère n'est pas disponible ou doit se séparer de son enfant, cette rupture n'entraîne pas de modifications importantes dans les mécanismes de communication et dans la balance de comportement de ce dernier. Il faut, cependant, que cette séparation n'excède pas une semaine et que le père ait lui-même un profil de comportement comparable à celui de la mère. En revanche, lorsque l'absence ou l'indisponibilité de la mère se prolongent (au-delà, semble-t-il, de deux week-ends consécutifs — mais la durée reste imprécise) ou lorsque, dans le cas d'une courte indisponibilité, le père est autoritaire, menaçant et/ou répressif, la balance de comportement de l'enfant penche de plus en plus nettement du côté des agressions, en même temps que change le style de ses relations avec ses camarades, surtout le lundi. Les actes de lien et d'apaisement, en particulier, se manifestent alors plus rarement que d'habitude en séquences homogènes : plus brèves qu'auparavant, ces séquences sont de plus en plus souvent précédées, mêlées ou suivies d'actes de saisie et d'agression. Nous avons vu ainsi des enfants changer de profil de comportement d'une quinzaine à l'autre (en cas d'absence prolongée de la mère) et même d'un jour à l'autre (lorsque le père est autoritaire, menaçant et répressif). Voici quelques exemples de ces changements.

STÉPHANE

Stéphane a 27 mois lorsque son frère Boris, 9 mois et demi, commence à présenter des signes cliniques pouvant annoncer une grave maladie. Ces symptômes inquiètent beaucoup les parents pendant plusieurs semaines, d'autant plus que le père est médecin et donc conscient des risques encourus par son fils. Durant toute la période de la maladie, l'attention et la disponibilité de la mère sont essentiellement consacrées à Boris. Dans ces conditions, nous avons vu le comportement de Stéphane se modifier en quelques jours. D'un mois à l'autre, sa balance de comportement est passée de 1,58 à 0,42 ; en outre, ses séquences d'actes de lien et d'apaisement s'enchaînaient de plus en plus souvent avec des isolements, des saisies d'objets et des agressions. Mais, de trois à six mois plus tard, après le rétablissement de Boris, l'inquiétude des parents disparut. La balance de comportement de Stéphane remonta alors à un niveau oscillant entre 0,85 et 1,15. Le comportement de l'enfant redevint plus stable et mieux organisé ; mais il se caractérisa encore par des agressions spontanées et par des successions d'actes ambigus. Stéphane retrouva donc un profil de leader, mais avec davantage de fluctuations qu'avant la maladie de Boris.

CHRISTINE

Christine a 17 mois au moment de la naissance de Delphine. Du mois précédant la naissance (novembre) au mois qui la suit (janvier), la balance de comportement de Christine passe de 2,65 à 0,74. Parallèlement, la fréquence de ses isolements augmente et son comportement de communication change pour devenir comparable à celui de Stéphane (voir l'exemple précédent). Mais, deux mois plus tard, Christine retrouve son profil de leader avec cependant plus d'agressions qu'avant la naissance de Delphine (sa balance est alors de 1,47). A 3 ans, ses caractéristiques n'avaient pas varié.

SOPHIE

Sophie a un peu plus de 2 ans lorsqu'un conflit aigu surgit entre ses parents. A 18 mois, elle avait déjà des mécanismes de comportement comparables à ceux des leaders de 2 à 3 ans, et une balance de comportement d'un niveau très élevé (niveau moyen : 1,1). Trois mois après l'apparition du conflit familial, Sophie s'isole de plus en plus souvent et de plus en plus longtemps. Elle sollicite peu les autres, exprimant des agressions soudaines à la sortie de ses isolements, comme le font les dominés-craintifs et les dominés-agressifs. Elle a totalement perdu son profil de leader. Puis la fréquence de ses échanges avec les autres a de nouveau augmenté et sa balance de comportement s'est déplacée du côté des offrandes et des apaisements : le conflit entre les parents s'était alors atténué. A 3 ans, elle s'est ainsi rapprochée de son profil initial de leader, mais sans le retrouver totalement : aujourd'hui encore, elle a parfois tendance à s'isoler souvent et longtemps.

Ces trois exemples montrent que les changements de disponibilité maternelle peuvent profondément modifier le profil de comportement du jeune enfant de 1 à 3 ans. Il en est de même pour les enfants de 3 à 4 ans : lorsque la mère redevient disponible, l'enfant tend à retrouver son profil de comportement initial, mais avec quelques nuances toutefois. Notons, en outre, que le leader devient de plus en plus instable, isolé et agressif lorsque l'indisponibilité maternelle s'accentue ou se prolonge pendant deux ou trois mois. Nous avons vu ainsi trois enfants passer du profil de leader à 3 ans à celui de dominant-fluctuant à 4 ans. Dans un seul cas, l'un des enfants, leader à 3 ans, est devenu dominant-agressif à 4 ans : cette transformation a coïncidé avec un état dépressif de la mère après une rupture conjugale. En revanche, les variations de disponibilité de la mère à l'égard de l'enfant de plus de 4 ans-4 ans et demi n'entraînent plus de changements aussi rapides et profonds dans la structure de comportement de celui-ci. Il semble bien (nous ne disposons que d'informations fragmentaires et non quantifiées) que le père puisse alors compenser, au moins en partie, l'absence ou l'indisponibilité de la mère chez l'enfant de plus de 4 ans et demi.

LES FAMILLES DES DOMINANTS
AU COMPORTEMENT FLUCTUANT

Les mères des enfants fluctuants sont elles-mêmes très fluctuantes dans leurs relations avec leur enfant. Pendant une journée ou une semaine, elles sont apaisantes, disponibles et communicantes ; leur comportement d'accueil et leurs séquences de comportement au moment de l'habillage de l'enfant sont comparables à ceux des mères d'enfants leaders, même si leurs gestes sont plus brusques et leurs intonations verbales plus fortes. L'enfant développe alors des comportements de communication de leader, bien que la fréquence de ses agressions reste plus élevée. Les jours ou les semaines suivants, les mères d'enfants fluctuants sont irritables, pressées, menaçantes et agressives. Leur coefficient de comportement présente de grandes fluctuations d'une semaine ou d'un mois à l'autre (passant parfois de 0,40-0,50 à 5-6, puis de 5-6 à 0,80-0,70). Leur comportement d'accueil et leurs échanges avec leur enfant sont alors comparables à ceux des mères d'enfants dominants-agressifs. Les dominants-fluctuants présentent alors un profil de comportement proche de ces derniers.

Les mères des enfants dominants et fluctuants nous sont apparues comme très sensibles aux modifications de leur environnement. Dans la majorité des cas, les fluctuations de leur comportement se sont révélées liées étroitement à des difficultés professionnelles passagères et à des conditions de vie soudain dégradées (situation financière difficile, parfois due à la mise en chômage du mari ; tracasseries administratives mal supportées ; conflits conjugaux, etc.). Le père joue un rôle important dans l'amplitude et la périodicité des fluctuations du comportement de ces mères. En effet, dans 40 % environ des cas observés, les absences répétées ou prolongées ou la forte agressivité du père ont coïncidé avec des fluctuations de grande amplitude et répétées du comportement maternel à l'égard de l'enfant. Dans les autres cas, les fluctuations du comportement maternel sont apparues liées à des modifications physiologiques qui revenaient à des intervalles plus ou moins réguliers (entre autres, troubles digestifs persistants, sinusites ou angines à répétition et dysynchronismes ovariens).

Chaque fois que nous avons observé une stabilisation du comportement maternel, l'enfant s'est rapproché du profil de leader. En revanche, chaque fois que les fluctuations maternelles se sont accentuées, avec des périodes agressives plus longues, l'enfant a développé des comportements de plus en plus désordonnés où l'agression prenait le pas sur les autres modes de relation.

LES FAMILLES DES DOMINÉS

Les mères des enfants dominés aux mécanismes de leaders ont les mêmes types d'accueil et de relation avec l'enfant que les mères des leaders. Nos méthodes ne nous ont pas permis d'établir de différences de comportement significatives entre ces deux populations de mères. Cependant il est apparu, notamment au cours d'entretiens dans le milieu familial, que les mères des dominés étaient beaucoup plus subordonnées aux avis et aux comportements de leur mari que les mères des leaders. La plupart des décisions, y compris celles qui concernent la garde, l'éducation, les « bonnes manières » (la politesse en particulier) ou parfois même l'alimentation de l'enfant, sont prises et imposées (de fait, et non pas de façon coercitive) par le père. Ce statut de « subordonnée » propre à la mère, même lorsqu'il n'est pas très marqué, explique peut-être que les dominés aux mécanismes de leaders participent et réussissent peu aux compétitions et qu'ils comprennent 30 à 40 % de l'ensemble des petites filles.

L'entrée à l'école maternelle et la participation à des activités collectives dans la cour de récréation, où se côtoient des enfants ayant entre 3 et 6 ans, offrent aux dominés aux mécanismes de leaders davantage d'occasions de participer à des compétitions et d'établir des relations de dominance. C'est peut-être la raison pour laquelle ces enfants tendent alors vers un profil de leader.

Quant aux mères des dominés-craintifs, elles nous sont apparues comme surprotectrices, anxieuses ou angoissées et très attentives à l'état physique et physiologique de l'enfant. Elles expriment beaucoup d'offrandes et d'apaisements, mais aussi beaucoup d'actes de crainte et d'inquiétude dans leurs relations avec l'enfant qu'elles redoutent de laisser jouer librement en dehors du milieu familial. Elles l'empêchent de sortir du « cocon » familial, d'aller vers de nouveaux camarades et d'établir avec eux une communication durable : ces mères voient surtout dans le milieu extérieur une menace pour la santé et la sécurité de l'enfant. Elles limitent ainsi beaucoup ses déplacements et ses comportements de communication. Exprimant rarement des conduites d'agressions spontanées, ces mères répondent généralement aux situations menaçantes et aux agressions par des actes de crainte, des reculs, des retraits ou des fuites.

Comme nous l'avons déjà écrit, les enfants « couvés » que sont les dominés-craintifs ont tendance à contourner les groupes et à répondre souvent aux comportements des autres par des actes de crainte, des reculs, des retraits et des fuites ; ils conservent ensuite ces comportements jusqu'à l'âge de 8 ans, au moins lorsque le comportement maternel ne change pas. Ils mettent beaucoup de temps, parfois deux ou trois mois, à s'adapter aux nouvelles structures qu'ils doivent fréquenter. Les informations dont nous disposons montrent qu'un grand nombre de mères ayant un enfant dominé-craintif ont elles-mêmes vécu dans un milieu familial surprotecteur ou replié sur lui-même et craintif. En outre, elles s'adaptent plus difficilement que les autres femmes aux nouvelles structures qu'elles doivent fréquenter.

Cependant, trois de ces mères sont venues nous voir. A la suite de ces rencontres, elles se sont efforcées de laisser leur enfant plus libre de ses mouvements, plus libre aussi d'entrer en relation avec n'importe quel enfant. Elles ont demandé à leur fille ou à leur fils d'aller vers les autres et de jouer avec eux, mais de se défendre en cas d'attaque. Elles lui ont confié des responsabilités en dehors du milieu familial (message à une voisine, achats au magasin, etc.). Dans ces trois cas, nous avons vu l'enfant changer de profil entre 3 et 4 ans et se rapprocher du profil de leader : deux d'entre eux sont même devenus des leaders.

En revanche, lorsque la démarche a été tentée par des parents dont l'enfant était âgé de 4 ans et demi à 6 ans, nous n'avons pas observé de changements aussi profonds : si la fréquence des actes de crainte a diminué, les reculs, les retraits et les fuites dans la cour de l'école primaire sont restés nombreux. Ces enfants sont demeurés à l'écart, se rejetant parfois eux-mêmes de nouvelles structures ou de nouveaux groupes.

La plupart des dominés-agressifs de 1 à 3 ans sont généralement bousculés le matin au moment du départ et le soir, après le retour dans le milieu familial (premier cas). Les autres sont souvent « intellectuellement sollicités » par leurs parents pendant la plus grande partie du temps qu'ils passent dans la famille (second cas).

Dans le premier cas, ce sont les horaires et les conditions de travail qui amènent les parents à presser, à bousculer et à réprimer leur enfant ; celui-ci arrive à la crèche en pleurant et continue de pleurer longtemps après le départ de ses parents.

Dans le second cas, il s'agit de parents qui, s'efforçant de faire parler l'enfant très tôt (à partir de la marche, parfois même avant), le sollicitent à tout moment et répriment sa turbulence (pendant que l'enfant doit répéter des mots, il n'est pas autorisé à se déplacer, à gesticuler ou à jouer). Parfois également, il s'agit de parents qui « relancent » fréquemment l'enfant, afin qu'il manipule des constructions ou des combinaisons d'objets de plus en plus compliquées. Dans ce second cas, l'objectif avoué des parents est de faire parler l'enfant le plus tôt possible et de le « rentabiliser » (mot entendu à plusieurs reprises), c'est-à-dire de développer rapidement ses connaissances, ses aptitudes à manipuler des objets, son langage et son intelligence. Ce n'est évidemment pas l'apparition précoce du langage en elle-même qui contrarie l'intégration d'un enfant aux activités d'un groupe placé en activités libres, mais la répression de l'expression corporelle.

Les parents des dominés-agressifs bousculés (premier cas) sont des salariés qui doivent répondre à leur travail de façon ponctuelle ou, comme cela est apparu à l'école maternelle, des commerçants qui ouvrent tôt et ferment tard leur magasin. Nous avons vu quatre des enfants issus de ces familles changer de profil de comportement entre 3 et 4 ans, ce qui, dans trois cas, a coïncidé avec un changement d'emploi)et, dans un cas, avec un arrêt de travail de la mère. Les quatre enfants se sont ensuite rapprochés d'un profil de leader, sans jamais l'atteindre tout à fait : ils ont conservé une forte tendance à l'isolement après avoir été rejetés, menacés ou agressés. Leurs agressions sont restées à un niveau beaucoup plus élevé (deux à trois fois supérieur) que celui des leaders.

Les parents des enfants au langage « naturellement » développé (second cas) sont presque tous des intellectuels, surtout des enseignants. Ces enfants ne changent pas vraiment de profil quand ils grandissent. Privilégiant le langage dans toutes les situations et répondant peu aux sollicitations corporelles et verbales de leurs camarades, ils restent fréquemment à l'écart des poursuites ludiques. Lorsqu'ils s'approchent des autres, ils sont souvent rejetés ; ils s'enferment alors dans des activités solitaires dont ils sortent pour exprimer des repoussements ou des agressions, parfois très violentes, à l'égard des plus petits.

La plupart des mères d'enfants très à l'écart nous sont apparues comme fermées. Leur profil de comportement est très difficile à cerner car elles n'ont que peu d'échanges avec leurs enfants. A l'âge de 5 ans, ceux-ci nous ont semblé figés, confinés et n'exprimant pas d'agressions ouvertes. Nous avons pu constater que pour certains, « on » oubliait de les changer lorsqu'ils souillaient leur culotte, de même qu' « on » oubliait de les laver. Les mères, étouffantes et répressives, n'expriment pas d'agressions ouvertes elles non plus ; de plus, elles sont, le plus souvent, réprimées par le mari.

Certains enfants isolés à 3 ans sont progressivement sortis de leur isolement à 4 ou 5 ans. Appartenant à des milieux familiaux très variés, ces enfants n'étaient ni oubliés ni agressés. Mais la plupart étaient soumis à de multiples interdictions et réprimandes. Les mères de ces enfants sont réservées et ont souvent des principes d'éducation rigides : « Il ne faut pas faire ceci », « il faut être comme cela ». Il nous a semblé que, dans le milieu familial, elles étaient également très dominées par le mari.

Cependant, il ne nous a pas été possible de cerner les caractéristiques familiales de treize de ces enfants. Huit d'entre eux étaient maladifs depuis leur plus jeune âge, ou souffraient d'un déficit sensoriel (comme la myopie). Ces enfants sont sortis de leur isolement à 4 ou 5 ans, mais ont conservé une tendance marquée à éviter les groupes et à jouer seuls.

Autant que nous ayons pu le mesurer, et dans la grande majorité des cas, le profil de comportement du jeune enfant est donc un reflet étonnant des mécanismes de relation qui se sont établis entre la mère et l'enfant, lorsque celui-ci avait entre 1 et 3 ans. Nous avons retrouvé ce phénomène en comparant les profils de frères et de sœurs : chaque fois que les uns et les autres présentaient des profils différents, la mère avait établi avec eux des relations dissemblables. Malade pendant une longue période, lorsqu'un des enfants avait entre 1 et 3 ans, la mère ne l'était plus lorsque l'autre atteignait le même âge. Ou encore, le deuxième enfant étant né lorsque le premier avait entre 1 et 3 ans, la mère avait accordé à ce dernier moins d'attention, de sollicitations et de réponses que par le passé. Aussi, de leader, l'aîné évolua-t-il vers un profil de dominant-fluctuant, de dominant-agressif, de dominé-agressif ou de dominé à l'écart. Inversement, nous avons remarqué que, voulant élever le mieux possible leur premier enfant, certaines mères étaient à leur égard anxieuses, surprotectrices, etc., alors que pour le deuxième enfant, elles étaient devenues détendues, apaisantes et communicantes (nous avons vu à quel point le profil de l'enfant est différemment influencé par ces deux types d'attitudes maternelles).

Parfois, les conditions matérielles (soucis financiers), les conditions de travail (rythme de travail et ambiance de l'entreprise), les conditions de vie (arrivée de nouvelles personnes dans le milieu familial — grand-mère, frère ou beau-frère, etc.) et les relations conjugales ayant été différentes, les deux enfants, entre 1 et 3 ans, évoluèrent dans des sens dissemblables.

Les données fragmentaires que nous possédons font toutes ressortir que le changement d'attitude de la mère à l'égard de l'enfant peut profondément modifier le profil de comportement de celui-ci jusqu'à l'âge de 4 ans. Si le changement survient lorsque l'enfant a plus de 4 ans et demi-5 ans, l'amplitude, la fréquence et la durée de certains comportements (isolements, agressions, etc.) se modifient, mais l'enfant ne change pas vraiment de structure de comportement et l'enchaînement de ses actes et de ses vocalisations varie peu quand il est en situation de communication. A 8 ou 9 ans, les enfants conservent donc la même structure de comportement qu'à 3 ou 4 ans, à condition qu'aucun changement profond dans les relations mère-enfant ne soit survenu lorsque l'enfant avait moins de 4 ans et demi.

A 8 ou 9 ans, l'enfant dispose évidemment d'un langage beaucoup plus élaboré et d'autres comportements qu'il peut combiner de multiples façons en fonction de la situation vécue et des individus présents. Pourtant, lorsqu'il vient d'établir un contact avec un camarade du même âge, ou d'un âge voisin, il exprime, après les premiers échanges, des enchaînements d'actes conformes au profil de comportement qu'il avait à 4-5 ans, à condition, toutefois, qu'un adulte ne soit pas à proximité pour le surveiller.

Notre analyse pourrait faire croire que le père n'a aucune influence sur le comportement de l'enfant. En fait, une telle interprétation serait fausse. Tout d'abord, comme nous l'avons souligné à plusieurs reprises, le père peut, par son comportement à l'égard de l'enfant, entraîner chez celui-ci une augmentation ou une diminution dans l'amplitude, la fréquence et la durée des grands comportements que sont l'isolement, l'agression, l'offrande et l'apaisement.

En outre, si le père ne paraît pas avoir une influence directe essentielle sur la caractérisation et les modifications profondes du profil de comportement de l'enfant entre 1 et 4 ans, dans de nombreux cas, il contribue aux changements par les relations qu'il établit avec la mère. Nous avons vu, par exemple, des mères devenir plus agressives ou plus fermées à l'égard de leur enfant après avoir été rejetées, bousculées, agressées ou abandonnées par leur mari. Le père semble ainsi jouer un rôle important dans la stabilité ou la variabilité du comportement de la mère et, par conséquent, dans la stabilité ou la variabilité de celui de l'enfant.

Par ailleurs, il faut préciser que les relations entre le père et l'enfant sont beaucoup plus difficiles à quantifier que celles de la mère avec l'enfant, et ce pour les raisons suivantes : peu de pères viennent, seuls, conduire et reprendre l'enfant ; la plupart d'entre eux ont une « retenue » que n'ont pas les mères (leurs séquences d'apaisement sont brèves et rares, leurs séquences de menace sont souvent plus complètes et plus fréquentes) ; les hommes se sont montrés plus réservés que les femmes à l'égard de notre travail.

10

La communication, la physiologie et les odeurs

Les systèmes de vie, de travail et d'alimentation que s'est forgée notre société entraînent des modifications des rythmes biologiques de l'homme [1]. Par suite, l'étude simultanée des rythmes de vie et des rythmes biologiques permet de savoir comment l'individu répond et s'adapte aux changements de son environnement.

Depuis plusieurs années déjà, nous étudions chez le jeune enfant les réponses du cortex des glandes surrénales dans les milieux divers où il vit pendant la semaine. Nous n'avons pas tenté d'évaluer l'influence globale des événements d'une même journée en dosant les hormones corticosurrénaliennes (cortisol, 17-OHCS) [2] dans les urines totales des vingt-quatre heures. On sait, en effet [3], que la sécrétion et l'élimination urinaire de ces hormones varient tout au long de la journée : elles passent par un maximum, appelé pic circadien, qui peut être amplifié, avancé ou retardé, ou qui peut culminer pendant

---

[1]. Voir, à ce sujet, les travaux de F. Halberg et de A. Reinberg.
[2]. Rappelons que les sécrétions du cortex surrénalien (hormones corticostéroïdes) s'accroissent en fonction des variations du milieu extérieur et des événements « stressants » vécus par l'homme.
[3]. Voir les travaux de F. Halberg et de A. Reinberg.

plusieurs heures, selon les événements vécus par l'individu [1].

En recueillant les urines de chaque enfant à intervalles réguliers pendant la journée, il est possible d'établir des correspondances entre les principaux événements vécus et les modifications du taux des 17-OHCS et de la structure des courbes circadiennes des 17-OHCS (courbes à un pic, deux pics, en plateau, etc.).

LES CORRESPONDANCES ENTRE LE PROFIL DE COMPORTEMENT ET LA PHYSIOLOGIE SURRENALIENNE

A la crèche

C'est en 1973 que nous avons vu se dessiner les premières correspondances entre le profil de comportement du jeune enfant et les variations journalières d'élimination dans ses urines des 17-OHCS. Le fait le plus évident était que les courbes circadiennes d'élimination urinaire des 17-OHCS tendaient à être régulières d'un jour à l'autre chez un leader et fluctuantes chez un dominant-agressif.

Nous avons retrouvé et précisé ces résultats dans toutes les populations d'enfants étudiées depuis sept ans, tant à la crèche [2] (au 1ᵉʳ octobre 1977, les urines de 95 enfants avaient été analysées) qu'à l'école maternelle (au 1ᵉʳ octobre 1977, les urines de 89 enfants avaient été analysées).

---

[1]. Ces événements extérieurs qui modifient la structure et la phase des rythmes circadiens sont appelés synchroniseurs ou désynchroniseurs. Pour l'enfant, les désynchroniseurs peuvent intervenir au niveau des relations familiales, lors du passage de la maison à la crèche, au moment des changements de modes de vie, etc.
[2]. Voir les courbes circadiennes nᵒˢ 1 et 2, annexe 8.

Les enfants leaders, dont la structure de comportement change peu de 2 à 3 ans, ont, d'une année à l'autre, des courbes circadiennes moyennes des 17-OHCS presque identiques ou peu différentes [1].
En cumulant les données de 17 leaders de 2 à 3 ans et celles de 16 dominants-agressifs du même âge, pris dans les mêmes populations pendant quatre années consécutives, on remarque que le taux des 17-OHCS est, à chaque moment de la journée, plus élevé et plus variable chez les dominants-agressifs que chez les leaders [2]. Cependant, les courbes moyennes ont la même forme : un pic, suivi d'une baisse importante à 15 heures et d'un deuxième pic à 17 heures. Tout indique que l'existence de la sieste entre 11 h 30 et 15 heures se traduit, pour l'ensemble des enfants, par une chute du taux des 17-OHCS urinaires, et cela dès 15 heures. Il en résulte que la courbe moyenne des 17-OHCS des enfants de 2 à 3 ans à la crèche ne reflète pas toujours leur profil de comportement. Mais il n'en est pas de même pour les enfants de 3 à 5 ans qui vont à l'école maternelle ; ici, la sieste n'existe plus, ou seulement pour quelques-uns.

A l'école maternelle

Les leaders et les dominés aux mécanismes de leaders. — Les courbes circadiennes moyennes des 17-OHCS d'un leader de 4 ans, aux agressions rares ou nulles [3], et d'un dominé aux mécanismes de leaders du même âge [4] sont souvent très comparables dans leur structure, comme dans leurs taux de 17-OHCS, et ce à tous les moments de la journée. Ces enfants

---

1. Voir les courbes circadiennes n° 3, annexe 8.
2. Voir les courbes circadiennes n° 4, annexe 8.
3. Voir la courbe circadienne n° 5, annexe 8.
4. Voir la courbe circadienne n° 6, annexe 8.

sont aussi stables et structurés dans leur physiologie surrénalienne qu'ils le sont dans leurs comportements de communication. Lorsqu'un enfant leader exprime davantage d'agressions, surtout dans les compétitions, qu'un leader aux agressions très rares [1], il a la même structure de courbe que ce dernier, mais avec des taux significativement plus élevés à 9 heures et à 11 heures.

Les dominants agressifs. — Chez les dominants-agressifs, les courbes circadiennes moyennes peuvent se présenter de deux manières :

1° La courbe est uni-modale (un seul pic journalier) ; les taux des 17-OHCS sont alors toujours très élevés ($>$ 5 ou 6 mg/l) à 9 heures et à 11 heures et restent élevés ($>$ 4 mg/l) à 14 et 16 heures dans presque tous les cas [2]. Chez le dominant très agressif, le pic circadien peut être déplacé vers 14 heures [3].

2° La courbe ne présente pas de pic marqué, mais reste « en plateau » pendant toute la matinée (7 à 11 heures) ou durant la plus grande partie de la journée. Lorsque le plateau dure de 9 heures à 14 ou 16 heures, la dispersion des données autour de la moyenne est toujours très élevée [4] : les comportements de communication et la physiologie surrénalienne de ces enfants restent instables et non structurés d'une année à l'autre.

Les dominants-fluctuants. — Les enfants dominants qui fluctuent dans leur comportement présentent des courbes moyennes bi-modales dont les pics circadiens

---

1. Voir la courbe circadienne n° 7, annexe 8.
2. Voir la courbe circadienne n° 8, annexe 8.
3. Voir la courbe circadienne n° 9, annexe 8.
4. Voir les courbes circadiennes n° 10, annexe 8..

apparaissent à 9 heures et à 14 heures, au moment de chaque rentrée en classe ; elles se situent à des niveaux plus ou moins élevés, selon que les enfants tendent vers un profil de dominant-agressif [1] ou vers un profil de leader [2]. La forme bi-modale de la courbe moyenne s'explique par le fait que, certains jours, le pic circadien apparaît à 9 ou 11 heures et, d'autres jours, à 14 heures, selon les fluctuations des comportements de l'enfant.

Les dominés-craintifs. — Le pic circadien des dominés-craintifs apparaît à 9 heures, comme chez les dominants-agressifs, avec, toutefois, une élévation moindre. La courbe enregistre ensuite une seconde remontée à 19-20 heures, soit trois à quatre heures après que l'enfant a retrouvé le milieu familial. Notons que la structure de la courbe des dominés-craintifs de l'école maternelle est la même qu'à la crèche et ne change pas d'une année à l'autre [3].

Les dominés-agressifs. — Les dominés-agressifs [4] se caractérisent à la fois par des isolements prolongés, des agressions soudaines et le développement de comportements de crainte et de fuite. Ils ont des courbes en plateau pendant la plus grande partie de la journée (comme certains des dominants-agressifs) puis une remontée le soir, au moment du retour dans la famille (comme les dominés-craintifs). Les taux des 17-OHCS sont toujours très élevés à tous les moments de la journée. De même, la dispersion des données par rapport aux moyennes est toujours très élevée.

Les dominés à l'écart. — Les enfants qui se tiennent à l'écart et qui n'ont pas de structure de comporte-

---

1. Voir la courbe circadienne n° 11, annexe 8.
2. Voir la courbe circadienne n° 12, annexe 8.
3. Voir les courbes circadiennes n° 1, annexe 8.
4. Voir la courbe circadienne n° 14, annexe 8.

ment définie ont des courbes uni-modales, mais avec un taux très élevé des 17-OHCS au moment du pic circadien[1]. La dispersion des données par rapport aux moyennes est, le plus souvent, très élevée.

Le profil de comportement de l'enfant en situation de communication et les réponses cortico-surrénaliennes se révèlent donc comme des systèmes se structurant et évoluant parallèlement entre 2 et 5 ans. Pourtant, apparemment aléatoires, l'un et l'autre sont facilement modifiés par de multiples événements extérieurs et par des fluctuations physiologiques (sous l'effet, par exemple, des maladies).

Il ressort des analyses effectuées depuis sept ans que les enfants qui expriment spontanément le plus d'agressions et dont les séquences de comportement sont les plus ambiguës et les moins appropriées aux situations vécues, ont les courbes circadiennes moyennes des 17-OHCS les plus irrégulières ; celles-ci, en effet, sont souvent « en plateau », à un niveau très élevé ou présentent un pic circadien avec une grande dispersion des données au moment du pic. Ces enfants sont les plus menacés, rabroués et agressés (dominants-agressifs) ou les plus bousculés et réprimés (dominés-agressifs) dans le milieu familial. Les taux élevés et très variables des dominés-agressifs le matin et le soir sont probablement à mettre en relation avec la pression que ces enfants subissent de la part de leur famille : rappelons que les parents sont facilement et fréquemment désorganisés dans leurs activités quotidiennes ou très « pressés » par des horaires professionnels contraignants.

Les enfants, très à l'écart, qui sont « étouffés » et soumis à de multiples interdictions dans le milieu familial, ont aussi des pics circadiens très élevés :

---

[1]. Voir la courbe circadienne n° 15, annexe 8.

ils subissent souvent à l'école les agressions réorientées des plus agressifs.

Pour les dominés-craintifs, tout se passe comme si l'attitude surprotectrice (ou possessive) de leur mère se traduisait par une remontée du taux des 17-OHCS après le retour dans la famille. Une attention maternelle « excessive » paraît ainsi provoquer une remontée du taux des 17-OHCS à 20 heures. Ce phénomène correspond à celui observé chez les dominés-agressifs victimes d'une répression par trop brutale, même si l'augmentation du taux des 17-OHCS est plus faible chez les dominés-craintifs.

En revanche, les enfants les plus apaisants et les plus stables dans leurs comportements (leaders, dominés aux mécanismes de leaders), ont des courbes moyennes uni-modales assez régulières, avec un pic peu élevé, le plus souvent à 11 heures, et une faible dispersion des taux par rapport au taux moyen de chaque moment de la journée. Les mères de ces enfants, rappelons-le, sont apaisantes, communicantes et offrantes.

Enfin, les enfants fluctuants, aux courbes moyennes bi-modales, qui ont des mères elles-mêmes fluctuantes d'un jour ou d'une semaine à l'autre, ont tendance à présenter un pic au début de chaque demi-journée scolaire (9 à 14 heures). Selon que la variabilité du comportement maternel est faible ou forte, ces enfants tendent vers un profil de leader ou vers un profil de dominant-agressif.

L'étude simultanée des comportements de communication et de la physiologie surrénalienne traduit donc bien la grande sensibilité de l'enfant à son entourage familial. On constate ainsi que la notion de dominance ne permet pas, à elle seule, de comprendre les différences dans les réponses corticosurrénaliennes à l'environnement social. En effet, si certains des enfants dominants (les dominants-agressifs) ont des taux élevés des 17-OHCS, d'autres (les leaders) sont, au contraire, parmi ceux qui ont les taux les plus bas. Cela dit, l'étude des relations entre enfants permet de mieux comprendre les différences individuelles dans les réponses surrénaliennes tout au long de la journée. Les enfants qui se manifestent par un comportement de communication stable et bien approprié aux situations vécues ont la physiologie corticosurrénalienne la plus stable. Il semble que ces enfants soient en équilibre par rapport à leur environnement : ce sont ceux qui s'adaptent le mieux aux changements de la vie quotidienne (absence ou remplacement de l'institutrice, changement d'école, etc.). En revanche, les enfants qui ont tendance à privilégier l'agression spontanée (dominants-agressifs), la crainte et la fuite (dominés-craintifs), l'agression en même temps que l'isolement, la crainte et la fuite (dominés-agressifs), répondent aux mêmes changements par une augmentation de la fréquence de leurs agressions (dominants-agressifs), de la durée de leurs isolements (dominés-agressifs), par une plus grande fréquence des pleurs et des comportements de crainte et de fuite, et par une sollicitation plus importante des adultes (dominés-craintifs). Leurs réponses aux changements de l'environnement entraînent souvent leur rejet par les autres, à moins qu'ils ne se rejettent d'eux-mêmes, se retrouvant ainsi seuls.

Bien que nous n'ayons pas encore beaucoup de données chiffrées, il apparaît que les enfants dont la courbe circadienne moyenne présente un taux élevé des 17-OHCS dès le matin à 7 heures, pour se maintenir ensuite à un niveau élevé pendant une grande partie de la journée (certains des dominants-agressifs et les dominés-agressifs), s'absentent trois ou quatre fois plus que tous les autres enfants réunis ; ces absences sont provoquées, pour la plupart, par des otites, des angines, des rhinopharyngites et des trachéites. Il en est de même pour les enfants dont la courbe circadienne moyenne présente une remontée le soir (dominés-craintifs et dominés-agressifs). Il semble qu'un système corticosurrénalien très fluctuant qui maintient son activité à un niveau élevé pendant une partie importante de la journée, ou qui présente une recrudescence d'activité en fin d'après-midi (cas des dominés-craintifs), rende l'enfant plus vulnérable à certaines agressions microbiennes [1].

Ces observations ne font que se confirmer à mesure que nous étudions de nouvelles populations d'enfants de 2 à 6 ans. Bien qu'elles restent à quantifier de façon systématique, il n'en demeure pas moins que les fluctuations répétées dans les courbes circadiennes des 17-OHCS, accompagnées de taux élevés des sécrétions à de nombreux moments de la journée, ont forcément des conséquences sur de nombreuses fonctions physiologiques. C'est le cas, en particulier, de la glycémie, puisque les hormones corticosurrénaliennes sont hyperglycémiantes. Dès lors, on peut se demander si les modifications de physiologie et de comportement attribués chez quelques enfants à des variations de la glycémie, ne résultent pas aussi, au moins en partie, d'une grande irrégularité des sécrétions cortico-surrénaliennes.

Rappelons que le profil de comportement de l'enfant n'est pas figé à 3, 4 ou 5 ans et que des intermédiaires existent entre les profils les plus tranchés. Cela se retrouve dans la structure des courbes circadiennes moyennes des 17-OHCS. Par exemple, les enfants qui ont la fréquence d'agressions la plus élevée parmi les leaders ont une courbe moyenne des 17-OHCS intermédiaire [2] entre celle des leaders types

---

1. Cela rappelle les résultats obtenus par S. Levine chez les rats : lorsque les animaux maintiennent une activité corticosurrénalienne à un niveau très élevé, ils deviennent sensibles aux ulcères gastriques et ont un taux de mortalité beaucoup plus fort que ceux qui redescendent à un niveau peu élevé, après avoir présenté un pic d'activité.
2. Voir en annexe 8, la courbe circadienne n° 7, par rapport aux courbes n°s 5 et 8.

aux agressions rares et celle des dominants-agressifs les moins agressifs. Par ailleurs, la courbe moyenne d'un leader peut, momentanément, devenir fluctuante, lorsque le climat familial change (mère absente ou malade, conflit conjugal, etc.). En revanche, la courbe moyenne d'un dominant-agressif peut devenir plus stable et présenter des taux des 17-OHCS moins élevés à tous les moments de la journée. Autrement dit, si la courbe moyenne d'élimination urinaire des 17-OHCS de l'enfant reflète bien sa structure habituelle de comportement, elle n'est pas l'expression d'un déterminisme biologique ; bref, elle n'est pas fixée une fois pour toutes. Il n'existe aucune différence de nature entre les leaders et les dominants-agressifs. Il en va de même pour les autres profils de comportement. C'est en fonction des relations que la famille, surtout la mère, établit avec lui, que l'enfant renforce ou module le profil de comportement et le profil surrénalien qu'il a différenciés entre 1 et 3 ans.

LA PHYSIOLOGIE SURRENALIENNE ET QUELQUES AUTRES FACTEURS SOCIAUX

Les changements des rythmes de vie

Dès 1973, nous constatons que, le lundi, les courbes circadiennes des 17-OHCS étaient plus souvent désynchronisées que le vendredi, du moins chez les enfants de la crèche [1]. Au cours de ces trois dernières années, nous avons confirmé que la rupture du rythme de vie constituée, le lundi, par le passage de la famille à la crèche ou à l'école maternelle

1. Voir les courbes circadiennes n°s 16 et 17, annexe 8.

entraîne beaucoup plus de désynchronisations dans les courbes des 17-OHCS que les autres jours [1].

La rupture du rythme de vie engendrée par le retour à la famille le samedi se traduit aussi par des désynchronisations plus fréquentes que celles enregistrées les jours précédents à la même heure : le pic circadien de la courbe moyenne d'une population d'enfants d'école maternelle peut ainsi apparaître le samedi à 14 heures, soit de deux à deux heures et demie après le retour des enfants dans leur foyer [1].

D'une manière générale, toute rupture de rythme de vie pour l'enfant en même temps que pour sa famille se traduit chez l'enfant, par une tendance à la désynchronisation des courbes d'hormones de défense [2]. Mais cette désynchronisation ne se retrouve pas le mercredi, pourtant jour de vacances. En effet, le retour à une ambiance plus calme et moins contraignante le mercredi (l'enfant est souvent le seul à changer de rythme de vie dans sa famille) se traduit par des taux beaucoup plus bas que les autres jours ; à tous les moments de la journée, ces taux ne s'accompagnent pas, alors, de désynchronisations (la courbe du mercredi a la même forme que celle du mardi [3]). Ce jour-là, l'enfant se retrouve généralement avec une seule personne adulte (mère, grand-mère, gardienne, etc.) qui n'est pas dérangée ou bousculée par les activités d'autres adultes et qui n'est pas soumise à un rythme d'activité contraignant. Le retour à l'école le jeudi se traduit, pour l'ensemble des enfants, par une remontée des taux à tous les moments de la journée [4] ; la courbe du jeudi devient alors comparable à celle du mardi, mais avec

---

1. Voir les courbes circadiennes n° 18, annexe 8.
2. Voir les courbes circadiennes n° 19, annexe 8.
3. Voir les courbes circadiennes n° 20, annexe 8.
4. Voir les courbes circadiennes n° 21, annexe 8.

peu de désynchronisations — beaucoup moins en tout cas que le lundi.

Les désynchronisations qui accompagnent un changement brusque du rythme de vie de l'enfant sont particulièrement fréquentes et accentuées chez les dominants-agressifs, les dominés-craintifs et les dominés-agressifs. Cela explique peut-être la raison pour laquelle ces enfants, après des changements de vie et des pressions familiales plus importantes qu'à l'accoutumée, se désorganisent plus souvent que les autres. Leur comportement et leur physiologie se modifient alors, l'instabilité s'accroît, les agressions sont plus fréquentes et plus appuyées (chez les dominants-agressifs et les dominés-agressifs) et l'isolement plus long (chez les dominés-craintifs et les dominés-agressifs). En outre, ces enfants présentent davantage de troubles digestifs que les autres enfants. Tout se passe comme si les ruptures de rythme de vie s'ajoutaient à la pression familiale pour rendre les dominants-agressifs, les dominés-craintifs et les dominés-agressifs encore moins aptes à répondre aux agressions de leur environnement. On ne peut donc considérer de la même façon les changements de rythme qui sont imposés aux organismes des enfants-leaders et ceux dont sont l'objet les enfants agressifs et craintifs. Les premiers, en effet, y répondent par des désynchronisations moindres que les seconds.

Sans doute pourrait-on réduire la fréquence des ruptures de rythme dans la famille en évitant, par exemple, à l'enfant des changements de milieu répétés et des déplacements trop longs et trop fréquents pendant le week-end. On pourrait aussi la réduire en plaçant les jours fériés en début ou en fin de semaine. Par ailleurs, les changements de rythme que vivent les organismes le lundi, le lendemain d'un jour férié, etc., pourraient s'accommoder d'une reprise progressive et sans heurt des activités scolaires. A l'école maternelle, l'expérience montre que lorsque les activités habituelles ont été proposées le lundi matin de façon progressive, les agressions et les isolements en sont réduits d'autant, non seulement le matin, mais jusqu'à la fin de la journée.

La physiologie cortico-surrénalienne de l'enfant est donc désorganisée par des changements de rythme de vie ; ceux qui touchent les parents renforcent ce processus. Les mères qui travaillent dans des conditions difficiles et dont la profession implique une sollicitation soutenue, contraignante et sans possibilité de refus (ouvrières, secrétaires de direction, médecins) ont une courbe circadienne moyenne des 17-OHCS fluctuante et souvent sans forme définie. En revanche, les mères qui ont la possibilité d'organiser leur journée de travail, sans avoir à répondre constamment aux pressions de leur entourage, ont des courbes des 17-OHCS plus régulières. Il existe une différence très importante entre ces deux populations de mères, tant le vendredi, lorsqu'elles travaillent, que le dimanche (soit après une à une demi-journée de repos) [1]. Les conditions de travail imposées à la mère influencent donc profondément sa physiologie cortico-surrénalienne et son comportement et, par suite, ceux de l'enfant.

Jusqu'à ce jour, nous n'avons pu retrouver les mêmes corrélations ni entre les conditions de travail et la disponibilité du père, ni entre la disponibilité du père et le profil de comportement de l'enfant. Cependant, ces corrélations existent sans doute ; mais dans notre société, l'influence directe du père sur la différenciation du profil de l'enfant reste difficile à cerner.

Durant le week-end, alors que l'homme apparaît, dans la plupart des cas, plus souvent absent et indisponible que la femme (du moins si l'on se fonde sur les entretiens que nous avons eus avec les parents), on observe que l'enfant et la mère ont parfois ten-

---

1. Voir les courbes circadiennes n° 22, annexe 8.

dance à synchroniser leurs courbes circadiennes des 17-OHCS [1]. Tout se passe donc comme si, dans certains cas, la mère et l'enfant ressentaient de la même façon les changements d'un même environnement.

Actuellement, des recherches sont en cours pour mieux cerner l'influence du père sur la mère et sur l'enfant.

L'influence de l'éducateur

Pendant deux années successives, nous avons suivi deux populations d'enfants provenant des mêmes milieux socio-professionnels et fréquentant deux classes non regroupées dans une école maternelle unique. Les deux institutrices avaient un comportement très différent ; l'une était très disponible (Mme F...), l'autre (Mme R...) plus fatigable et, par suite, moins disponible dans les périodes précédant les vacances. La première année, les courbes circadiennes moyennes de l'ensemble des enfants de la classe de Mme F... étaient similaires avant et après les vacances de Pâques [2]. En revanche, les courbes circadiennes moyennes de l'ensemble des enfants de la classe de Mme R... étaient plus élevées avant les vacances (l'institutrice était fatiguée) qu'après [3]. L'année suivante, Mme F... a changé de comportement, après s'être fait opérer de l'otospongiose dont elle souffrait : la restauration de sa sensibilité auditive l'a rendue moins tolérante et plus agressive à l'égard des enfants. Il en est résulté une augmentation très importante des taux des 17-OHCS de l'ensemble des enfants (du moins de 9 heures à 16 heures) ainsi qu'un déplacement du pic de la courbe moyenne au

---

1. Voir les courbes circadiennes n° 23, annexe 8.
2. Voir les courbes circadiennes n° 24, annexe 8.
3. Voir les courbes circadiennes n° 25, annexe 8.

début de l'après-midi [1]. Ce déplacement au sein d'une population d'enfants correspond toujours à une grande perturbation. En tout cas, les courbes des classes de Mme F... (devenue agressive) et de Mme R... (dont le comportement a gardé les mêmes caractéristiques) sont maintenant similaires jusqu'à 11 heures ; puis, à 14 heures et à 16 heures, la courbe de la classe de Mme F... se situe à un niveau plus élevé que celle de la classe de Mme R...

Lorsqu'une institutrice devient moins disponible, son attitude entraîne une augmentation des désynchronisations dans les courbes circadiennes individuelles des enfants dont elle a la charge. Ce facteur s'ajoute à la pression familiale et aux changements de rythme qui sont imposés aux organismes.

Il apparaît donc que, non seulement les changements de rythme de vie subis par l'enfant en même temps que par sa famille (le samedi et le lundi), mais aussi le comportement de l'éducateur se traduit par des modifications importantes des taux des 17-OHCS de 9 à 16 heures. On comprend alors que lorsque la « pression scolaire » augmente, les dominants-agressifs, les dominants qui fluctuent, les dominants-craintifs, les dominés-agressifs et les enfants restant à l'écart expriment encore plus nettement leurs tendances à l'agression, à la crainte ou à l'isolement.

LA RECONNAISSANCE D'ODEURS SPECIFIQUES

Conformément au protocole déjà décrit, nous avons placé les enfants de 27 à 36 mois dans une situation où ils avaient à choisir entre deux tricots de même couleur et de même forme : l'un avait été

---

1. Voir les courbes circadiennes n° 26, annexe 8.

porté par leur propre mère, le second par une autre. Sept fois sur dix, deux enfants sur trois ont choisi le tricot de leur mère [1]. La proportion peut être beaucoup plus faible et descendre à un enfant sur trois en raison des fluctuations d'attention. Se retrouvant seuls avec la puéricultrice derrière la table où sont posés les tricots, les enfants sont, en effet, facilement distraits par les bruits de leurs camarades ou de l'extérieur ; ils refusent alors de choisir.

A l'école maternelle, malgré les difficultés que posent ces expériences de choix (enfants parfois enrhumés, tricot peu porté par la mère ou véhiculant une forte odeur — tabac ou mazout), 50 % au moins des enfants de moins de 5 ans reconnaissent l'odeur maternelle [2]. Souvent, après avoir senti le tricot de sa mère, l'enfant a déclaré : « Ça, c'est maman », « Ça sent bon », « Ça sent bon maman ». Lorsque l'enfant a choisi le tricot maternel sans hésitation et plusieurs fois consécutivement, nous avons remarqué que, dans la plupart des cas, celui-ci était imprégné de la seule odeur corporelle de la mère. Généralement, les enfants de 2 à 3 ans sentent d'eux-mêmes les tricots laissés sur la table après le départ de la puéricultrice ; ensuite, il n'est pas rare qu'ils partent avec.

A la crèche, lorsque la puéricultrice fait sentir sans aucun commentaire le tricot maternel (et non un autre) à l'enfant de 20 à 36 mois qui, habituellement, se déplace ou joue seul, ses interactions avec ses camarades se font encore plus rares. En particulier, ses agressions par rapport à la période qui précède la remise du tricot diminuent. Certains enfants s'isolent ensuite, parfois pendant plus de dix minutes, adoptant des comportements caractéristiques ; par exemple, ils s'allongent sur le tricot, se recroquevillent dessus, le sentent, le sucent ou le mâchent,

---

1. Voir le tableau VIII, annexe 9.
2. Voir le tableau IX, annexe 9.

souvent à l'endroit de l'encolure (la plupart du temps très imprégnée des sécrétions des glandes sudoripares du cou). Il arrive qu'ils disent spontanément : « Maman », « Ça sent bon », en montrant le tricot maternel à la jardinière d'enfants qui réalise les expériences. Bien qu'il soit actuellement impossible d'attribuer à tel ou tel profil de comportement un pourcentage de choix plus élevé qu'aux autres, nous avons remarqué que, parmi les enfants de 28 à 36 mois, ceux qui rejetaient le plus fréquemment le tricot maternel étaient les dominants-agressifs et les dominés-agressifs.

Par ailleurs, la jardinière d'enfants a souvent fait sentir le tricot maternel à un enfant qui pleurait ou qui s'était isolé en suçant son pouce après avoir subi une agression, après avoir été repoussé ou après être tombé. Elle a laissé ensuite le tricot à l'enfant. Dans de nombreux cas (résultats non quantifiés en raison des nombreux paramètres qui peuvent jouer un rôle), l'enfant s'est apaisé et s'est isolé encore davantage en sentant et en suçant le tricot. Parfois, au moment de se séparer de lui (le matin à la crèche ou à l'école maternelle), la mère a remis à son enfant un foulard normalement ceint autour du cou ou un mouchoir porté à même le corps pendant un ou deux jours. Neuf mères, dont les enfants entraient (à 3 ans) à l'école maternelle, ont agi ainsi. Au cours de la matinée, les enfants ont gardé et sucé le foulard ou le mouchoir. Ils ont présenté une forte tendance à l'isolement à partir de 10 h 15-10 h 30.

Il semble donc que le jeune enfant reconnaisse l'odeur maternelle et que cette reconnaissance modifie, au moins dans certains cas, la qualité et la quantité de ses relations avec les autres [1].

---

1. En 1974, A. MacFarlane avait aussi prouvé que des bébés de 6 jours reconnaissent l'odeur du lait maternel. Plus récemment, B. Hold et M. Schleidt ont montré, en utilisant un protocole

Nous n'avons pas réussi à réaliser des expériences systématiques avec des tricots appartenant aux pères ; en effet, ceux-ci acceptent rarement de porter un tricot deux ou trois jours consécutifs (ou alors de manière irrégulière). En tout cas, leur tricot est davantage refusé par l'enfant qui accepte plus volontiers celui de sa mère.

Au niveau de l'espèce humaine, l'étude de la reconnaissance et des fonctions des odeurs spécifiques en est encore à ses balbutiements. Toutefois, les premiers résultats sont encourageants. L'avenir nous montrera peut-être que certains des liens affectifs que nous établissons, renforçons ou dénouons avec les enfants (en famille ou en groupe), dépendent étroitement de notre odeur corporelle, elle-même tributaire de notre physiologie. Il n'est pas utopique de penser que les relations amoureuses et les conduites agressives peuvent être modulées, au moins en partie, par des molécules à valeur de phéromones sécrétées par les glandes sébacées, sudoripares, mammaires ou sexuelles (c'est d'ailleurs ce que tendent à montrer des recherches récentes).

Il faudrait maintenant étudier comment, quand et dans quelles circonstances, des odeurs spécifiques peuvent être reconnues par des enfants coupés du monde extérieur (comme les psychotiques) et influencer leurs relations avec les autres humains. Peut-être sera-t-il alors possible d'utiliser les odeurs

voisin du nôtre, qu'un tiers des adultes reconnaissent leur odeur ou celle de leur conjoint. En définitive, ces résultats ne sont pas étonnants puisque, comme chez les autres mammifères, les cellules sensorielles de l'épithélium olfactif qui recouvrent les fosses nasales des êtres humains forment, dans le bulbe olfactif, des synapses avec les cellules mitrales dont les axones se projettent dans plusieurs structures limbiques. Or, on sait que le système limbique joue un rôle primordial dans les comportements sociaux des mammifères (comportements sexuels, comportements agressifs, etc.). Mais il semble que, dans notre société de déodorants et de « chimie corporelle », on ait « oublié » les relations anatomiques et fonctionnelles entre les fosses nasales et les structures nerveuses qui gouvernent une part essentielle de l'affectivité de l'homme.

de personnes habituellement attractives, ou qui l'ont été à certains moments du développement de l'enfant, pour sortir certains de ces psychotiques de leur isolement, puis communiquer avec eux sur des modes plus élaborés, tant gestuels que vocaux et verbaux.

Quatrième partie

Un nouveau regard sur l'enfant

11
La ritualisation

LA MISE EN EVIDENCE

L'étude du comportement montre qu'on ne peut caractériser le jeune enfant comme égocentrique, c'est-à-dire comme agissant pour des satisfactions ou des besoins personnels, sans tenir compte de la présence des autres. Ainsi que nous l'avons vu, il suffit de donner à l'enfant de moins de 3 ans l'occasion de vivre dans une population du même âge pour le voir établir, rétablir, renforcer ou rompre à tout moment de multiples échanges corporels, vocaux ou verbaux. Cette condition se trouve réalisée dans les crèches et les autres structures d'accueil de ce type, du moins quand les enfants sont laissés ou placés en activités libres et non canalisés et confinés dans des occupations solitaires par les puéricultrices ou les gardiennes. Au cours de ses déplacements et des interactions successives auxquelles il participe, le jeune enfant de 1 à 2 ans découvre les conséquences de sa motricité à travers les réactions des autres. Complétant les échanges qui sont vécus dans le milieu familial, celles-ci lui donnent une connaissance de plus en plus précise de la signification de ses actes, de ses postures et de ses vocalisations. C'est aussi au cours de ces interactions qu'il peut décoder le comportement des autres. En fait, les mimiques, les postures, les gestes et les vocalisations exprimés spontanément par le très jeune enfant se chargent progressivement de sens entre 1 et 2 ans (et même, probablement avant, au moins pour certains d'entre eux), devenant par là même des signaux.

Les balancements du haut du corps, les dodelinements de la tête, l'inclinaison latérale de la tête et du buste, les sautillements, les tournoiements sur soi-même apparaissent spontanément chez beaucoup d'enfants de 14 à 15 mois — en moyenne, un à deux mois après que le petit a acquis la marche — dans diverses situations : manipulations d'objets attractifs, sollicitations de la puéricultrice, départ (très bien accepté) des parents, etc. En fait, ces enchaînements de comportement traduisent un état d'apaisement. Or, nous avons vu que l'expression de ces éléments, surtout lorsqu'ils s'enchaînent, provoque souvent l'arrêt des pleurs, le sourire, des éléments de même forme et aussi l'offrande chez ceux que l'enfant rencontre fortuitement au cours de ses déplacements. Par suite, à mesure qu'il établit des relations de plus en plus précises entre ses expressions corporelles et les réponses des autres, l'enfant de 1 à 2 ans a de plus en plus tendance à privilégier les enchaînements précédents, dans des situations spécifiques :

- en face de l'un de ses camarades qui pleure ou qui vient d'être menacé ou agressé : l'enchaînement entraîne souvent l'apaisement de celui-ci (arrêt des pleurs, sortie de l'isolement et échanges dépourvus d'actes de saisie ou d'agression) ;
- en face ou à côté d'un enfant qui tient un objet habituellement attractif : l'enchaînement des mêmes actes entraîne souvent l'offrande de l'objet.

Il apparaît donc que, entre 15 et 20 mois, des enchaînements d'actes qui traduisaient auparavant un état d'apaisement deviennent des signaux d'apaisement et de sollicitation. Cette hypothèse se trouve confirmée par les paroles qui accompagnent les enchaînements d'actes au cours de la troisième année.

Il en est de même pour les comportements de menace : certaines séquences apparaissent très tôt puisqu'on les observe au moins à 10 mois chez le nourrisson qui, en position assise, se fait prendre un objet par un autre enfant.

Rappelons l'une de ces séquences : ouverture large et soudaine de la bouche avec émission d'une vocalisation aiguë — bras levé et projeté en direction de celui qui détient l'objet ou la situation enviés — projection du buste en avant.

Cet enchaînement, également exprimé par le nourrisson en réponse à un comportement de saisie, se charge d'une signification d'avertissement entre 1 et 2 ans ; il traduit un signal de menace de plus en plus approprié à la situation vécue. Il est employé pour protéger son propre objet ou celui d'un autre, pour répondre à l'agression ou à l'ébauche d'agression d'un enfant sur soi-même ou sur un autre, enfin, pour répondre à l'approche d'un enfant habituellement agressif ou qui vient de porter une agression.

Ce comportement de menace devient alors un élément essentiel de la communication ; il empêche souvent l'agression de se développer ou de prendre une forme extrême.

L'IMPORTANCE DES PROCESSUS DE RITUALISATION

Quand des actes et des vocalisations issus d'activités courantes (locomotion, alimentation, défense, etc.) se chargent de signification et prennent valeur de signaux, il s'agit d'un processus ontogénétique qui rappelle ce que Karl Lorenz a défini sous le terme de « ritualisation »[1]. En effet, lorsqu'il analyse les comportements d'espèces animales appartenant à la même famille, K. Lorenz conclut qu'au cours de la différenciation des espèces (la phylogenèse), des activités motrices banales se sont dégagées de leurs fonctions primitives de locomotion, d'alimentation ou de défense. Ces activités sont devenues des signaux spécifiques indispensables à la répartition dans l'espace, à l'établissement et au renforcement des liens entre congénères et, d'une manière générale, à l'organisation de la vie sociale.

Le concept de ritualisation au sens de K. Lorenz tend donc à rendre compte de l'émergence du symbolisme dans la communication animale à partir d'actes que les ancêtres exprimaient spontanément pour survivre. Ces actes se retrouveraient avec les fonctions de jadis chez les espèces actuelles dont les caractères sont les plus proches de ceux de leurs ancêtres.

Les études ontogénétiques offrent l'avantage irremplaçable de suivre, pour une espèce donnée, la manière et les circonstances dont les actes, les touchers, les odeurs et les vocalisations apparus spontanément à la naissance ont pris ensuite une valeur de signaux.

Par analogie avec le processus phylogénétique décrit par K. Lorenz, nous avons appelé « ritualisation » ce processus de différenciation. Mais, contrairement à K. Lorenz et à I. Eibl-Eibesfeldt, nous n'avons pas préjugé l'importance du patrimoine génétique dans l'expression des actes ritualisés de l'enfant. Nous ne disposons, en effet, d'aucune méthode pour cerner à coup sûr la part des facteurs génétiques et celle des expériences individuelles dans les processus de ritualisation chez l'enfant. En parti-

---

1. Voir *L'Agression* (1969) de K. Lorenz.

culier, dans l'état actuel des recherches, le fait qu'un acte de communication ait la même structure et la même fonction dans des populations humaines aux cultures différentes ne me paraît pas constituer un critère décisif pour affirmer que cet acte est codé dans le patrimoine génétique de l'espèce humaine tout entière.

On peut penser en effet que, quel que soit leur peuple d'origine, les enfants développent des comportements de même forme parce qu'ils subissent des influences comparables au cours de leur développement post-natal : les contacts corporels avec autrui (père, mère ou autres) dépendent, dans tous les cas, des mêmes récepteurs tactiles ou proprioceptifs [1] ; le nourrisson découvre toujours et partout la même configuration yeux-nez-bouche chez les personnes qui l'entourent, les caractères spécifiques des peuples n'entraînant ici aucune modification de cette reconnaissance ; les vocalisations, paroles et intonations verbales peuvent véhiculer des significations comparables (menace, apaisement, accueil, etc.) ; les mêmes événements ontogénétiques (s'asseoir, marcher, changer de mode ou de rythme alimentaire, passer de plusieurs alternances d'éveil et de sommeil au cours des 24 heures à un seul repos) se retrouvent également partout. Certains touchers, certaines mimiques, certaines postures, certains gestes et certaines vocalisations peuvent ainsi prendre des significations comparables dans des ethnies qui n'ont pu s'influencer mutuellement en raison de leur isolement ou de leur éloignement géographique ou culturel. Pour cerner plus sûrement la part qui revient au génétique dans les actes de communication de

---

1. Récepteurs proprioceptifs (ou propriocepteurs) : localisés dans les muscles, les tendons, les articulations ou encore dans l'oreille interne (canaux semi-circulaires), les propriocepteurs renseignent l'individu sur l'état de tension et l'activité de ses muscles et, par suite, sur les mouvements des différentes parties de son corps, lorsqu'il est au repos ou lorsqu'il se déplace.

l'Homme, s'il faut, certes, multiplier les études comparatives des rituels de communication dans des peuples différents [1], il est également nécessaire d'étudier dans chaque ethnie les mécanismes de différenciation (ou ritualisation) des actes de communication au cours de la petite enfance. C'est alors qu'on pourra savoir si l'émergence d'un même acte de communication est contemporaine des mêmes événements ontogénétiques, dépendante ou indépendante des influences sociales [2].

Par conséquent, sans préjuger la part du patrimoine génétique dans l'expression d'un acte ritualisé, nous définissons celui-ci comme « une action apprise ou modifiée au cours de l'expérience individuelle pour qu'elle puisse servir de signal et communiquer symboliquement le comportement imminent ou l'intention [3] ».

La communication ritualisée nous est apparue comme structurante dans tous les groupes d'enfants que nous avons observés de la crèche à l'école primaire. Elle facilite et renforce les activités en commun. Elle permet à l'enfant de mobiliser, de contrôler et de coordonner ses actes en fonction du comportement des autres et, par suite, de mieux connaître les multiples possibilités de sa motricité. Transplanté dans un environnement étranger, l'enfant sera ensuite d'autant plus rapidement et facilement accepté au sein d'un groupe qu'il aura développé davantage de réponses motrices appropriées à l'attente et aux sollicitations des autres.

Par ailleurs, il semble que la communication ritua-

---

1. Comme l'a fait I. Eibl-Eibesfeldt à propos, par exemple, du relèvement des sourcils au moment de l'accueil d'un visiteur.
2. C'est d'ailleurs dans cette optique que, au sein de notre groupe, H. Didillon et H. Gremillet ont entrepris une recherche sur l'ontogenèse des mécanismes de communication de l'enfant africain en République populaire du Congo.
3. W. Thorpe, in *Non-verbal Communication* (editor : R.A. Hinde), 1972.

lisée contribue à développer l'imaginaire puisque, à travers leurs « ballets », les enfants forgent sans cesse de nouvelles variantes à leurs poursuites et à leurs scénarios de départ. C'est souvent à partir de ces activités nouvelles, qu'à l'école maternelle, ils échangent des histoires lues, vécues ou imaginées, qu'ils s'enrichissent mutuellement de faits et d'enchaînements d'idées, qu'ils se découvrent des possibilités accrues de dialogue corporel et verbal avec leur environnement et, par suite, de nouvelles possibilités d'agir sur celui-ci. Or, qu'est-ce que l'adaptation, sinon la possibilité de répondre de façon appropriée aux changements imprévus de l'environnement ?

Si entre 10 et 15 mois — et probablement avant — beaucoup d'enfants présentent la plupart des actes, des touchers et des vocalisations qui régleront leurs contacts et leurs échanges principaux à 2 ans, ils les enchaînent de façon différente selon les influences physiologiques et sociales subies. Comme nous l'avons vu, les leaders qui vivent dans un milieu familial stable et peu agressif et dont la mère est disponible, apaisante, communicante, et peu agressive, développent entre 1 et 3 ans les enchaînements d'actes et de vocalisations les moins ambigus, les plus symboliques (ou ritualisés) et les plus appropriés aux situations vécues. Par exemple, en face d'un enfant en larmes, menacé ou agressé, ils expriment spontanément des enchaînements d'actes de lien et d'apaisement homogènes, c'est-à-dire qui entraînent séparément les mêmes réponses, et qui ne sont pas mêlés d'actes de saisie, de menaces et d'agressions. Défendant un objet ou un autre enfant, les leaders expriment une menace, un enchaînement de menaces ou parfois des coups amortis auxquels peuvent être mêlés des actes d'apaisement, mais qui comprennent rarement une agression appuyée.

En revanche, les enfants dominants-agressifs, dont la mère est très changeante, peu disponible, ambiguë et agressive, présentent le plus souvent des enchaînements d'actes hétérogènes où les éléments d'apaisement, de sollicitation, de menace et d'agression se suivent de façon imprévisible. Le même phénomène se retrouve chez les enfants dominés-craintifs, dont la mère est surprotectrice, ou chez les enfants restant à l'écart et dont l'équilibre physiologique est déficient (enfants malades, myopes, etc.). Ces enfants mêlent les actes de crainte, de retrait ou de fuite aux enchaînements de comportement qu'ils expriment en activités libres et surtout en situation de compétition. Là aussi, les actes d'apaisement, de sollicitation ou de menace, qui sont les mêmes que ceux des leaders, perdent leur fonction dans de nombreux échanges et contrarient les relations de ces enfants avec les autres.

Par conséquent, l'étude de la communication non verbale ne peut se limiter aux actes et aux vocalisations ritualisés ; elle doit nécessairement comporter une analyse de leurs enchaînements [1], puis de ces enchaînements par rapport aux paroles, en fonction des événements vécus et de l'âge. C'est la ritualisation des enchaînements moteurs, vocaux et verbaux qui règle le dialogue de l'enfant avec son environnement social. Pour ceux qui se penchent sur le développement de l'enfant, l'important n'est donc pas tellement de rechercher l'influence du génétique par rapport ou par opposition à l'influence de l'environnement ; en revanche, il est nécessaire de suivre la manière dont le nourrisson, puis l'enfant et, enfin, l'adolescent organisent leurs comportements pour répondre aux interrogations qui leur sont posées par leur environnement et leur physiologie. Pour cela, il faut disséquer le comportement en unités motrices et répertorier les diverses possibilités d'enchaînement de ces unités, à mesure que se

---

[1]. Pour plus de détails sur l'enchaînement d'activités motrices, voir les articles de R.A. Hinde et T.G. Stevenson, et de P.J.R. Slater et le livre de G. Richard.

modifient l'environnement et la physiologie des individus en cours de développement.

La dissection du comportement « relationnel » de l'enfant suscite d'ailleurs depuis quelques années de nombreuses recherches et de multiples réflexions chez les psychologues comme chez les psychiatres. La multiplication de ces recherches devrait permettre de mieux cerner à quels moments de son développement et sous quelles influences réelles, l'enfant se désorganise dans ses enchaînements de comportement et se fige dans l'isolement extrême, la crainte et la fuite ou l'agression.

12

L'enfant
entre l'école et la famille

Nous avons vu qu'en exprimant certains enchaînements d'actes et de vocalisations, l'enfant attendait une réponse de l'autre. Arrivant à la crèche ou à l'école maternelle, il adopte souvent un type de comportement qui a pour but de solliciter la puéricultrice ou l'institutrice (offrir, sourire, caresser, se dandiner, tourner sur soi-même, balancer latéralement le haut du corps, etc.). Préoccupées par des problèmes personnels, absorbées par d'autres tâches ou devant répondre aux multiples sollicitations d'un effectif trop élevé, celles-ci peuvent avoir un comportement ambigu ou non approprié à ces « entrées en contact ». Or, l'absence de réponse ou une réponse non appropriée au comportement de sollicitation d'un enfant provoque très souvent chez lui un isolement ou une agression. Ce mécanisme conduit à deux constatations :

1° L'école apparaît, non pas comme le générateur, mais, selon l'attitude de l'éducateur, comme le révélateur, le modérateur ou l'amplificateur des tendances agressives que l'enfant développe en réponse aux agressions subies dans sa famille.

2° Les parents agressifs ou répressifs ont souvent de l'enfant une optique très différente de celle du pédagogue, ce qui les conduit parfois à des conflits ou à une animosité à l'égard de celui-ci, et inversement. En effet, l'enfant fréquemment agressé ou bousculé dans le milieu familial a tendance à réorienter les agressions qu'il subit sur son petit frère ou sur sa petite sœur, à moins qu'il ne le fasse sur un animal domestique ou sur des objets. Les pleurs de l'enfant agressé, les bris ou bruits d'objets lui valent une nouvelle agression (émanant de ses parents) qu'il ne peut plus réorienter, au moins dans l'immédiat. Ne se manifestant plus par d'autres agressions, l'enfant sera considéré par sa famille comme « maté » ou « dressé », même si, de temps en temps, il continue à briser, à taper et à renverser des objets. Pourtant, dès qu'il n'est plus dans le milieu familial ou dès qu'il échappe à la vigilance de ses parents, l'enfant réoriente sur ses camarades les agressions subies. Ainsi, il n'est pas rare qu'il se mette à taper, à pousser, à mordre ou à griffer les premiers enfants qu'il rencontre à la crèche ou à l'école maternelle, sans que le pédagogue comprenne le pourquoi de ces agressions. Passant pour insupportable et agressif, l'enfant est alors souvent désigné par des qualificatifs péjoratifs comme ceux de « méchant », « dur », « caïd », etc., qui risquent de le suivre pendant des années. La confrontation entre la famille et le pédagogue aboutit parfois à un renforcement de la répression. En effet, il arrive que les parents de cet enfant disent au pédagogue : « N'hésitez pas à le punir, il ne comprend que cela. »

Par ailleurs, en entrant à 3 ans à l'école maternelle, l'enfant surprotégé (ou dominé-craintif) a tendance à s'isoler et à se réfugier auprès de l'institutrice ou de la femme de service, surtout lorsqu'il a été bousculé ou agressé. En retrouvant sa mère en fin d'après-midi, il l'accueille en geignant, en pleurant, en tirant ses vêtements ou en la tapant. La mère, qui a été constamment attentive aux besoins exprimés par l'enfant au cours de ses trois premières années, ne comprend ni n'admet ce comportement.

Tout se passe comme si ces enfants ne faisaient que réorienter sur leur mère les agressions subies à l'école (une part importante des agressions qui naissent entre les dominants sont réorientées sur ces enfants craintifs). Rentrés à la maison, et comme ils continuent de geindre et de pleurer, ils se heurtent souvent alors à un rejet ou à une agression provenant de la mère. Ce mécanisme s'amplifie avec l'arrivée du père qui, à son tour, porte des agressions à l'encontre de son enfant. La répétition de ces événements fait que, pendant les premiers mois d'école maternelle, l'enfant dominé et craintif peut être considéré comme sage et adorable à l'école maternelle, mais instable, capricieux et « épouvantable » dans le milieu familial.

Il apparaît ainsi que même si l'agression peut avoir de multiples origines, elle doit être d'abord considérée comme l'un des modes principaux de communication de l'enfant qui ne peut pas ou ne peut plus en utiliser d'autres.

Certaines des puéricultrices et des institutrices qui collaborent à nos travaux ont modifié leurs attitudes et leurs échanges vis-à-vis des enfants dont elles ont la responsabilité. Elles ont d'abord développé des attitudes d'accueil apaisantes et des offrandes à l'égard de l'enfant victime d'une agression, attristé par le départ de ses parents ou en larmes après une chute, un choc, etc.

Ces attitudes sont calquées sur les enchaînements moteurs que les enfants expriment entre eux au cours de leurs échanges non agressifs, par exemple : s'accroupir — tendre les bras en souriant — pencher la tête sur l'épaule — parler doucement — caresser ou offrir — tendre le bras en parlant doucement — prendre dans les bras — caresser ou tapoter la joue — incliner la tête sur l'épaule — sautiller — tourner sur soi-même. Les puéricultrices peuvent

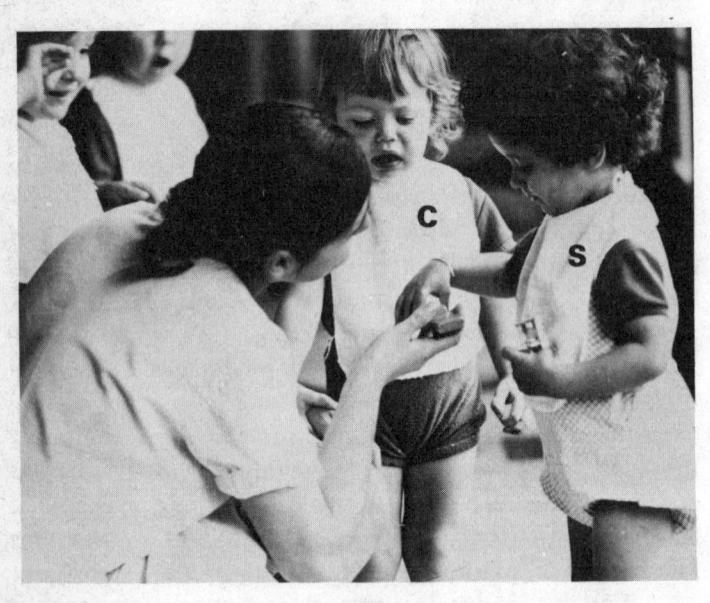

Fig. 18. LE COMPORTEMENT DE SOLLICITATION DES PUÉRICULTRICES.

1. Après s'être accroupie, la puéricultrice incline latéralement la tête devant l'enfant S qui ne voulait pas donner l'une de ses autos à l'enfant C. Elle provoque ainsi le sourire de l'enfant S.
2. Quatre à cinq secondes plus tard, l'enfant S donne l'une de ses autos à la puéricultrice.

ainsi obtenir des objets en même temps que des réponses d'apaisement de l'enfant qui donne (voir fig. 18). Par ailleurs, l'expression d'un enchaînement homogène d'actes apaisants peut aussi amener l'enfant à accepter ce qu'il refusait auparavant après qu'on l'eut sollicité, en vain, par la parole (voir fig. 19).

Apparemment anodins, de tels enchaînements moteurs débouchent souvent sur un dialogue et des échanges non agressifs entre la puéricultrice et l'enfant. L'éducatrice peut alors proposer de multiples activités que l'enfant a la plus forte probabilité d'accepter. Grâce à ces enchaînements moteurs à valeur d'apaisement, de lien et de sollicitation, la puéricultrice parvient à mobiliser la sensorialité, la motricité et l'attention des enfants aux comportements de communication pauvres, ou de ceux qui se tournent vers la fuite ou l'agression. Parallèlement, apparaît une diminution dans l'amplitude, la fréquence et la durée des isolements, des craintes, des fuites et des agressions.

En outre, lorsqu'une agression appuyée ou répétée vient d'être exprimée, la puéricultrice apaise l'enfant qui a subi l'agression au moyen des enchaînements décrits plus haut. En revanche, elle ne punit ni n'agresse celui qui a porté l'agression, se contentant tout au plus de menaces corporelles et verbales ; elle lui propose ensuite l'une des activités qui mobilisent son attention et sa motricité. N'ayant pas répondu à l'agression par l'agression, elle évite que l'enfant très agressif ne réoriente sur un autre une nouvelle agression. Enfin, elle le canalise en détournant son attention de la situation qu'il vient de vivre et en mobilisant sa motricité (elle lui montre, par exemple, une situation ou un objet attractifs).

L'enfant ainsi pris en charge accepte la présence des autres, développe des échanges non agressifs durables et complexes, participe à des activités

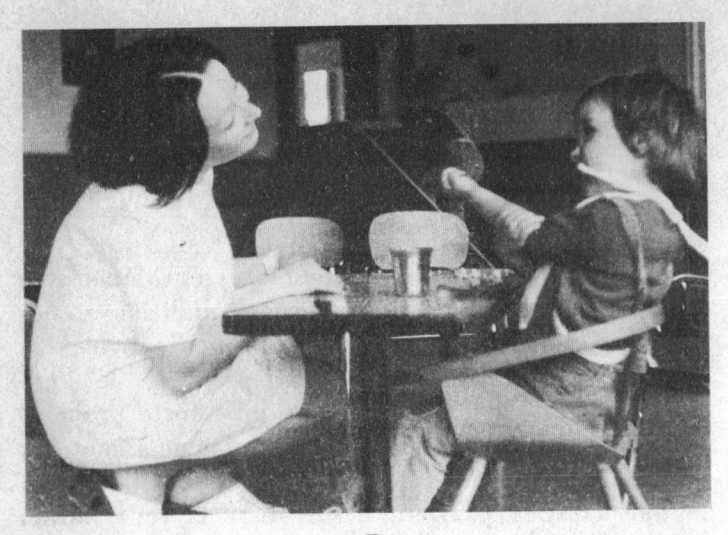

1

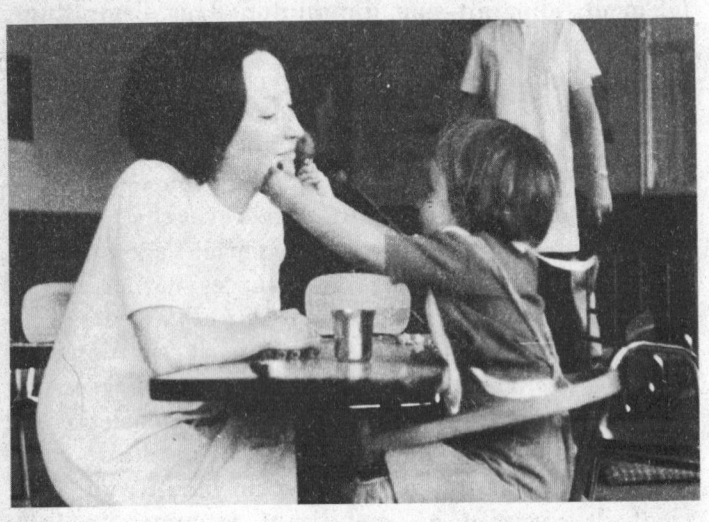

2

Fig. 19. EXEMPLE D'ENCHAINEMENT MOTEUR (1) PRÉSENTÉ PAR LA JARDINIÈRE D'ENFANTS POUR OBTENIR LE CONTACT (2), PUIS L'OFFRANDE (3).

En (4), l'éducatrice redonne à l'enfant le morceau de pain que le petit n'avait pas voulu manger et qu'il lui avait offert en (3).

3

4

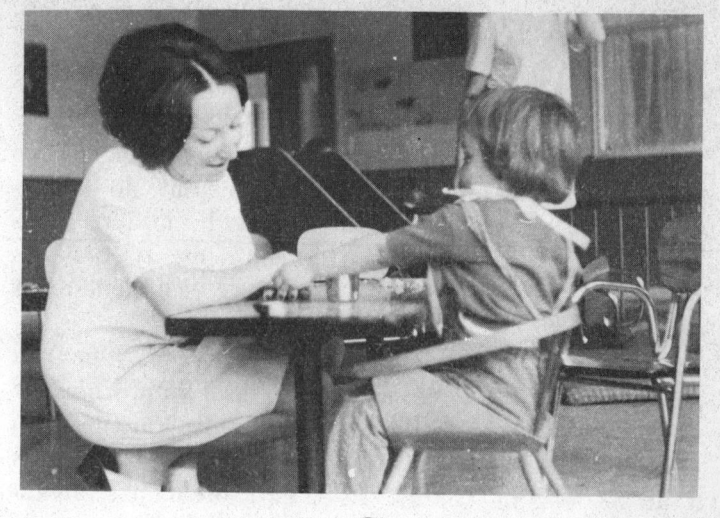

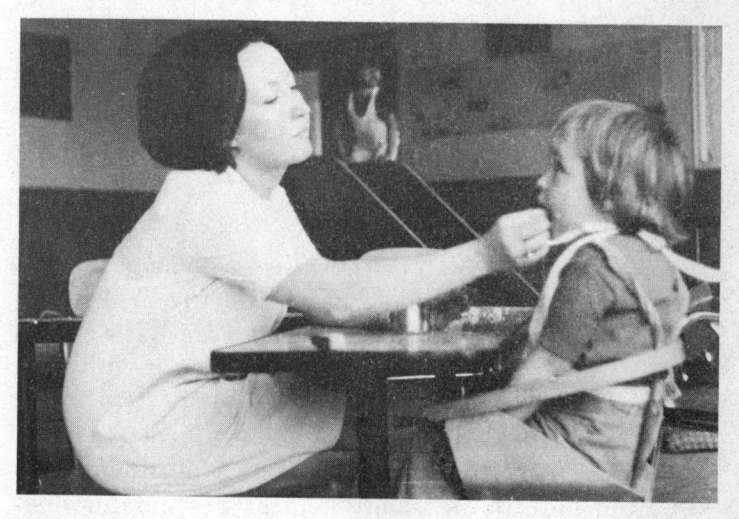

L'accroupissement, suivi d'une attitude d'écoute, comme l'inclinaison de la tête sur l'épaule, entraîne souvent chez l'enfant une recherche de contact (2) et une offrande (3).

communes nombreuses et élaborées auxquelles se joignent ceux qui, auparavant, étaient rejetés ou s'étaient rejetés d'eux-mêmes. En revanche, dès qu'une difficulté survient (chutes, conflits, compétitions pour de nouveaux objets ou de nouvelles situations, changement ou remplacement de l'institutrice, événements nouveaux dans le milieu familial), l'enfant exprime les enchaînements moteurs qui correspondent à son profil de comportement initial.

Autrement dit, si les éducateurs peuvent jouer un rôle essentiel dans la réduction de l'amplitude, de la fréquence et de la durée des isolements, des craintes, des fuites et des agressions des enfants dont ils ont la charge, ils n'entraînent pas, néanmoins, de changements conséquents dans la structure de comportement elle-même. En effet, celle-ci dépend, au moins en grande partie, des influences familiales.

PROFILS DE COMPORTEMENT ET GROUPES

La reconnaissance des profils de comportement les plus caractéristiques peut permettre à l'éducateur et au pédagogue de comprendre la vie des groupes dont ils sont responsables et, par suite, de répondre de façon appropriée au comportement de chaque enfant [1].

Quand les adultes parviennent à distinguer les différents profils de comportement des enfants dont

---

1. C'est du moins ce qui ressort de nos observations et des nombreux échanges et réunions de travail que nous avons eus depuis trois ans avec les institutrices d'école maternelle (entre 12 et 18 ans selon les programmes de recherche définis au début de chaque année scolaire).

ils ont la charge, la vie du groupe s'en trouve considérablement facilitée.

Le rôle utile de l'enfant leader

Le leader, nous l'avons dit, contribue à sortir, au moins temporairement, certains des dominés de leurs comportements de crainte, de fuite ou d'isolement. Quand une institutrice demande à un leader d'aller s'asseoir auprès d'un enfant craintif ou isolé, de lui proposer un objet, de jouer avec lui, de l'entraîner dans une course ou une ronde, etc., l'enfant craintif ou isolé accepte souvent de suivre le leader, alors qu'il répond moins fréquemment aux sollicitations de l'institutrice elle-même.

De la même manière, l'enfant dominé aux mécanismes de leader peut aussi être sollicité par l'institutrice pour sortir les enfants craintifs ou isolés de leur retrait ou de leur isolement.

Nous avons vu que les leaders et les dominés aux mécanismes de leaders sont les enfants qui expriment habituellement les offrandes, les apaisements et les sollicitations les plus variés et les mieux appropriés aux situations vécues ; en même temps, ils détournent et canalisent les menaces et les agressions des plus agressifs. Par suite, lorsque les institutrices forment des sous-groupes composés pour chacun d'eux d'un ou deux leaders et de plusieurs dominants-agressifs, on y observe moins d'agressions et des activités communes plus nombreuses, plus élaborées et plus durables que dans des sous-groupes comprenant, pour le même nombre d'enfants, autant de dominants-agressifs mais pas de leader. Placé à côté d'un dominant-agressif, un leader qui, auparavant, n'a pas subi d'agression, présente des enchaînements de comportement qui empêchent le dominant-agressif de développer des agressions appuyées ou répétées. Par exemple, lorsque le dominant-agressif le menace, le frappe légèrement ou manifeste l'intention de se saisir de ses objets, le leader répond souvent en balançant le haut du corps, en pointant le doigt dans une direction quelconque (détournant ainsi l'attention du premier), en montrant le jouet avec lequel il joue, et cela en souriant et en parlant. Le comportement du dominant-agressif consiste alors généralement en une imitation du leader : il court derrière ou à côté de lui, exécute les mêmes « clowneries », tente de réaliser la même construction ou participe effectivement à celle du leader. Il se met donc à l'écoute du comportement et des paroles du leader et s'engage avec celui-ci dans une série d'interactions non agressives qui débouchent souvent sur la coopération et la création d'activités nouvelles. Notons, d'autre part, que l'enfant dominé aux mécanismes de leader peut canaliser de la même façon la motricité du dominant-agressif dans les mêmes types d'échanges, mais moins fréquemment et de façon moins durable que le leader.

Il arrive, cependant, qu'un groupe soit dépourvu de leader. Dans ce cas, les activités collectives, dont l'institutrice a pris l'initiative, se désorganisent rapidement en même temps que des agressions se développent, aboutissant au rejet de plusieurs enfants. Lorsque le groupe est désorganisé, l'éducateur ne parvient que difficilement à réunir les enfants de façon durable autour d'une activité collective : les agressions, les pleurs et les isolements prédominent. Nous avons constaté que les institutrices qui avaient la responsabilité d'une classe sans leader étaient plus souvent fatiguées et malades que lorsqu'elles avaient une classe comprenant deux leaders ou davantage.

Comment canaliser le dominant-agressif?

Nous avons vu que l'enfant avait d'autant plus tendance à exprimer à l'école des agressions appuyées et répétées qu'il était lui-même agressé dans le milieu familial. Cependant, comme nous l'avons souligné, les institutrices peuvent, par leur attitude, renforcer ou atténuer ces tendances agressives.

En plus de la constitution de groupes ou de sous-groupes autour d'un ou de plusieurs leaders, il est possible de diminuer ponctuellement la probabilité de voir la menace ou le début de l'agression d'un dominant-agressif se développer en agression appuyée ou répétée ; il faut, alors, lui confier la responsabilité d'un jeu (à condition, toutefois, que l'institutrice soit présente), ou lui offrir la possibilité de disposer sur les tables les objets qui seront utilisés pour la « leçon suivante ». On peut également lui proposer de montrer un exercice physique ou « scolaire » à ses camarades, selon ses aptitudes. Pendant qu'il exerce ce leadership imposé, le dominant-agressif vit sans rupture son comportement par rapport aux autres. C'est autant de temps qu'il ne passe pas à désorganiser les activités de ses camarades, à rejeter ou à se faire rejeter lui-même. Valorisé et canalisé, il se met, au moins temporairement, à l'écoute des autres.

En restant attentive à l'évolution du dialogue corporel des dominants-agressifs avec les autres enfants, l'institutrice peut espérer atténuer la violence et la fréquence des tendances agressives qui se sont développées dans le milieu familial. En revanche, si elle réprime et ne prend pas en charge les conduites agressives, elle contribue à leur renforcement au fil des mois. Dans ce cas, l'école ne fait que souligner et qu'amplifier les difficultés de communication et d'adaptation des dominants-agressifs.

Depuis sept ans, mais plus précisément depuis 1974, le pourcentage d'enfants dominants-agressifs et, surtout, d'enfants fluctuants s'est accru dans les classes d'école maternelle où se sont déroulées nos études. Il semble que la fréquence des conduites

agressives des parents à l'égard de leurs enfants
(difficile à quantifier précisément à l'école maternelle) ait également augmenté. Si cette évolution se
confirme, l'agression risque de prendre le pas sur les
autres modes de communication ; les activités
communes seront alors de plus en plus difficiles
à organiser. En corollaire, les dominés-craintifs et les
dominés restant à l'écart risquent de se trouver
isolés encore davantage qu'aujourd'hui. Plus les
classes sont pleines (lorsqu'il y a peu d'absents,
l'effectif d'une classe fluctue autour de 35), plus
l'augmentation de la fréquence des agressions apparaît clairement. En revanche, lorsque les enfants ne
sont que 20 ou 25 par classe (par exemple, le
samedi matin), la fréquence des agressions est deux
à trois fois moins élevée que les autres matinées.

De l'importance de bien accueillir l'enfant fluctuant

Très sensible aux variations de son environnement social, l'enfant qui fluctue au cours d'une
même semaine d'un profil de leader à un profil de
dominant-agressif est particulièrement sensible à
l'attitude que nourrit l'institutrice à son égard.
Comme nous l'avons vu, les mères manifestent vis-à-vis de ces enfants des alternances de grande disponibilité et d'agressivité.

Face à un dominant au comportement fluctuant,
l'institutrice peut facilement compenser, par son
comportement, l'indisponibilité ou l'agressivité passagères de la mère, à condition que l'enfant n'ait
pas subi d'agression le matin avant de quitter la
maison (sinon, il a tendance à réorienter cette agression sur un autre en arrivant à l'école). Pour que
l'enfant fluctuant ne développe pas de tendance
agressive ou de tendance à l'isolement, il est essentiel que l'institutrice l'accueille et réponde à ses
premières sollicitations. En effet, nous avons observé

que les enfants fluctuants s'intègrent rapidement aux activités qui leur sont proposées, à condition d'avoir été accueillis individuellement sans menace ni agression. Sinon, ils ont souvent tendance à s'isoler, à rester à l'écart ou à développer des agressions sur leurs camarades. Le comportement des enfants fluctuants apparaît ainsi comme étant beaucoup plus tributaire des attitudes de l'institutrice que celui des leaders et des dominants-agressifs qui, eux, ont tendance à garder la même structure de comportement durant toute la journée.

Selon l'évolution des relations entre la famille et l'enfant fluctuant, celui-ci se rapproche plus ou moins du profil de leader ou de celui de dominant-agressif entre 3 et 5 ans. Cette progression s'effectue en général en dents de scie, mais son analyse renforce la conclusion à laquelle nous sommes parvenus au terme de nos recherches : le profil de comportement du jeune enfant n'est ni prédéterminé ni irréversible.

Comment empêcher l'isolement du dominé-craintif ?

Les dominés-craintifs peuvent être acceptés, recherchés et suivis à l'école maternelle par un ou un petit nombre d'enfants, du moins lorsque les dominants-agressifs ou les dominés-fluctuants sont absents ou ne les ont pas repoussés. Cherchant à réintégrer le groupe après leur « expulsion », les dominés-craintifs abordent souvent ceux qui les ont rejetés par un comportement d'offrande (bonbons, gâteaux, objets, etc.). Certains peuvent ainsi donner les jouets auxquels ils sont le plus attachés. Ces offrandes entraînent leur intégration au sein d'un groupe dont, peu après, ils seront à nouveau rejetés. Les dominés-craintifs sont facilement repérables lorsqu'ils viennent de changer de structure (école, lieu de vacances, etc.) ou de vivre un événement important dans leur entourage quotidien (changement d'institutrice, par exemple). Ils ont alors tendance à développer des activités solitaires et des comportements de crainte, de retrait et de fuite, ou à ne pas répondre aux sollicitations des autres : non acceptés ou rejetés, ils contournent les groupes et les suivent à distance. Les dominés-craintifs mettent des semaines, parfois plusieurs mois, à se faire accepter et à s'incorporer dans les activités des autres (ainsi en est-il à 3 ans, après l'entrée à l'école maternelle). Il est cependant possible de faciliter l'intégration d'un dominé-craintif nouvellement arrivé ou victime d'un rejet en le conduisant auprès des leaders ou, plus facilement encore, auprès des dominés aux mécanismes de leaders. On peut alors demander à ces enfants d'accepter le dominé-craintif parmi eux et de le faire participer à leurs activités.

Il est important de veiller à ce que les situations de rejet ne se prolongent pas et ne se répètent pas, car l'enfant dominé-craintif a ensuite tendance à refuser les structures et les activités collectives, se confinant au milieu familial et à des occupations solitaires. A l'école, son attention devient alors très fluctuante et son travail scolaire peut se dégrader rapidement. En vacances, l'enfant dominé-craintif a tendance à rester les premiers jours à l'écart et à privilégier les activités solitaires. On le voit souvent s'approcher des groupes ou des aires de jeux ou de sport sans demander à participer ou, s'il le fait, sans parvenir à se faire accepter, au moins durablement.

De l'utilité de valoriser le dominé-agressif

Seule la présence vigilante de l'institutrice peut empêcher les enfants dominés-agressifs de développer des agressions appuyées et répétées. Pour éviter la désorganisation d'un groupe par ces enfants, il est donc indispensable de suivre constamment l'activité collective où ils sont engagés, tout en évitant de placer à côté d'eux des dominés-craintifs ou des isolés. En effet, ces derniers sont souvent victimes des agressions du dominé-agressif, sitôt que celui-ci se trouve en difficulté. D'autre part, il est possible de canaliser les enfants dominés-agressifs en valorisant leurs possibilités physiques, techniques et intellectuelles dans des activités solitaires (courses, lancement du poids, etc.) ou dans des activités qui entraînent peu de contacts corporels avec les autres (par exemple, gardien de but au football ou au handball). Valorisés et non agressés par l'institutrice, les dominés-agressifs acceptent ensuite plus souvent la présence d'un autre et sont eux-mêmes plus facilement acceptés, au moins temporairement et dans certaines situations.

Sortir le dominé à l'écart de son isolement

Certains des enfants dominés qui restent à l'écart développent entre 3 et 6 ans les mêmes mécanismes de communication que ceux des leaders. Ils ont tendance alors à ressembler aux dominés aux mécanismes de leaders, conservant toutefois une disposition prononcée pour l'isolement dès qu'une difficulté se présente (absence de la mère ou de l'institutrice, conflit avec un autre enfant, etc.). A l'école maternelle, ces dominés sont considérés comme secrets ou très timides, car il leur faut plusieurs semaines sinon plusieurs mois pour accepter un nouvel environnement et pour se faire adopter par les autres lorsqu'ils changent d'école ou de milieu de vie. L'institutrice peut jouer un rôle essentiel dans l'ouverture de ces enfants vers l'extérieur en demandant aux leaders et aux dominés aux mécanismes de leaders d'aller les solliciter et de leur proposer une activité. Les dominés à l'écart acceptent alors de sortir de leurs activités solitaires ou de leur isolement. Le film et l'observation en continu montrent qu'ils se mettent ensuite de plus en plus souvent à l'écoute des autres et qu'ils répondent à leurs comportements et à leurs sollicitations verbales. A l'extérieur de l'école, ils peuvent alors prendre des initiatives et être à l'origine de quelques jeux ; cette tendance est particulièrement nette vers 5 et 6 ans.

PROMOUVOIR UNE NOUVELLE FAÇON D'ETRE DES ADULTES RESPONSABLES

Ces considérations ne constituent pas un corpus de conseils, mais plutôt une invitation à porter un nouveau regard sur l'enfant. En effet, sous la pression de la société occidentale moderne, en raison également de la prédominance des théories de la connaissance (évidemment indispensables), les éducateurs ont été souvent conduits à privilégier l'acquisition des connaissances et les mécanismes de raisonnement. Cette démarche est importante pour le devenir intellectuel et social de l'enfant. Mais le développement hors du commun des capacités de volonté, de raisonnement, d'abstraction et d'imagination [1] ne permettra pas forcément à l'enfant de faire face aux sollicitations et aux agressions de son environnement ni d'agir sur cet environnement de façon appropriée. Or, nous l'avons vu, les puéricultrices et les institutrices d'école maternelle peuvent contribuer au développement du dialogue tant corporel que verbal des jeunes enfants avec leur environnement. Par là même, elles accroissent leurs

---

1. Voir *Les Surdoués*, par Rémy Chauvin, Stock (1975).

capacités d'adaptation, même lorsqu'ils ont tendance à privilégier l'agression, la crainte, la fuite ou l'isolement. Pour cela, les institutrices doivent être à l'écoute des enfants ; en outre, il est important qu'elles modulent leur comportement en fonction de chaque profil de comportement. Trois types de mesures me paraissent indispensables pour promouvoir une nouvelle « façon d'être » des adultes responsables d'un groupe d'enfants :

1. *La réduction des effectifs de chaque classe, surtout à l'école maternelle.* Avec 25 enfants par classe environ, l'institutrice pourrait être plus attentive aux désordres de comportement et aux difficultés d'adaptation de chacun. Une telle mesure est essentielle, en particulier dans les secteurs urbains où la proportion d'enfants difficiles (très agressifs, très fluctuants, très craintifs ou très isolés) est élevée.

2. *La revalorisation des fonctions de l'éducateur.* On oublie trop souvent les nombreuses qualités morales et intellectuelles dont font preuve les éducateurs ; la grande majorité d'entre eux investissent sans compter leur sensibilité et leur temps dans leur activité professionnelle. Penser à l'épanouissement de l'enfant sous toutes ses formes sous-entend que l'on se penche davantage sur les conditions de vie et de travail des éducateurs.

3. *La formation des éducateurs.* Celle-ci ne fait pas une place assez importante à la connaissance du développement biologique et psychologique de l'enfant, aux techniques d'entretien qui permettraient aux responsables d'établir le dialogue avec les parents et, enfin, à l'observation. Ce dernier point me semble particulièrement important. On a souvent tendance à considérer que l'observation est un exercice

banal (et évident) que les éducateurs peuvent développer « sur le tas » et sans difficultés. Mais sait-on vraiment l'effort de concentration, la mobilité du regard et de l'esprit, l'aptitude et l'habitude des corrélations que requiert l'observation d'organismes laissés en activités libres ? Ces disponibilités se forgent progressivement par des personnes qui ont elles-mêmes pratiqué ce type d' « exercice » pendant des années. Dans cette optique, une formation qui comporterait l'observation d'animaux peut donner aux futurs éducateurs le goût et la faculté d'observer et, par suite, de mieux comprendre les enfants dont ils seront responsables. On transposerait au domaine de l'éducation ce que le grand physiologiste Claude Bernard souhaitait pour la biologie, c'est-à-dire, une place importante à l'observation [1].

Aujourd'hui, je reste persuadé que de telles mesures permettraient d'obtenir une meilleure écoute de l'enfant. Et il est tout à fait vraisemblable que la communication, ainsi améliorée, entraînerait une diminution des aspects les plus excessifs de la marginalisation : délinquance, isolement permanent, etc.

---

1. Claude Bernard, *Introduction à la médecine expérimentale* (1865, 1966).

13
La communication non verbale chez l'adulte

LES PROFILS DE COMPORTEMENT

Les relations entre adultes semblent être, elles aussi, fortement tributaires de la communication non verbale ritualisée. Depuis quinze ans, les recherches se sont d'ailleurs multipliées sur ce thème [1]. Bien que notre groupe n'ait pas fait d'études systématiques et quantifiées de la communication non verbale chez l'homme adulte, nous avons souvent observé que celui-ci présentait dans de multiples situations les mêmes enchaînements moteurs et vocaux que l'enfant. Par exemple, le comportement exprimé par un adulte à l'égard d'un enfant à l'occasion d'un apaisement ou d'une première prise de contact, au moment de l'accueil ou lors d'une sollicitation émise par l'enfant est parfois constitué

---

1. Citons les études de : M. Argyle (1969, 1972, 1975) ; J. Benthall (1975) ; R.L. Birdwhistell (1952, 1963, 1967, 1970, 1974) ; M. von Cranach (1971) ; M. von Cranach et I. Vine (1970, 1973) ; J.R. Davitz (1969) ; A.T. Dittman (1972) ; P. Ekman (1972, 1973) ; P. Ekman et collaborateurs, (1968, 1972, 1975) ; E. Goffman (1963, 1967, 1971, 1974) ; R.P. Harrison (1974) ; H. Jones (1968) ; M. Jousse (1974) ; M.L. Knapp (1972) ; J. Kristeva (1969) ; A. Mehrabian (1969, 1971, 1972) ; A.E. Scheflen et A. Scheflen (1972) ; A. Schutzenberger (1976) ; J. Spiegel et P. Machotka (1974) ; I. Vine (1971) ; O.M. Watson (1972).

d'enchaînements de ce type : s'accroupir — sourire — offrir — incliner la tête latéralement ; s'accroupir — toucher légèrement le bras — parler tout en montrant quelque chose ou quelqu'un — incliner latéralement la tête, etc. De tels enchaînements sont plus souvent exprimés par les femmes que par les hommes, comme si ces derniers, dans leur majorité en tout cas, gommaient de leurs attitudes les actes de lien et d'apaisement. Il semble que les hommes aient beaucoup plus de difficultés que les femmes à se faire accepter par des enfants étrangers, puis à établir et à renforcer des échanges avec eux.

On retrouve aussi entre adultes des enchaînements d'actes de lien et d'apaisement similaires à ceux des enfants, du moins lorsque ces adultes n'ont pas développé auparavant entre eux des conduites agressives et lorsqu'ils sont conduits à un échange qui doit déboucher sur des relations privilégiées (conduites amoureuses, accords commerciaux, relations amicales, premières rencontres, etc.). Ainsi, il n'est pas rare d'observer chez deux adultes qui se font face (au restaurant, par exemple), des enchaînements de sourires, d'inclinaisons latérales de la tête et du buste, de dodelinements de la tête, de légers touchers du bras de l'autre, etc.[1] Ces actes sont particulièrement accentués et répétés lorsque la relation est de longue durée et ne comporte pas de menaces corporelles ou verbales. La fréquence et la durée du rire et des touchers augmentent avec la durée de la relation.

Il semble donc que les enchaînements homogènes d'actes de lien et d'apaisement que nous avons

---

1. E. Noirot, de l'université de Bruxelles, a ainsi observé que, parmi les étudiants bruxellois, la fréquence d'inclinaisons latérales de la tête était beaucoup plus élevée entre un garçon et une fille se tenant face à face qu'entre deux garçons ou deux filles se trouvant dans la même situation (communication personnelle).

observés entre jeunes enfants traduisent et entraînent aussi chez l'homme adulte des conduites d'apaisement et de sollicitation.

D'autre part, lorsqu'un adulte menace un enfant, il exprime souvent les mêmes enchaînements d'actes que l'enfant menaçant. Par exemple, lorsqu'un enfant a exprimé une agression sur un autre ou lorsqu'il a cassé ou déplacé un objet (ou lorsqu'il a simplement manifesté l'intention de le faire), l'adulte projette brusquement le buste en avant, ouvre la bouche en émettant une vocalisation [1] de forte intensité, lève l'avant-bras ou le bras, projette l'avant-bras (avec un doigt pointé ou non) en direction de l'enfant. Les mêmes enchaînements moteurs se retrouvent chez l'adulte sollicité une seconde fois par un enfant, après une première sollicitation repoussée. L'adulte réagit souvent de la sorte lorsque, plongé dans un livre, il est dérangé au cours de sa lecture.

Deux adversaires politiques s'affrontant au cours d'un débat avancent fréquemment le buste ; parallèlement, leurs intonations deviennent plus fortes qu'auparavant. Ces comportements sont souvent suivis d'un redressement partiel et d'une projection de l'avant-bras (avec un doigt pointé ou non) vers l'autre. De tels enchaînements s'amplifient et deviennent de plus en plus fréquents chez l'individu mis en difficulté. Comme chez les enfants dominants-agressifs, certains adultes expriment ce comportement plus souvent et d'une façon plus accentuée que d'autres, en même temps ou juste avant de passer à l'agression verbale ; ils répondent alors à une agression de même type venant de l'adversaire. Perçus comme très agressifs, ces adultes, quel que soit le contenu de leur discours, provoquent des réac-

---

[1]. Cette vocalisation se traduit « en paroles » par l'exclamation : « Ah ! » ou « Ah non ! »

tions de recul, de rejet et de crainte, parfois définitives chez de nombreux téléspectateurs. Il faut quand même souligner que la télévision accentue l'amplitude et la brusquerie de chaque élément du comportement de menace et que ce phénomène influence probablement les téléspectateurs.

En revanche, tout comme les enfants leaders, d'autres adultes répondent à la menace corporelle ou verbale par des enchaînements d'actes d'apaisement (le sourire et l'inclinaison latérale de la tête) ou par des enchaînements d'actes de canalisation de la menace (détournement plus ou moins accentué de la tête ou du buste et avancées de la main ouverte en supination). A en croire le comportement et les propos des téléspectateurs, les adultes exprimant ce type de comportement sont, à l'issue d'un débat, beaucoup mieux acceptés et moins souvent rejetés que les premiers. Il serait intéressant de savoir dans quelle mesure ces réponses d'acceptation ou de rejet sont durables (et pour quels spectateurs ?), et comment elles sont renforcées ou compensées par les propos des deux interlocuteurs.

En tout état de cause, en situation de communication, nous exprimons à tout moment des enchaînements de mimiques, de postures, de gestes, de touchers et de vocalisations qui renseignent l'interlocuteur et le spectateur, non seulement sur nos sentiments du moment, mais aussi sur notre profil de comportement. Si l'adulte peut mentir par la parole et exprimer les attitudes les plus diverses dans des échanges brefs ou occasionnels, il se montre peu variable dans ses enchaînements de comportement lorsqu'un conflit se développe ou lorsque l'échange se répète et se prolonge.

La structure du comportement de l'homme adulte en situation de communication apparaît donc comme peu variable ; elle est sans doute fortement dépendante des constructions de l'enfance. En tout cas, les mêmes profils de comportement observés chez l'enfant se retrouvent chez eux. Cette différenciation permet de comprendre pourquoi des groupes fonctionnent et évoluent de façon opposée dans des situations pourtant comparables.

L'adulte leader

Les adultes dont les mécanismes de communication sont identiques ou comparables à ceux des enfants leaders paraissent jouer aussi un rôle essentiel de coordination, d'apaisement et de canalisation dans les groupes, surtout dans les situations de conflit et de compétition. Par exemple, bien qu'aucune étude systématique ne puisse corroborer nos affirmations, nous avons constaté que dans les sports collectifs (football, basket-ball, rugby), les équipes les mieux coordonnées, les plus stables et les moins rejetées comportent aux charnières et dans l'axe du jeu des individus apaisants (sécurisants) dont les comportements de sollicitation (appel de la balle, par exemple) sont très clairs et dont les agressions sont rares. En revanche, la présence aux charnières et dans l'axe du jeu d'individus très agressifs s'accompagne de désorganisations beaucoup plus importantes dans les échanges, en même temps que d'agressions plus appuyées et plus fréquentes, même si les joueurs agressifs sont techniquement parmi les meilleurs.

D'une manière générale, le leader, au moins lorsqu'il est choisi spontanément par les autres membres du groupe, apaise, canalise l'agressivité des autres et gomme de son comportement l'agression verbale et physique.

Cependant, le processus est différent lorsqu'un individu, choisi ou imposé comme leader (grâce à sa position sociale, à ses capacités physiques, intellectuelles ou autres), n'est pas apaisant, ne parvient pas à canaliser les agressions au sein du groupe et développe lui-même menaces et agressions. Un tel « leader » est ensuite de moins en moins attractif et suivi, et le groupe se désorganise ou éclate. Ce phénomène est particulièrement net quand un individu s'efforce d'apparaître comme étant un leader, alors que son comportement est, en réalité, celui d'un agressif.

L'adulte dominant-agressif

De la même manière, les adolescents et les adultes dont le profil de comportement ressemble à celui des enfants dominants-agressifs apparaissent rapidement au sein d'un groupe. Lorsqu'ils commencent à exprimer des menaces accentuées (brusques avancées du buste, fortes intonations verbales, projections de l'avant-bras avec ou non un doigt tendu), il est possible de prévoir une agression verbale ou physique. La présence d'individus au profil de leader plus calmes peut alors être bénéfique au groupe. Dans une telle situation, il arrive souvent que ces individus canalisent spontanément l'agression naissante des dominants-agressifs en les apaisant par le comportement et la parole, en détournant leur attention, en changeant de conversation tout en sollicitant leur avis et en réorientant leurs agressions verbales sur eux-mêmes. Les leaders, mais aussi les dominés aux mécanismes de leaders, peuvent ainsi éviter le rejet des dominants-agressifs. En revanche, si on laisse les dominants-agressifs accentuer et répéter leurs menaces et leurs agressions (cas de certaines pratiques considérées comme des thérapies de groupe), ils se font agresser et rejeter par un nombre croissant d'individus, en même temps qu'ils renforcent les comportements de crainte, de fuite et d'isolement des plus dominés.

Le rejet (de soi-même ou par les autres) ne permet pas d'accepter son agressivité, et encore moins celle d'autrui. C'est pourquoi, lorsqu'ils vieillissent, beaucoup d'individus très agressifs ont de plus en plus tendance à fuir la vie de groupe et à se réfugier dans des activités solitaires.

Les autres...

Comme nous l'avons vu à propos du comportement des parents à l'égard de leurs enfants, certains adultes sont également très fluctuants d'un jour ou d'une semaine à l'autre (voir les enfants dominants et fluctuants). D'autres ont tendance à conserver des comportements de crainte ou de fuite en face de situations nouvelles et difficiles (voir les enfants dominés-craintifs), même s'ils font un gros effort de volonté pour ne pas répondre d'emblée par la crainte ou par la fuite. D'autres encore ont tendance à alterner des périodes de mutisme et d'isolement prolongé et des agressions très violentes (voir les enfants dominés-agressifs). Certains, enfin, restent très réservés et parfois fermés (voir les enfants dominés restant à l'écart).

On peut donc se demander si, en dépit des masques qu'il peut prendre à tout moment, l'adulte ne reste pas tributaire d'une façon d'être, d'un style de communication, d'enchaînements de comportements qui se sont différenciés tout au long de l'enfance. Finalement, ne reste-t-il pas prisonnier d'un style de communication, et ce malgré sa volonté, son imagination et son intelligence ?

VERS UNE SOCIETE DE COMMUNICATION [1]

L'homme transmet des informations par tout son corps, et pas seulement par ses cordes vocales : comprendre cette vérité fondamentale permettrait de déboucher sur une société de communication qui ne réduise pas au discours. Mais cette prise de conscience passe par un changement d'attitude à l'égard des autres et par une meilleure connaissance du fonctionnement et de la maîtrise du corps en mouvement. Il est certain que le développement de l'éducation physique chez les enfants comme chez les adultes est une nécessité de notre temps : reconnaître son corps, ses possibilités d'action sur l'environnement et ses limites, c'est mieux se percevoir et mieux s'accepter ; c'est aussi mieux percevoir et mieux accepter son entourage.

Par ailleurs, le fait de comprendre que les autres ont un profil de comportement différent du sien devrait, semble-t-il, conduire à admettre plus facilement les tendances à l'agression, à la crainte, à la fuite et à l'isolement ; la condamnation, le rejet, l'écrasement ou l'ignorance en seraient, alors, d'autant diminués. Développer des attitudes d'écoute, susciter les occasions d'échanges, créer des structures de rencontres (que sont devenues les veillées ?), assumer l'agressivité des organismes en cours de développement chez les enfants et les adolescents atténuerait probablement l'expression de la violence, la montée de l'angoisse et de la solitude.

Le comportement maternel jouant un rôle essen-

---

1. Pour comprendre d'autres aspects du développement d'une société de communication, voir *La Nouvelle Grille* et *L'Homme et la ville*, de H. Laborit.

tiel dans la construction des réponses de l'enfant à son environnement social, il est important de comprendre pourquoi la mère est communicative, agressive, surprotectrice, etc., à l'égard de son jeune enfant. Ainsi que nous l'avons dit, les agressions subies sur les lieux de travail tendent souvent à être réorientées par la mère sur l'enfant ou par le père sur la mère, puis par celle-ci sur l'enfant. Lorsque les agressions se répètent, il n'est donc pas étonnant que l'enfant ait tendance à exprimer lui-même beaucoup d'agressions à l'encontre de ses camarades.

Il ne fait aucun doute que, pour vraiment favoriser les capacités de réponse et l'adaptation du jeune enfant aux divers environnements qu'il devra fréquenter, il faut d'abord se pencher sur les conditions de vie des parents. Pourquoi, par exemple, ne pas diminuer le nombre d'heures de travail d'une mère (et, bien sûr, d'un père, chaque fois que cela est possible ou souhaitable) dans la journée, sans perte ni de salaire ni de responsabilité ? Pourquoi ne pas se pencher plus sérieusement sur l'influence que les conditions de vie matérielles des parents ont au niveau de leur disponibilité à l'égard de l'enfant ? Croit-on vraiment que, après une longue et difficile journée de travail, les parents puissent être disponibles à l'égard de leur enfant ? Pourquoi ne pourrait-on offrir aux mères en difficulté les services d'une éducatrice qui, après avoir reçu une double formation de psychologue et de biologiste, pourrait les aider à résoudre leurs problèmes ? Est-il si utopique, en effet, d'imaginer l'existence d'un système d'éducatrices « volantes » qui se déplaceraient à la demande et qui, sans contrepartie, écouteraient, dialogueraient, aideraient à résoudre ? Pourquoi ne pas mettre sur pied, au collège et au lycée, un enseignement traitant des relations mère-père-enfant ? Ces cours permettraient de montrer l'importance des toutes premières années sur le devenir affectif et

« relationnel » de l'enfant (il existe bien une information sexuelle !)

Les relations humaines sont régies, à tout moment, par l'expression corporelle comme par l'expression verbale. Or, le développement d'une société de discours a entraîné l'oubli, la non-reconnaissance, l'absence d'intérêt ou le rejet de la communication non verbale. Tout (ou presque) devant passer par la transmission orale ou écrite de l'information, les adultes sont devenus de plus en plus rigides et indifférents à ce qu'expriment les mimiques, les postures et les gestes de leurs interlocuteurs. Confondant information et communication, la plupart sont de moins en moins à l'écoute des autres et fournissent ainsi des réponses de moins en moins appropriées à leurs attentes et à leurs sollicitations. Ceux qui se fondent exclusivement sur le discours et les techniques d'information finissent même souvent par ne plus regarder l'interlocuteur et ne plus prendre en compte ce qu'il exprime (par ses gestes ou par ses paroles). De telles attitudes ne peuvent déboucher que sur l'isolement, le rejet et l'agression. Par suite, les activités individuelles apparaissent souvent comme juxtaposées plutôt que comme coordonnées.

En réalité, nous sommes les héritiers d'une morale bourgeoise issue du XIXe siècle. Nous nous voilons les yeux devant les découvertes de la psychologie, de la psychanalyse, de la psychiatrie et de la biologie. La politique délibérée de productivité de nos dirigeants produit aujourd'hui de plus en plus d'individus marginaux qui se rejettent ou que l'on rejette, et qui deviennent des sous-produits considérés comme inévitables. Une société de communication implique que chacun prenne en considération la vie des autres ; sans communication, les autres n'existent pas.

Annexes

Nous avons pensé qu'il était utile de donner en annexes d'autres exemples concernant les communications étudiées dans la deuxième partie du livre. Ces exemples sont issus d'observations en continu et de films qui ont été analysés image par image. (Nous signalons par un astérisque ceux qui sont tirés des deux films que nous avons réalisés avec le Service du film de recherche scientifique, 96, boulevard Raspail - Paris 75006.)

Des exemples détaillés peuvent, en effet, aider à mieux comprendre certains enchaînements de comportement du jeune enfant.

Annexe 1

Les comportements d'offrande

SYLVAIN — *28 octobre 1974*

Sylvain, 24 mois, reste le plus souvent à l'écart des autres et ne tente que rarement d'entrer en relation avec eux. Dès son arrivée à la crèche, il s'est ainsi isolé pendant quarante-cinq minutes. A 9 h 34, il abandonne ses cubes et monte sur la table que les dominants viennent de quitter. Il redescend sept secondes plus tard et se dirige vers une puéricultrice, le pouce dans la bouche. Puis il va vers la jardinière d'enfants autour de laquelle de nombreux enfants sont rassemblés. Il contourne le groupe et s'approche progressivement de la jardinière d'enfants. Il regarde les autres, les bras ballants, puis il ramasse un papier et l'offre à la jardinière. Celle-ci ne l'a pas vu. Sylvain s'approche encore d'un peu plus près et lui donne de nouveau le papier, que la jardinière prend en souriant. Sylvain ramasse alors un autre papier et l'offre ; la jardinière lui sourit, lui parle, puis souffle sur les papiers. Sylvain sourit, ramasse un autre papier, l'agite lentement devant lui et l'offre à la jardinière qui lui sourit et se lève. Sylvain la suit en même temps que d'autres enfants ; toutefois il reste un peu en retrait. La jardinière s'assied ; les enfants se groupent autour d'elle. Par deux fois, Sylvain lui offre un papier. La jardinière sourit à l'enfant, lui caresse la tête et lui parle. Sylvain sourit et se laisse tomber dans les bras de la jardinière. Il est 9 h 38.

ALEXANDRE, JULIAN et EMMANUEL

Alexandre, 29 mois et demi (profil de dominant), prend à Julian, 35 mois (profil de leader), une auto attractive offerte par la puéricultrice. Julian pleure. Emmanuel, 36 mois et demi (profil de leader), habituellement lié à Julian, offre son auto attractive à son ami. Julian s'arrête de pleurer et donne aussitôt en échange une auto banale. Les deux enfants font rouler leur voiture en se souriant et en s'imitant mutuellement. Puis Julian échange son auto attractive contre l'auto banale d'Emmanuel. Aucun conflit n'apparaît entre les deux enfants.

BRUNO

Bruno, 26 mois (dominant-agressif), suit des yeux un petit de 18 mois, puis, tout à coup, lui arrache une quille des mains. Le petit crie « maman, maman ». Bruno lui offre un entonnoir en plastique. Le petit s'arrête aussitôt de pleurer.

ALEXANDRE et FRÉDÉRIC

Trois minutes après son arrivée à la crèche, Alexandre, 22 mois (dominant-agressif), porte sans raison apparente un coup sur la tête d'un petit de 17 mois, qui se met à pleurer. Puis il suit Frédéric, 21 mois (profil de leader), qui court en laissant traîner une ficelle sur le sol. Alexandre prend l'extrémité libre de la ficelle dans la main et la secoue en alternance avec Frédéric. Les deux enfants se sourient. Alexandre s'assied avec la ficelle dans la main, regarde le petit qui pleure, ramasse un camion, se lève en souriant, et va offrir le camion au petit qu'il avait tapé. Celui-ci prend l'objet et s'apaise (en cinq secondes environ).

CATHERINE, CHRISTELLE, CÉLINE, LIONEL

Catherine, 26 mois (comportement fluctuant), vient d'être repoussée par trois enfants dont Christelle, 21 mois et demi. Deux minutes après avoir été repoussée, Catherine ramasse une boîte et l'offre à Christelle qui, maintenant, accepte que Catherine s'asseye à côté d'elle et touche ses éléments de construction.

Une semaine plus tard, Catherine, qui a porté des coups à quatre de ses camarades et en a mordu un autre, a été encore repoussée, mais cette fois par quatre enfants. A l'écart des autres depuis deux minutes environ,

elle ramasse un élément de construction et va l'offrir à
Céline, 22 mois. Celle-ci accepte ensuite que Catherine,
accroupie devant elle, touche et participe à sa construction (Catherine enlève un élément de la tour de Céline
et le remplace par un autre). Cinquante secondes plus
tard, Catherine se lève et va offrir deux éléments de
construction à Lionel, 22 mois, qui laisse ensuite la
fillette toucher et modifier sa construction sans aucune
protestation.

CHRISTINE et YANNICK

Christine, 26 mois et demi (leader), offre un lapin
à Yannick, 24 mois (leader également), qui embrasse
le lapin et tourne sur lui-même. Puis, sans raison apparente, Christine pousse un petit de 18 mois. Aussitôt,
Yannick tape légèrement le petit et le pousse à son
tour. Christine pousse encore une fois l'enfant ; Yannick
l'imite de nouveau.

CHRISTINE et JÉRÔME

Christine, 26 mois (profil de leader), offre spontanément une auto à Jérôme, 32 mois et demi (comportement
fluctuant), qui tourne sur lui-même, sourit et pose son
lapin sur la tête de Christine. Celle-ci sourit également
et se met à courir. Jérôme la poursuit, toujours en
souriant.

FRÉDÉRIC et DAMIEN

Au début du repas, Frédéric, 25 mois (profil de leader),
offre par deux fois un morceau de pain à Damien,
21 mois (comportement fluctuant), son voisin de gauche.
Damien lève et balance la tête, balance également le
buste et les bras, puis se penche du côté de Frédéric, le
visage tourné vers le sol. Frédéric se penche aussitôt
de la même façon. Quelques secondes plus tard, Frédéric
étale son gant de toilette sur la table et y pose le visage.
Damien fait exactement la même chose *.

---

* Voir le film *Mécanismes de la communication non verbale chez
les jeunes enfants.*

DAMIEN et LIONEL

A cinq reprises, Damien, 19 mois (comportement fluctuant), a porté plusieurs coups appuyés à Lionel, 21 mois (profil de leader) ; en outre, depuis l'arrivée de celui-ci à la crèche, Damien l'a mordu trois fois. Ces deux enfants sont habituellement liés et se recherchent très souvent.

Il est 9 h 45 : Lionel et Damien sont assis à deux mètres l'un de l'autre et jouent avec des éléments de construction. Soudain, Lionel se lève et va offrir un élément à Damien, puis il sourit, jette un élément dans une direction opposée à celle de Damien, se balance d'un pied sur l'autre, bat des mains. Damien suit Lionel des yeux, sourit et disperse ses éléments de construction avec des mouvements alternés des pieds. Damien, tout en souriant, commence à courir. Lionel le suit en souriant également ; mais il glisse et tombe. Damien s'arrête, le regarde, sourit, se détourne en levant puis en balançant latéralement la tête et repart en courant. Lionel se relève, puis donne un coup de pied dans un ballon. Damien le rejoint, et l'imite. Il est 9 h 54. Aucune agression n'apparaîtra ensuite entre ces deux enfants qui resteront ensemble jusqu'au moment du repas (10 h 40).

FRANCK et EMMANUEL

Franck, 34 mois, et Emmanuel, 35 mois (tous deux leaders), viennent d'échanger des coups avec les mains et les pieds. Ils se sont poussés violemment. La puéricultrice intervient, les fait s'asseoir l'un à côté de l'autre et leur donne de la pâte à modeler. Les deux enfants jouent séparément avec leur pâte pendant cinq minutes environ. Soudain, Emmanuel offre à Franck le boudin qu'il a modelé et lui dit : « Tiens, mange. » Franck ouvre la bouche, simule une mastication et sourit. Emmanuel sourit à son tour, puis offre à Franck les formes qu'il a façonnées avec la pâte. Franck les prend, puis les lui redonne avec le sourire. Les deux enfants échangent ensuite différents objets et font ensemble trois constructions en pâte à modeler. Aucun acte d'agression n'apparaît entre eux, ni pendant ces offrandes réciproques ni dans leurs interactions suivantes.

Annexe 2

Exemples de comportements de lien et d'apaisement

FRANCK

La puéricultrice dispose les chaises et les tables pour le repas. Franck, 33 mois (leader très attractif), vient spontanément l'aider et retire sa chaise à un petit de 18 mois, qui commence à sangloter. Aussitôt, Franck lui caresse la joue et la tête pendant six secondes. Le petit s'arrête de pleurer et ne quitte plus Franck des yeux ; celui-ci continue à ranger les chaises. Une minute plus tard, le petit ramasse un papier et va l'offrir à Franck.

DAMIEN, LAURENT, CLAIRE et RAPHAËL

Assis sur le sol, Damien, 21 mois (comportement fluctuant), pleure très fort depuis sept minutes (un autre enfant a pris l'un de ses éléments de construction). C'est d'abord Laurent, 24 mois (habituellement très apaisant), qui vient lui offrir un autre élément de construction. Damien le repousse. Laurent lui offre de nouveau l'objet tout en inclinant latéralement la tête et le buste devant lui. Damien, qui se frotte les yeux et continue de pleurer, ne le voit pas et ne répond donc pas. Quelques secondes plus tard, Claire, 19 mois (habituellement très apaisante), vient caresser Damien sur les deux joues. Damien la menace. Claire s'écarte un peu, puis vient s'accroupir devant Damien et lui sourit. Raphaël, 28 mois et demi (très agressif habituellement), s'est aussi accroupi devant Damien. Claire sourit et tend lentement un doigt devant le visage de Damien qui répond en la tapant deux fois sur le bras. La fillette et Raphaël s'en vont; les pleurs de Damien se calment progressivement *.

EMMANUEL et FRANCK

Enfant dominé et souvent à l'écart, Emmanuel, 25 mois et demi, vient de subir une agression alors qu'il était seul depuis douze minutes. Soudain, sans que rien n'ait permis de le prévoir, Franck, 27 mois (comportement fluctuant), vient le caresser trois fois puis, sans un seul regard pour lui, se dresse sur la table, s'approche des vitres de la salle de jeux et tape des pieds. Emmanuel le suit des yeux, se dresse également sur la table et tape des pied à côté de Franck. Les deux enfants échangent des sourires puis, pendant trois minutes, s'imitent mutuellement.

DOMINIQUE et KARINE

Giflée par l'un des enfants dominants, Karine, 29 mois (leader), pleure. Dominique, 31 mois (leader également), lui prend la tête à deux mains, et l'embrasse. Karine pleure toujours. Dominique continue à la caresser et à l'embrasser pendant neuf secondes. Karine s'apaise progressivement et cesse de sangloter lorsque Dominique la quitte.

ANNIE, ÉRIC et LAURENT

Annie, 24 mois (habituellement très dominée), s'est fait prendre son livre d'images par Eric, 32 mois et demi (leader). Eric s'est mis hors d'atteinte en franchissant la barrière du parc des plus petits. Annie pleure. Laurent, le frère jumeau d'Eric (également leader), prend doucement le bras tendu d'Annie et lui fait toucher le livre d'Eric, qui est resté tout près de la barrière. Puis Laurent abaisse le bras d'Annie tout en balançant légèrement la tête de droite à gauche et en souriant. Il fait faire un demi-tour à la fillette, la prend par le cou

---

* Voir le film *Mécanismes de la communication non verbale chez les jeunes enfants*.

(Annie cesse alors de pleurer) et s'éloigne ainsi avec elle *.

ALEXANDRE et SULLIVAN

Alexandre, 24 mois, et Sullivan, 29 mois et demi (enfants au comportement fluctuant), sont assis l'un à côté de l'autre depuis huit minutes environ. Alexandre fait rouler l'auto qu'il vient de prendre à Sullivan. Celui-ci pleure, se met le pouce dans la bouche, s'écarte légèrement d'Alexandre et garde cette attitude pendant deux minutes environ. Soudain, avec son bras gauche, Alexandre prend Sullivan par le cou, puis par l'épaule. Il se penche devant lui, la tête inclinée sur l'épaule droite. Sullivan, le doigt dans la bouche, regarde Alexandre qui sourit et accentue l'inclinaison latérale du buste. A son tour, Sullivan sourit et incline la tête sur l'épaule gauche. Puis il tend le bras devant lui et parle de manière incompréhensible. Alexandre regarde dans la direction indiquée par Sullivan ; après avoir observé l'auto avec laquelle il jouait, il la donne à son camarade.

PASCALE et SANDRA

Isolée depuis quatre minutes environ, Pascale, 34 mois (habituellement dominée), pose soudain la tête sur l'épaule de Sandra, 32 mois (comportement fluctuant), qui communiquait avec d'autres enfants. Trois secondes plus tard, Sandra se tourne vers Pascale, lui sourit, puis lui parle.

EMMANUEL, DOMINIQUE et FRANCK

Assis à une même table l'un à côté de l'autre, depuis environ quatre minutes, deux leaders, Emmanuel, 37 mois, et Dominique, 33 mois, n'ont cessé, tout en mangeant, d'échanger mimiques, balancements du haut du corps, gestes, vocalisations et paroles. Soudain, Emmanuel se tourne vers Franck, 36 mois (leader également), lui sourit, incline légèrement la tête sur l'épaule et simule l'acte de goûter. Franck répond par un sourire et porte

---

* Voir le film *Phénomènes de hiérarchie entre les enfants d'une crèche.*

sa timbale à la bouche au moment où Emmanuel détourne la tête. A l'instant où Franck repose sa timbale, Emmanuel se tourne de nouveau vers lui et incline légèrement la tête sur l'épaule en souriant. Puis, il prend une cuillerée de purée, tire la langue, simule l'acte de goûter et regarde Franck en souriant. Neuf secondes plus tard, Franck offre à boire avec sa propre timbale à Emmanuel tout en inclinant latéralement la tête et en souriant. Pendant ces échanges, Dominique est resté silencieux et isolé. Soudain, alors que l'interaction entre Franck et Emmanuel est terminée depuis quinze secondes déjà, Dominique pose la tête sur l'épaule d'Emmanuel puis l'observe. Emmanuel répond par deux légers balancements de la tête de gauche à droite ; il continue de boire et ne regarde pas Dominique. Celui-ci pose de nouveau la tête sur l'épaule d'Emmanuel, puis le dévisage. Emmanuel rapproche légèrement son buste de Dominique sans, cependant, se tourner vers lui. Dominique pose encore deux fois la tête sur l'épaule d'Emmanuel puis l'observe en souriant. Dix secondes plus tard, Emmanuel se tourne vers Dominique et lui sourit. Dominique sourit à son tour (trente-cinq secondes se sont écoulées depuis que Dominique a posé pour la première fois la tête sur l'épaule d'Emmanuel). Le contact est dorénavant établi entre les deux enfants : ils échangent une série de balancements du haut du corps, de gestes divers, de vocalisations et de paroles [*].

PHILIPPE et ANNE

Philippe, 28 mois (dominant-agressif), se penche devant Anne, 31 mois (leader). Il incline la tête sur l'épaule droite, mais sans vocaliser ni parler. Philippe ouvre ensuite la bouche et tend sa cuiller vers Anne qui ouvre la bouche à son tour et accepte ce que Philippe lui donne.

CHRISTINE, PATRICIA et FRANCK

Christine, 34 mois, et Patricia, 32 mois (toutes deux leaders), sont habituellement très liées. Tout au long de la semaine, elles se recherchent souvent, se poursuivent

---

[*] Voir le film *Phénomènes de hiérarchie entre les enfants d'une crèche*.

et rient ensemble, vont mutuellement se chercher lorsque la jardinière d'enfants crée une nouvelle activité, participent toutes deux aux jeux collectifs.

Un jour, au moment du repas, Christine donne à manger à Patricia, assise à sa droite. Trois minutes après la première offrande, Patricia agite trois fois ses avant-bras, latéralement de bas en haut. Christine repose alors sa cuiller et ne reprend l'offrande que lorsque Patricia penche le buste vers la cuiller en ouvrant la bouche. Patricia agite de nouveau et à sept reprises les bras latéralement et de bas en haut ; puis elle se penche et regarde vers la gauche de Christine. Celle-ci arrête son mouvement d'offrande et observe dans la même direction que Patricia qui se redresse et ouvre la bouche en regardant son assiette. Christine lui offre aussitôt une nouvelle cuillerée, puis lui propose la purée qu'elle a sur un doigt. Patricia refuse en détournant la tête et le buste. Christine reprend une cuillerée de purée, pose la main sur la tête de Patricia et incline latéralement la tête devant elle. Patricia la regarde, puis ouvre la bouche et, en dodelinant de la tête, accepte la cuillerée que lui tend l'autre enfant. Elle demande ensuite sa cuiller à Franck, son voisin de droite, la remplit de purée et la propose à celui-ci, qui ouvre la bouche et absorbe complètement la cuillerée. Christine continue à offrir à Patricia qui accepte et fait elle-même manger Franck. De Christine à Patricia, puis de Patricia à Franck, une chaîne d'interactions s'est mise en place, sans que les puéricultrices interviennent. Patricia et Franck ont mangé sans avoir exprimé ou subi une seule agression et sans avoir été « forcés » par un adulte [*].

STÉPHANE et EMMANUEL

Stéphane, 36 mois (leader), mange depuis six minutes ; il n'a eu aucune interaction avec les autres enfants. Soudain, il incline latéralement la tête et le buste devant Emmanuel, 36 mois (comportement fluctuant), et lui sourit. Emmanuel le regarde, sourit également, lève le bras avec l'index tendu et parle d'une manière incompréhensible. Les deux enfants vont ensuite échanger des mimiques, des postures, des gestes, des vocalisations et des paroles pendant sept minutes sans qu'entre eux appa-

---

[*] Voir le film *Mécanismes de la communication non verbale chez les jeunes enfants*.

raissent un seul comportement de menace et une seule agression.

CAROLINE, ANNIE et EMMANUELLE

Caroline, 32 mois et demi (comportement fluctuant), est isolée depuis sept minutes. Le pouce dans la bouche, elle regarde les autres. Soudain, et sans émettre de parole ou de vocalisation, elle incline la tête sur l'épaule devant Annie, sa voisine de gauche, 28 mois et demi, habituellement dominée. Annie la regarde pendant deux secondes, tend le bras avec l'index pointé devant elle (il ne semble pas qu'elle désigne un point particulier : l'orientation du bras change sans cesse) et parle. Huit secondes plus tard, Caroline se tourne vers Emmanuelle, sa voisine de droite, 35 mois habituellement dominée, et incline latéralement la tête et le buste devant elle, sans émettre de vocalisation ou de parole. Emmanuelle sourit. Caroline se tourne de nouveau vers Annie et incline une nouvelle fois devant elle la tête sur l'épaule. Annie répond comme précédemment : elle tend le bras avant de parler d'une manière incompréhensible. Caroline tend aussi le bras et parle. Annie recommence, imitée par Caroline (l'enchaînement des gestes et des paroles est le même chez les deux enfants).

YANNICK, NADIA et STÉPHANE

Yannick, 30 mois (leader), vient de menacer quatre fois Nadia, 30 mois (leader également) ; en effet, le petit garçon a levé et projeté un bras en direction de la petite fille. Celle-ci s'arrête de sourire et se fige (auparavant, elle secouait la tête avec un gant de toilette dans la bouche). Yannick se place également un gant dans la bouche, puis il pose la main gauche sur le bras de Nadia et, sans parler, incline latéralement la tête et le buste devant la fillette. Trois secondes plus tard, Nadia sourit et balance son gant de toilette devant elle. Stéphane, 33 mois (comportement fluctuant), l'imite, ce qui provoque le sourire de Yannick. Pendant trois minutes, les enfants vont sourire, rire, se balancer latéralement et d'avant en arrière, vocaliser. Les échanges ne seront interrompus que par l'arrivée des puéricultrices apportant le repas [*].

---

[*] Voir le film *Mécanismes de la communication non verbale chez les jeunes enfants*.

DAMIEN et CLAIRE

Damien, 21 mois (comportement fluctuant), se dirige vers Claire, 19 mois (habituellement très apaisante), qui, assise sur le sol, joue avec des éléments de construction placés entre ses jambes. Damien offre un élément à Claire, lui sourit et incline la tête sur l'épaule de façon très accentuée. Claire sourit à Damien, qui lui offre encore un élément. Elle regarde le garçon et sourit. Damien offre quatre autres éléments. Claire répond en lui donnant une plaquette de « Lego » et un élément. Puis elle se lève et tend le bras avec l'index pointé vers l'électrophone. Damien la suit du regard. Claire montre une nouvelle fois l'électrophone et se met deux doigts dans la bouche. Damien s'approche d'elle et, sans parole ni vocalisation, lui sourit et incline latéralement la tête et le buste devant elle. Claire le regarde, avec les doigts dans la bouche, lui sourit et le suit lorsqu'il se déplace. Damien sautille et vocalise. Claire fait la même chose.

NADIA et DAMIEN

Nadia, 30 mois (leader), assise sur un tapis auprès de Damien, 21 mois (comportement fluctuant), incline latéralement la tête et le buste devant le garçon. Puis, elle sourit et lui parle en désignant l'auto qu'il tient. Elle touche et prend doucement la voiture sans aucune protestation ni aucun refus de Damien. Elle manipule le jouet pendant quatre à cinq secondes, puis le rend à Damien en inclinant latéralement la tête et en souriant. Quelques secondes plus tard, Nadia prend de nouveau l'auto en exprimant le même comportement qu'auparavant. Elle rend ensuite la petite voiture en inclinant latéralement la tête et en souriant, puis elle bat des mains, montre l'auto du doigt, la reprend en exprimant le même comportement qu'auparavant, désigne le jouet aux autres enfants assis sur le tapis et leur dit : « C'est l'auto de Damien. » Elle rend l'auto en inclinant latéralement la tête, en souriant et en parlant, c'est-à-dire en reproduisant le même enchaînement d'actes qu'au début de l'interaction entre les deux enfants [*].

[*] Voir le film *Mécanismes de la communication non verbale chez les jeunes enfants*.

RAPHAËL, DAVID et PASCAL

Raphaël, 4 ans (dominant-agressif), a pris un élément de construction à David (dominant-agressif également), pour le donner à Pascal, 4 ans (leader du groupe). David s'éloigne, alors que Raphaël suit Pascal dans tous ses déplacements. David revient quelques secondes plus tard vers les deux autres avec une attitude menaçante. Lorsqu'il arrive à un mètre cinquante environ, Raphaël lui sourit et incline deux fois la tête de gauche à droite. David donne un coup de pied dans les éléments de construction rassemblés par Raphaël. Celui-ci répond en inclinant deux fois la tête sur l'épaule droite en souriant. David le regarde pendant trois à quatre secondes, les bras ballants, puis s'en va sans exprimer ni menace ni agression.

JULIAN, OLIVIER, EMMANUEL et ÉLISE

Julian, 33 mois (leader), vient de se faire prendre son auto par Olivier, 34 mois et demi (dominant-agressif). Emmanuel, 34 mois et demi (leader), est assis à côté d'Olivier et manipule lui aussi une auto. Julian s'écarte d'abord des deux autres garçons en suçant son mouchoir, puis il revient vers eux. Au passage, il prend le bateau d'Elise, 34 mois et demi (dominante-agressive). Puis, tout en suçant son mouchoir, il passe devant Olivier et Emmanuel en se dandinant. Olivier ne répond pas. En revanche, Emmanuel se met aussitôt sa voiture sur la tête en souriant, puis se lève et commence à se dandiner derrière Julian qui sourit et vocalise. Olivier se redresse et se dandine à son tour. Elise se joint aux trois enfants qui rient, se dandinent, et se laissent tomber l'un à côté de l'autre ou l'un sur l'autre. Olivier s'en va huit secondes plus tard, puis Elise, mais Emmanuel et Julian restent encore ensemble pendant huit minutes environ.

JULIAN, SULLIVAN, ÉLISE et EMMANUEL

Julian, 33 mois (leader), est arrivé à la crèche bien après les autres. Les enfants habituellement très liés à Julian sont assis côte à côte et s'imitent mutuellement depuis cinq minutes environ (ils montrent les boules qu'ils ont enfilées sur une ficelle, se balancent, se sourient). Les échanges sont silencieux et ne comportent que de rares vocalisations. Julian s'avance vers le groupe, regarde les enfants pendant trois secondes environ, bat des mains en vocalisant et en se dandinant. Sullivan, 33 mois et demi (comportement fluctuant), Elise, 34 mois et demi (dominante-agressive), Emmanuel, 34 mois et demi (leader), regardent Julian, sourient, se lèvent et battent des mains comme lui. Sullivan et Emmanuel, imitent aussi les dandinements de Julian.

LIONEL et CLAIRE

Lionel, 21 mois (habituellement très apaisant), vient de subir plusieurs agressions de Damien, 19 mois (comportement fluctuant). Il se tient assis à l'écart des autres, le dos à la cloison et le pouce dans la bouche. Plusieurs enfants sont passés devant lui en marchant ou en courant, à genoux ou à quatre pattes. Il n'a manifesté aucun intérêt pour l'un ou pour l'autre. Soudain Claire, 17 mois (habituellement très apaisante), marche dans sa direction en balançant latéralement les bras et en les étendant complètement. Elle ne regarde pas Lionel qui la suit des yeux. Mais, lorsqu'elle arrive à environ un mètre cinquante de lui, le petit garçon sourit et se penche légèrement en avant. Claire, qui n'a toujours pas regardé Lionel, continue à balancer latéralement les bras et commence à se dandiner. Lionel se lève alors et suit Claire à un mètre cinquante environ, en l'imitant. Les deux enfants se suivent et s'imitent ensuite mutuellement pendant deux minutes environ.

NADIA

Nadia, 30 mois (leader), vient de courir en souriant et en vocalisant avec Christine, 31 mois et demi (leader également), et Marie-Hélène, 36 mois (habituellement dominée). Nadia se dirige en se dandinant vers un petit de 18 mois qui la regarde. Elle prend l'auto du petit, sans que celui-ci émette de protestation ou marque une résistance. Le petit sourit légèrement en voyant Nadia s'éloigner en se dandinant.

JULIAN, AURÉLIE, OLIVIER et EMMANUEL

Trois chaises disposées autour d'une moitié de table sont convoitées par la plupart des enfants de la crèche. Des livres et des catalogues sont placés sur la table. Après une courte compétition, Julian, 33 mois (leader), Aurélie, 31 mois, et Olivier, 34 mois et demi (dominants-agressifs), occupent les trois chaises. Emmanuel, 34 mois et demi (leader), arrive trop tard pour participer à la compétition et tire en arrière la chaise d'Olivier. Puis, tout en reculant, et alors qu'Olivier le regarde, il incline la tête sur le côté droit, sourit, balance la tête de gauche à droite, puis de droite à gauche. Regardant Olivier qui le suit des yeux, il revient vers la table en se dandinant. Emmanuel tire en arrière la chaise d'Aurélie, recule en inclinant latéralement la tête à droite et en souriant, avance vers la table en se dandinant sous le regard d'Aurélie et d'Olivier. Puis Emmanuel tire en arrière la chaise de Julian, recule en se dandinant, incline la tête latéralement à droite, avance en se dandinant et en souriant, tire de nouveau en arrière la chaise d'Aurélie, recule en se dandinant. Emmanuel a ensuite le même comportement à l'égard de la chaise de Julian, puis d'Olivier. Julian a répondu chaque fois par un sourire, tout en rapprochant sa chaise de la table. Olivier et Aurélie ont seulement rapproché leur chaise de la table, sans exprimer une seule menace décelable à l'intention d'Emmanuel. Pourtant, lorsqu'ils vivent des situations analogues (occupations de chaises ou de tables) ou d'autres situations de compétition, Olivier et Aurélie expriment habituellement des menaces ou des agressions dès qu'un autre enfant tente de prendre ou de toucher l'objet de la compétition.

ALEXANDRE et CLAIRE

Depuis son arrivée à la crèche, Alexandre, 24 mois (dominant-agressif), a, sur un total de onze interactions, exprimé sept agressions contre trois enfants. Ensuite, il s'est assis sur le sol et a joué seul avec des éléments de construction. A 9 h 40, il repousse deux enfants qui tentent de toucher son jeu. Claire, 18 mois et demi, vient ensuite se mettre face à lui, incline la tête sur l'épaule, balance latéralement la tête et le buste, se dandine, balance les bras latéralement, vocalise et sourit. Alexandre la regarde, mais n'exprime aucun comportement et ne dit rien. Claire s'accroupit et touche aux éléments d'Alexandre, puis en prend deux et les emboîte l'un dans l'autre. Elle se lève et s'en va avec les éléments. Alexandre n'exprime ni refus, ni repoussement, ni menace.

JULIAN et CHRISTINE

Julian, 33 mois (leader), se trouve dans les bras d'une puéricultrice qui, assise sur un tapis, le caresse. Christine, 23 mois et demi (leader également), s'approche et se frotte à la puéricultrice. Celle-ci la caresse de sa main libre. Julian repousse Christine avec ses pieds. Christine s'écarte, recule, regarde Julian, se rapproche, tourne deux fois sur elle-même et vient tout près de la puéricultrice. Tout en la suivant des yeux, Julian se met le pouce dans la bouche. Il ne tente plus de repousser Christine qui reçoit de nouveau les caresses de la puéricultrice.

ALEXANDRE, SULLIVAN et JULIAN

La puéricultrice a réuni sur un tapis Alexandre, 28 mois (dominant-agressif), Sullivan, 33 mois et demi (comportement fluctuant), et Julian, 33 mois et demi (leader). Seul Sullivan reçoit une auto attractive ; les deux autres enfants obtiennent une voiture banale, en plastique. Alexandre jette son auto ; Sullivan va la chercher, revient la lui donner, sourit et s'assied. Alexandre dit : « C'est à moi », et suit Sullivan. Puis, il s'arrête pour consoler Julian qui pleure et court vers Sullivan qui, en le voyant arriver, fait un tour sur lui-même. Alexandre se penche vers Sullivan et dit : « C'est à moi. » Sullivan tourne sur lui-même, imité par Alexandre. Les deux enfants sourient et s'imitent ensuite mutuellement : ils se poursuivent, se balancent, tapent des pieds. Alexandre ne tente plus de s'approprier l'auto de Sullivan. Les dix-huit autres fois où Alexandre a été placé dans cette situation expérimentale, il a aussi tenté de s'approprier l'auto attractive mais, contrairement au cas présent, il a tapé le possesseur du jouet jusqu'à ce qu'il l'obtienne. Parfois, il s'est mis à trépigner et à pleurer. Dans 95 % des cas observés, Alexandre manifeste également ce type de comportement lorsque, placé en activités libres, il veut s'approprier un objet.

Annexe 3

Exemples de comportements qui suivent le refus ou l'absence de réponse apaisante à une offrande ou à une sollicitation

STÉPHANE et DAVID

David, 26 mois (comportement fluctuant ou agressif), est assis sur le sol. Il vient d'accumuler des éléments de construction entre ses jambes. Stéphane, 22 mois (leader), s'accroupit, sourit et penche la tête sur l'épaule devant David, avance lentement le bras et montre avec l'index les éléments de construction (nous avons vu précédemment qu'une telle séquence est habituellement très efficace pour obtenir une offrande). David ramène contre lui les éléments de construction, se penche brusquement en avant (voir les comportements de menace) en posant un regard « noir » sur Stéphane ; puis il se détourne. Stéphane se lève, se met deux doigts dans la bouche, s'éloigne lentement et va s'asseoir seul contre une cloison. Il reste sept minutes dans cette attitude d'isolement.

JULIAN, EMMANUEL et OLIVIER

La puéricultrice fait s'asseoir l'un à côté de l'autre Julian, 32 mois, Emmanuel, 33 mois et demi (tous les deux leaders), et Olivier, 33 mois et demi (dominant-agressif). Elle remet une auto attractive à Olivier et une auto en plastique à chacun des deux autres enfants. Emmanuel, au centre, tape avec sa petite voiture sur la table en regardant l'auto que manipule Julian, puis se tourne vers Olivier et se penche vers l'auto que tient celui-ci. Olivier n'exprime aucune réponse : il fait rouler son auto devant lui sur la table. Emmanuel pousse sa voiture vers Olivier et l'abandonne devant lui. Celui-ci repousse l'auto d'Emmanuel sans un regard pour l'enfant et continue à manipuler sa propre auto. Emmanuel regarde Olivier pendant six secondes environ, puis se penche vers lui et incline latéralement la tête et le buste de façon très accentuée devant lui (la tête est presque à l'horizontale). Il parle ensuite à Olivier qui ne répond pas et qui, en outre, ne regarde même pas son visage. Par sa posture, Emmanuel masque pourtant l'auto d'Olivier. N'ayant obtenu aucune réponse à ses sollicitations, Emmanuel se redresse, s'écarte un peu de la table, se met un doigt dans le nez, puis dans la bouche, regarde Olivier, le menton ramené sur la poitrine (son attitude fait penser à un « air contrit »), se met trois doigts dans la bouche. Emmanuel garde cette attitude d'isolement pendant une minute environ. Il fait ensuite rouler son auto devant lui et Julian, puis la montre à celui-ci. Il sourit à Julian en balançant la tête de droite à gauche.

RAPHAËL et CLAIRE

Raphaël, 25 mois (habituellement très agressif), n'a pas réussi à s'approprier les coussins de deux enfants. Il se dirige vers la table renversée qu'il a occupée quelques minutes auparavant après en avoir chassé les autres. Pendant son absence, Claire, 16 mois (habituellement très apaisante), a disposé son coussin sur la table et s'est assise dessus. Raphaël se penche à côté de Claire, en inclinant latéralement la tête et le buste. Mais la fillette ne l'a pas vu et n'a donc pu répondre. Raphaël se saisit alors du coussin en ouvrant brusquement la bouche en grand et en émettant une vocalisation très forte (voir les comportements de menace).

DAVID, JEAN-MARC et STÉPHANE

David, 23 mois (comportement fluctuant), sollicite Jean-Marc, 23 mois (habituellement apaisant). Très liés, les deux enfants jouent ensemble depuis leur arrivée à la crèche. Occupé à manipuler des éléments de construction, Jean-Marc se détourne et repousse David. Celui-ci le tape à quatre reprises. Une puéricultrice intervient. David se tourne alors vers Stéphane, 19 mois, le plus petit des enfants qui se trouvent à proximité, et le tape. Après le départ de la puéricultrice, David sollicite de nouveau Jean-Marc en s'accroupissant (Jean-Marc est assis) et en inclinant latéralement la tête et le buste devant lui ; puis il se lève et se met aussitôt à courir. Contrairement à ce qui se passe habituellement, Jean-Marc n'a pas répondu à David et ne l'a pas suivi. Celui-ci se retourne après avoir parcouru quelques mètres, revient vers Jean-Marc et le pousse violemment. Une puéricultrice intervient. Lorsqu'elle s'éloigne, David renverse Jean-Marc et se couche sur lui. La puéricultrice intervient de nouveau ; David s'écarte et pousse violemment Stéphane.

CHISTINE, NADIA et PATRICIA

Christine, 28 mois et demi, et Nadia, 27 mois (leaders), habituellement très liées, se poursuivent en riant, un tricot à la main. Puis elles se font face, chacune projetant son tricot vers l'autre. Les deux fillettes oscillent le buste latéralement en riant, balancent les bras de bas en haut, d'avant en arrière, secouent la tête, vocalisent. Puis Christine monte sur une table, tape des pieds en regardant Nadia, incline de façon très marquée la tête sur l'épaule. Mais Nadia, attirée par Patricia, 27 mois (habituellement très apaisante), ne répond pas à la sollicitation de Christine : elle s'éloigne de la table. Christine s'immobilise et, les bras le long du corps, regarde Nadia rejoindre Patricia. Quelques secondes plus tard, elle descend de la table, pousse violemment un petit de 19 mois, remonte sur la table, redescend et tape sur la tête d'un autre petit.

DAMIEN, LIONEL, CLAIRE, CHRISTELLE

Damien, 20 mois (comportement fluctuant), vient de se lever après avoir enfilé des boules sur une ficelle (il a joué seul pendant huit minutes). Il sourit en balançant devant lui le collier de boules ; puis, en se dandinant, en fléchissant rythmiquement les jambes, et toujours en souriant, il se dirige vers un groupe d'enfants composé de Lionel, 22 mois (habituellement apaisant), qui lui tourne le dos, Claire, 22 mois (habituellement apaisante), et Christelle, 20 mois et demi (très dominée), qui lui font face. Damien s'arrête et les regarde. Mais, comme les enfants ne l'ont pas vu, ils ne répondent pas. Damien tire alors brusquement les cheveux de Christelle, qui se met à pleurer. Une puéricultrice intervient et donne à la fillette des éléments de construction. Les pleurs de l'enfant s'arrêtent aussitôt. Huit secondes après le départ de la puéricultrice, Damien vient de nouveau tirer les cheveux de Christelle, puis lui porte cinq coups sur la tête.

DAMIEN, LIONEL, CÉLINE, CATHERINE et ALEXANDRE

Damien, 23 mois (comportement fluctuant), est debout. Il offre un élément de construction à Lionel, 25 mois (habituellement apaisant). Celui-ci repousse la main de Damien, se détourne de lui et s'éloigne. Les deux enfants sont habituellement liés. Damien offre le même objet à Céline, 26 mois (habituellement dominée). Celle-ci refuse ; quinze secondes plus tard, Damien va vers Lionel et le frappe sur la tête. Lionel se retourne et tape Céline qui se trouve près de lui. Damien porte ensuite quatre coups à Lionel et lui pince le nez ; Lionel pleure. Damien le tape encore deux fois. Arrivée en courant, Catherine, 29 mois (comportement fluctuant), tire les cheveux de Damien qui tire lui-même les cheveux de Lionel. Celui-ci mord Damien qui pleure, puis le tape. Damien répond en portant deux coups très appuyés sur Lionel. Celui-ci se tourne alors vers Alexandre, 28 mois (dominant-agressif), qui vient d'approcher à un mètre environ. Puis il le tape et l'agrippe ; Alexandre, pourtant, n'a pas participé aux agressions précédentes.

FRANCK et EMMANUEL

Franck, 36 mois (qui, de leader, devient de plus en plus agressif), offre un arrosoir à Emmanuel, 37 mois (le plus attractif de tous les enfants du groupe). Mais Emmanuel ne répond pas et s'éloigne. Franck le suit et tente de lui introduire du pain dans la bouche. Emmanuel refuse ; Franck lui tire alors violemment les cheveux.

FRANCK, EMMANUEL et BRUNO

Franck, 35 mois, et Emmanuel, 36 mois (tous les deux leaders), se poursuivent, échangent des sourires et des vocalisations, se dandinent sur le même rythme, balancent latéralement les bras et la tête et s'imitent mutuellement. Ils montent l'un après l'autre sur le dos de Bruno, 33 mois et demi (dominant-agressif), qui pleure. Puis ils recommencent une nouvelle fois et Bruno s'effondre. La tête légèrement inclinée sur l'épaule, le doigt pointé vers Bruno, Franck sollicite Emmanuel pour continuer le « jeu ». Emmanuel fait non de la tête, se détourne et s'éloigne : Franck repousse alors violemment Bruno qui recommence à pleurer.

MATHIEU

Avec sa cuiller pleine de purée, Mathieu, 22 mois (dominant-agressif), tapote le bras de la puéricultrice qui lui tourne le dos. Il amorce un sourire et incline la tête sur l'épaule au moment où la puéricultrice se tourne vers lui. Mais la puéricultrice se penche vivement vers lui, la main légèrement levée avec la paume tournée vers l'enfant ; le regard menaçant, elle lui crie « petit sale ». Mathieu refuse ensuite toutes les propositions venant de la puéricultrice ; il n'acceptera même pas le déjeuner qu'elle lui offrira. Seule, la jardinière d'enfants, très apaisante, parviendra à faire manger Mathieu après avoir échangé avec lui des sourires et l'avoir sollicité en lui touchant légèrement la joue et en penchant la tête sur l'épaule à plusieurs reprises.

Annexe 4

Exemples de comportements de menace

DAMIEN et LIONEL

Damien, 21 mois (comportement fluctuant), et Lionel, 23 mois (habituellement apaisant), sont amis et jouent souvent ensemble.

Ils manipulent séparément des éléments de construction à un mètre de distance l'un de l'autre. Damien est assis. Entre ses jambes, il a rassemblé beaucoup d'éléments, pris par agression à d'autres enfants dont Lionel. (Lionel, d'ailleurs, est accroupi face à Damien et tente d'emboîter d'autres éléments.) Soudain, il lève la tête, regarde Lionel et ouvre largement la bouche en émettant une vocalisation aiguë, pendant trois secondes environ. Lionel répond par un cri aigu très bref, projette un bras en direction de Damien, serre ses éléments contre lui, se lève et s'en va *.

LIONEL, DAMIEN, ALEXANDRE, LAURENT et CLAIRE

Une table tripode a été renversée sur le sol depuis quelques minutes. Lionel, 23 mois, qui occupait l'un des pieds latéraux, se dirige vers le pied central que Damien vient de quitter. Un mètre environ avant d'atteindre le pied central, Lionel ouvre largement la bouche, émet une vocalisation aiguë, repousse légèrement Alexandre, 27 mois (dominant-agressif), qui se trouve à proximité du pied, ouvre une nouvelle fois la bouche, émet une

---

* Voir le film *Mécanismes de la communication non verbale chez les jeunes enfants*.

vocalisation aiguë, secoue la tête deux fois de gauche à droite, puis prend le pied de la table au moment de l'arrivée de Laurent, 24 mois (leader). Quelques secondes plus tard, Damien revient vers le pied de table, tape légèrement Lionel et se saisit du pied que Lionel alors abandonne, tout en émettant une vocalisation aiguë et en projetant ses deux avant-bras devant lui. Puis Lionel émet une deuxième vocalisation aiguë. Habituellement dominé par Damien, Lionel recule, met ses bras autour de Claire, puis s'en va *.

LIONEL

Une table tripode vient d'être renversée sur une autre par l'une des puéricultrices. Lionel, qui fait glisser la table pour qu'elle recouvre bien celle du dessous, se coince les doigts. Il recule, rit en direction des autres, bat deux fois des bras devant lui, prend le pied de table le plus proche, ouvre largement la bouche et émet une vocalisation très aiguë pendant quatre secondes environ. Puis il frappe sur la table *.

LAURENT, JULIAN, FRÉDÉRIC et ÉRIC

Laurent, 36 mois (leader), vient de s'apercevoir qu'une table tripode avait été renversée sur une autre. Il se dirige vers un pied latéral, libre depuis quelques secondes, et grimpe sur la table, dont le pied central est occupé par Julian, 21 mois (habituellement apaisant), et l'autre pied latéral par Frédéric, 33 mois (dominant-agressif) ; cinq secondes plus tard, Laurent ouvre largement la bouche, émet une vocalisation et projette un bras en direction de Julian, sans le toucher. Julian descend aussitôt de la table et s'en écarte. Trois secondes après avoir exprimé cette séquence gestuelle, Laurent occupe le pied central de la table. Dans les minutes suivantes, Eric, le frère jumeau de Laurent (lui aussi leader), vient occuper le pied de table abandonné par Frédéric. Douze minutes plus tard, Laurent, qui a rapproché le toboggan de la table, regarde Frédéric s'avancer vers lui. Lorsque celui-ci arrive à un mètre cinquante environ, Laurent ouvre largement la bouche, émet une vocalisation et projette le bras en direction de Frédéric, qui s'enfuit aussitôt.

* Voir le film *Mécanismes de la communication non verbale chez les jeunes enfants.*

JULIAN, ALEXANDRE et OLIVIER

La puéricultrice a fait s'asseoir côte à côte Julian, 34 mois (leader), et Alexandre, 28 mois et demi (dominant-agressif). Elle donne une auto attractive à Alexandre et une auto banale en plastique à chacun des deux autres. Julian montre son auto à Alexandre et lui parle. Celui-ci recule le buste, serre sa petite voiture sur sa poitrine, ouvre largement la bouche et émet une vocalisation aiguë. Trois secondes plus tard, il lève l'avant-bras droit en direction de Julian. Olivier projette alors le bras droit en direction de Julian, qui répond en ouvrant largement la bouche et en poussant un cri aigu. Puis Julian s'intéresse de nouveau à son auto pendant quelques secondes et, tout en parlant, la montre aux deux autres enfants. Alexandre détourne la tête et le buste, lève la tête, ouvre largement la bouche et vocalise très fort. Puis il regarde Olivier qui lui montre aussi son auto tout en pointant un doigt vers la sienne. Julian désigne également sa petite voiture à Alexandre. Celui-ci ouvre largement la bouche et pousse un cri aigu en direction de Julian. Olivier fait de même. Alexandre regarde Olivier, puis se tourne vers Julian et, alors que celui-ci s'intéresse de nouveau à sa propre auto, ouvre largement la bouche, vocalise très fort, lève la tête et regarde son auto qu'il tient au-dessous de la table.

FRÉDÉRIC et LAURENT

Frédéric, 20 mois (leader), s'est assis sur le meuble où grimpent habituellement les enfants pour sauter sur une pile de matelas. Il regarde Laurent, 19 mois (leader également), qui s'approche du meuble en poussant une boîte en carton. Quelques minutes auparavant, les deux enfants ont fait rouler ensemble leur auto, se sont poursuivis et ont joué avec des boîtes en carton. Lorsque Laurent arrive à un mètre environ du meuble, Frédéric projette brusquement le buste en avant, ouvre largement la bouche et émet une vocalisation très aiguë. Laurent le regarde, puis vient taper légèrement la jambe de Frédéric (seule l'extrémité des doigts touche la jambe). Frédéric projette une nouvelle fois le buste en avant, ouvre largement la bouche, pousse un cri très aigu, lève le bras droit, secoue de bas en haut la main droite (où se trouve une auto), en direction de Laurent, puis lance l'auto vers celui-ci. Il reste ensuite immobile pendant trois à quatre secondes ; ensuite, il incline légèrement la tête sur l'épaule, tend le bras et dit : « Voiture. » Laurent lui rapporte l'auto.

NADIA et MAUD

Nadia, 32 mois (leader), et Maud, 30 mois (comportement fluctuant), sont deux enfants habituellement liées qui se rencontrent souvent dans leurs familles (leurs parents sont amis). Depuis leur arrivée à la crèche, elles se sont évitées ou repoussées et, à trois reprises, ont échangé des coups. Maud joue seule dans le sable avec un seau, puis s'éloigne pendant quelques secondes. Pendant ce temps, Nadia vient manipuler le seau, tape dessus avec sa pelle, puis s'enfuit au moment de l'arrivée de Maud. A trois mètres environ, Nadia se retourne et, en réponse aux paroles de Maud, exprime la séquence suivante : brusque inclinaison du buste en avant, projection de bas en haut du bras qui tient la pelle en direction de Maud, ouverture large de la bouche avec une vocalisation très forte. Elle exprime ensuite une séquence identique puis, tout en parlant, tend le bras droit vers sa droite et projette le bras gauche devant elle (les mouvements de ce bras deviennent latéraux). Nadia s'avance ensuite vers Maud, et, sans la regarder, tape sur le seau avec sa pelle. Maud projette un bras dans sa direction. Nadia répond en lançant vers Maud le bras qui tient la pelle ; mais elle ne touche pas son amie. Maud s'enfuit alors, et Nadia tape sur le seau avec sa pelle [*].

ALEXANDRE, PATRICIA et NADIA

Alexandre, 31 mois (devenu très fluctuant dans son comportement), exprime de plus en plus d'agressions spontanées (sans raison immédiate et apparente) ; cette modification est due à un changement de disponibilité de sa mère. Depuis son arrivée à la crèche, il a joué seul et a porté des coups à trois enfants. Soudain, sans que rien n'ait permis de le prévoir, il tire les cheveux de Patricia, 20 mois et demi (habituellement apaisante). Nadia, 20 mois et demi (leader), accourt, ouvre la bouche et, alors qu'elle arrive à un mètre environ d'Alexandre,

---

[*] Voir le film *Mécanismes de la communication non verbale chez les jeunes enfants*.

émet une vocalisation aiguë et projette rythmiquement de bas en haut sa main (qui tient un objet) en direction d'Alexandre. Cette séquence provoque chez Alexandre un comportement de crainte : il replie ses avant-bras devant sa poitrine et son visage, ramasse légèrement le buste. Puis il enchaîne aussitôt en ouvrant largement la bouche et en émettant deux vocalisations aiguës en direction de Nadia qui s'enfuit. Patricia tape alors légèrement Alexandre qui répond en l'agrippant, en lui tirant les cheveux, en lui mordant la tête et en lui tirant une nouvelle fois les cheveux.

LAURENCE, ALAIN et JEAN-CHARLES

A table, Laurence, 31 mois (habituellement dominée), a comme voisin de table de droite Alain, 24 mois et demi (habituellement très agressif), et comme voisin de gauche Jean-Charles, 36 mois (leader). Sans raison apparente, Alain vient de frapper deux fois Laurence avec la main ouverte. Laurence le regarde mais ne répond pas. Alain lui porte un autre coup sur le bras. Laurence se protège le bras visé avec l'autre et détourne la tête. Alain ouvre largement la bouche et avance la tête, comme pour mordre, en direction de Laurence. Jean-Charles lève alors le bras droit, paume de la main tournée vers Alain qui tente de prendre le bras de Laurence avec ses deux mains. Jean-Charles déplie complètement le bras droit en direction d'Alain, sans le toucher. Laurence pleure. Alain frappe une nouvelle fois la fillette, mais de façon amortie. Jean-Charles passe doucement la main gauche sur le menton et la poitrine de Laurence. Alain frappe une nouvelle fois Laurence, toujours de façon amortie. Jean-Charles détend son bras droit en direction d'Alain (avec un geste de saisie) mais sans le toucher. Simultanément, il ouvre largement la bouche et émet une vocalisation aiguë. Laurence se cache le visage avec le bras. Jean-Charles la caresse et lui prend le menton. Puis, lorsqu'une puéricultrice s'approche, il désigne Alain qui s'est mis le pouce dans la bouche *.

---

* Voir le film *Phénomènes de hiérarchie entre les enfants d'une crèche*.

STÉPHANE et OLIVIER

Stéphane, 29 mois (comportement fluctuant), empoigne sans aucune sollicitation préalable le sac en plastique d'Olivier, 26 mois (leader). Celui-ci résiste, ouvre largement la bouche, émet une vocalisation aiguë et lève l'avant-bras qu'il projette en direction de Stéphane. Celui-ci, alors, lâche le sac et se met le pouce dans la bouche.

NATHALIE et DAVID

Nathalie, 20 mois (habituellement dominée), se déplace tout en mordillant un camion en matière plastique. David, 25 mois (un peu plus dominant que la fillette), empoigne soudain le camion et essaie de l'enlever à Nathalie. Celle-ci accentue brusquement l'inclinaison du buste en avant, ouvre largement la bouche et émet une vocalisation. David essaie toujours de retirer son camion à Nathalie qui pousse des cris aigus. David finit par arracher l'objet à Nathalie. Celle-ci trépigne, projette le bras devant elle, pousse des cris aigus puis se met à pleurer.

FRANCK et EMMANUEL

Franck, 36 mois (leader mais tendant à devenir de plus en plus agressif depuis une absence prolongée de sa mère), quitte le pied central de la table tripode que la puéricultrice a renversée sur une autre. Il s'approche d'Emmanuel, 37 mois (leader également), qui, tout en jouant avec un boulon, occupe l'un des deux autres pieds. Franck convoite le boulon, mais Emmanuel refuse de le lui donner ; il descend même de la table, court à l'autre extrémité de la salle de jeux et jette le boulon de l'autre côté de la barrière du parc réservé aux tout-petits. Pendant que Franck va chercher le boulon, Emmanuel vient occuper le pied central de la table tripode renversée. Lorsque Franck s'approche ensuite à un mètre environ, Emmanuel tend le bras vers lui, main ouverte et paume en dessous. Franck recule de un mètre sans quitter des yeux Emmanuel, puis regarde son boulon. A six reprises, Emmanuel secoue alors le pied de la table. Lorsque Franck s'approche de nouveau, Emmanuel tend le bras et l'agite par deux fois de bas en haut. Franck recule une nouvelle fois, tend le bras droit vers sa droite puis approche. Emmanuel regarde dans la direction indiquée par Franck ; lorsque celui-ci arrive tout près de lui, il ébauche un geste de repoussement et secoue cinq fois le pied de la table. Il regarde ensuite Franck qui s'est agenouillé pour remettre le boulon à sa place *.

* Voir le film *Phénomènes de hiérarchie entre les enfants d'une crèche.*

Annexe 5

Exemples de comportements d'agression

LIONEL, ALEXANDRE, CATHERINE et DAMIEN

Lionel, 25 mois (leader), pousse une boîte en carton. Alexandre, 28 mois (dominant-agressif), tente de se l'approprier. Mais Lionel lui résiste et, après avoir regardé Alexandre, continue de pousser la boîte. Catherine, 29 mois (comportement fluctuant), tente à son tour de prendre la boîte et la tire vers elle. Lionel ouvre largement la bouche, émet un cri aigu prolongé (pendant environ trois secondes) et projette un bras en direction de Catherine sans l'atteindre. Celle-ci se redresse, tire les cheveux de Lionel qu'en outre elle mord dans le dos. Lionel pleure. Damien, 23 mois (comportement fluctuant), habituellement lié à Lionel, tire à son tour les cheveux de Catherine ; sa bouche est largement ouverte mais il n'en sort encore aucun son. Catherine prend la boîte. Tout en pleurant très fort, Lionel projette trois fois le bras en direction de Catherine. Alexandre vient mordre Damien. Catherine abandonne sa boîte et, malgré la présence d'une puéricultrice, tire les cheveux de Lionel (qui continue de pleurer), le mord et le repousse. La puéricultrice finit par intervenir. La chaîne d'agressions s'arrête aussitôt pour reprendre quelques minutes plus tard entre les quatre enfants. Au cours des trente minutes suivantes, Catherine portera onze agressions, Alexandre et Damien huit, et Lionel quatre.

ALAIN, LAURENT, SANDRA et STÉPHANE

Une table a été renversée sur une autre depuis trois minutes environ. Quatre enfants s'y trouvent : Alain,

31 mois, Laurent, 35 mois (dominants-agressifs tous les deux), Sandra, 27 mois et demi (comportement fluctuant), et Stéphane, 30 mois (leader). Alain est debout, les trois autres sont assis. Soudain, Alain frappe Sandra et Stéphane, d'abord avec les pieds puis avec la main. Les deux enfants quittent la table en pleurant. Alain ouvre largement la bouche et mord Laurent. Celui-ci répond en projetant un bras en direction d'Alain qui le mord de nouveau et le frappe avec les mains et les pieds. Laurent descend de la table en pleurant. Alain reste seul sur la table, se déplace en tapant des pieds, puis se met un doigt dans la bouche et s'immobilise. Pendant treize minutes, il n'aura aucune relation avec les autres enfants. Au cours des trente minutes suivantes, il portera dix-sept agressions sur six enfants différents.

RAPHAËL, STÉPHANE et EMMANUEL

La puéricultrice fait s'asseoir côte à côte sur un tapis Raphaël, 24 mois (dominant-agressif), Stéphane, 28 mois et demi (enfant-leader qui tend vers le profil de dominant-agressif), et Emmanuel, 24 mois (enfant dominé). Elle donne une auto attractive à Stéphane et une auto banale à chacun des deux autres. Raphaël abandonne aussitôt son auto devant Stéphane. Celui-ci se lève, montre du doigt la petite voiture abandonnée par Raphaël, tend le bras et, tout en parlant de manière incompréhensible, pointe l'index dans une autre direction ; Raphaël tend le bras de la même façon et parle. Stéphane s'éloigne, Raphaël se lève, rejoint Stéphane et le regarde jouer avec son auto. Pendant ce temps (deux minutes environ), Emmanuel n'a pas bougé. Stéphane puis Raphaël viennent s'asseoir sur le tapis. Raphaël se saisit alors de l'auto d'Emmanuel, qui n'offre aucune résistance, et mord profondément le garçon (la durée de la morsure est de trois secondes). Emmanuel pleure et se recroqueville sur le tapis. Ensuite, Raphaël frappe Stéphane avec la main qui tient l'auto. Stéphane répond en poussant Raphaël, puis se lève et s'en va. Raphaël pleure, se lève également et va voir la puéricultrice. Raphaël portera ensuite neuf agressions (toutes très appuyées) sur quatre enfants différents et en recevra trois — également très appuyées. Après un isolement de neuf minutes, Emmanuel sera l'auteur de six agressions (dont quatre très appuyées) sur trois enfants différents (tous des petits de 17 à 22 mois) et en recevra cinq. Après quatre des six agressions portées, il s'isolera pendant trois puis huit, cinq et six minutes ; à la suite de chaque agression reçue, il s'isolera pendant quatre puis deux, une, cinq et deux minutes.

RAPHAËL, MAUD et FRANCK

Raphaël, 29 mois (habituellement agressif), a reçu un chocolat de la puéricultrice. Seule Maud, 33 mois (habituellement dominée), s'est rapprochée de lui. Elle avance légèrement vers le chocolat sans chercher à s'en emparer ni même à le toucher. Raphaël ne lui donne rien (ses comportements d'offrande sont rares ou nuls, selon les jours), mais s'éloigne en mangeant son chocolat. Franck, 30 mois et demi (comportement fluctuant), tente de saisir le chocolat sans aucune sollicitation préalable. Raphaël résiste, pleure en battant des mains devant lui, tire violemment les cheveux de Franck (qui tombe alors sur le sol en position assise), lui mord la tête et lui agrippe la joue. Franck pleure très fort *.

GÉRALDINE, KARINE-CHLOÉ

Géraldine, 29 mois (comportement fluctuant), s'est mise à courir après s'être balancée et dandinée devant trois enfants avec qui elle jouait auparavant. Elle se retourne en souriant, mais aucun ne la suit. Elle revient alors en arrière et porte des coups très appuyés sur Karine-Chloé, 23 mois, puis lui marche sur les jambes et la pousse violemment en arrière. Karine-Chloé pleure très fort.

CATHERINE, LIONEL, CÉLINE, CHRISTINE et ALEXANDRE

Depuis son arrivée à la crèche, Catherine, 26 mois (comportement fluctuant), s'est emparée ou a tenté de s'emparer, sans sollicitation corporelle ou verbale, des objets avec lesquels jouaient neuf enfants. Elle a frappé cinq de ces enfants, puis leur a tiré les cheveux. Elle-même a été frappée trois fois puis mordue. Soudain, sans que rien n'ait permis de le prévoir, elle agrippe et pousse violemment Lionel, 21 mois (habituellement apaisant), qui regardait deux autres enfants pousser une boîte. Pourtant, aucune interaction n'était apparue entre

---

* Voir le film *Mécanismes de la communication non verbale chez les jeunes enfants.*

Catherine et Lionel depuis leur arrivée à la crèche. Lionel répond en mordant le bras de Catherine qui se saisit de la boîte d'un autre enfant, se redresse, tire les cheveux de Lionel, tape trois fois sur sa tête et va montrer son bras mordu à Céline, 23 mois (habituellement dominée). Celle-ci se détourne, fait un tour sur elle-même et s'en va. Catherine se retrouve seule pendant quatre minutes ; elle n'est sollicitée par aucun autre enfant et n'exprime elle-même aucun comportement de sollicitation. Soudain, elle court vers le toboggan, frappe violemment et sur le visage Christine, 31 mois (leader), agrippe et fait tomber Céline, 21 mois et demi (habituellement dominée). Christine et Céline quittent le toboggan en pleurant. Catherine griffe encore deux fois Céline et monte sur le toboggan qu'elle occupe seule pendant trois minutes. Soudain, elle descend, court vers Alexandre, 25 mois (dominant-agressif) qui pousse une boîte en carton. Elle se saisit de la boîte, tire les cheveux d'Alexandre et le mord dans le dos. Catherine portera encore onze agressions et en subira cinq avant le repas (soit pendant quarante-cinq minutes). Elle ne sera sollicitée qu'une fois par un petit de 17 mois et ne sollicitera elle-même aucun enfant. Elle passera par quatre périodes d'isolement (de quatre, sept, deux et cinq minutes).

PHILIPPE, CÉLINE, OLIVIER, LAURENT et AURÉLIE

Venant d'arriver à la crèche, Philippe, 35 mois (dominant-agressif), ouvre la porte de la salle de jeux, court, pousse violemment Cécile, 28 mois (habituellement dominée), qui se met à pleurer, donne deux coups de pied à Laurent, 32 mois et demi (comportement fluctuant), et griffe Olivier, 21 mois, qui se met aussi à pleurer. Puis il ramasse une quille, et en porte deux coups à Cécile, court, bouscule Aurélie, 15 mois, qui tombe et pleure, court à travers la salle, revient vers Aurélie et lui porte un coup de quille sur la tête. Deux autres enfants se mettent à pleurer à la suite des pleurs de Céline, d'Olivier et d'Aurélie. Philippe exprimera ensuite seize agressions. Il ne sera sollicité que deux fois et ne sollicitera que trois fois.

RAPHAËL et NADIA

Raphaël (dominant très agressif), joue dans le sable avec la pelle qu'il a prise à un petit de 18 mois. Depuis son arrivée à la crèche, il a déjà exprimé et reçu plusieurs agressions. A la demande de la puéricultrice, Nadia, 32 mois et demi (leader), va s'accroupir devant Raphaël, puis le caresse. Raphaël répond en tapant plusieurs fois avec sa pelle sur la tête de la fillette, qui revient en pleurant vers la puéricultrice. Celle-ci la prend dans ses bras. Le pouce dans la bouche, Nadia restera ensuite coupée des autres enfants pendant environ une minute et trente secondes *.

PIERRE

Pierre, 29 mois (habituellement très dominé), assis seul à une table depuis cinq minutes environ, regarde l'enfant voisin, et approche sa chaise par une série d'à-coups. Lorsque cet enfant est à environ quatre-vingts centimètres de lui, Pierre projette vivement son bras dans sa direction, le frappe et le mord.

SANDRA, ÉRIC, ALAIN, STÉPHANE et LAURENT

Sandra, 30 mois (comportement fluctuant), s'est fait prendre un cube par Eric, 32 mois et demi (comportement fluctuant) ; la fillette pleure très fort. Alain, 33 mois et demi (habituellement agressif), la regarde, ramasse une quille et en porte deux coups sur la tête de Sandra, qui pleure encore plus fort. Stéphane, 33 mois (leader), s'approche après qu'Alain s'est éloigné, regarde Sandra, lui porte deux coups amortis avec la main, se met un doigt dans la bouche et s'en va en lançant brusquement la jambe en avant ; puis, il donne un coup de pied à la cloison. Quant à Sandra, elle pleure depuis deux minutes environ lorsque Laurent, 35 mois (habituellement agressif), se penche vers elle et la pousse violemment en arrière.

---

* Voir le film *Mécanismes de la communication non verbale chez les jeunes enfants.*

Annexe 6

Exemples de comportements qui canalisent la menace et l'agression

STÉPHANE, ALAIN et OLIVIER

Stéphane, 32 mois (leader), est debout sur une table dont l'occupation a donné lieu à une compétition entre lui et trois autres enfants. Alain, 33 mois (dominant-agressif), s'approche et, à un mètre cinquante environ de la table, ouvre brusquement la bouche en émettant une vocalisation très aiguë. Stéphane détourne aussitôt la tête et le buste. Alain s'arrête alors à moins d'un mètre de la table et regarde Stéphane, qui s'allonge et balance la tête latéralement et de haut en bas. Ce comportement provoque le sourire d'Alain qui ne renouvelle pas sa menace, mais s'avance lentement vers la table. Les deux enfants se sourient, secouent latéralement la tête, se menacent en projetant un bras devant eux. Stéphane descend de la table et court. Alain l'imite aussitôt, mais ne le suit que pendant quelques secondes. Lorsqu'il s'arrête, Alain se saisit de la boîte d'un autre enfant et le frappe. Stéphane rencontre Olivier, 28 mois (leader), et amorce avec lui une succession d'échanges.

LAURENT et FRÉDÉRIC

Laurent, 34 mois (leader), a le visage fermé depuis qu'une puéricultrice l'a contraint à s'asseoir à table. Il bat des mains devant lui et en direction de Frédéric, 24 mois (habituellement dominé). Celui-ci ne répond pas. Après l'avoir regardé pendant quatre secondes environ, Laurent fronce les sourcils et son regard devient menaçant. Frédéric détourne la tête et balance latéralement le buste et les bras. Tous les éléments de menace disparaissent alors du visage de Laurent qui porte son regard dans une autre direction.

CLAIRE et DAMIEN

Claire, 18 mois (habituellement apaisante), est accroupie et pousse une boîte en carton. Se retournant, elle voit arriver Damien, 20 mois (comportement fluctuant), qui, après avoir exprimé une agression sur deux autres enfants (il leur a tiré les cheveux), ouvre brusquement et largement la bouche et lance son bras vers les cheveux de la fillette. Claire se détourne et balance légèrement la tête deux fois de gauche à droite. Tout en la regardant, Damien pose sa main sur la tête de Claire, l'y laisse deux secondes, la retire puis lui caresse les cheveux. Claire se met à cheval sur le carton, se soulève par à-coups et se laisse tomber en arrière. Damien la regarde, les bras ballants, et se laisse tomber à son tour. Claire se lève, sourit, se dandine, s'accroupit, balance la tête et le buste.

DAMIEN, CHRISTELLE et LIONEL

Depuis son arrivée à la crèche, Damien, 23 mois (comportement fluctuant), a porté six agressions à l'encontre de trois enfants. Il vient, notamment, de tirer les cheveux de Christelle, 24 mois (habituellement dominée). Une puéricultrice intervient, donne des éléments de construction à Christelle et la caresse. Pendant ce temps, Damien s'est écarté. Après l'intervention de la puéricultrice, il reste immobile et regarde pendant sept secondes Christelle puis Lionel, 25 mois (habituellement apaisant), qui jouent ensemble avec des éléments de construction. D'une manière soudaine et rapide, il va vers Christelle et lui tire les cheveux. Lionel ouvre largement la bouche et pousse un cri aigu en même temps qu'il projette par trois fois le bras en direction de Damien. Celui-ci tape cinq fois sur la tête de Christelle, s'aidant d'un élément de construction. Christelle pleure. Damien se penche vers Lionel en levant le bras et en ouvrant largement la bouche. Lionel, qui ne l'a pas quitté des yeux, tend alors le bras dans la direction opposée, sourit puis parle à Damien. Celui-ci se redresse, laisse tomber son bras, regarde dans la direction indiquée par Lionel, puis sourit et vocalise. Lionel se penche de nouveau sur sa construction. Damien le regarde, les bras ballants, puis s'éloigne.

SULLIVAN et ALEXANDRE

Sullivan, 34 mois (comportement fluctuant), a incliné plusieurs fois la tête et le buste devant Alexandre, 38 mois et demi (dominant-agressif), en même temps qu'il lui touchait le bras ; Sullivan parle à Alexandre. Mais, celui-ci, qui joue avec l'auto prise par agression à un petit de 19 mois, ne répond pas. Sullivan tape cinq fois sur la table avec sa cuiller puis se penche devant Alexandre, qui ne répond toujours pas. Sullivan tapote alors très doucement et à deux reprises la tête d'Alexandre. Celui-ci porte la main à sa tête, ouvre largement la bouche, prend une cuiller, lève brusquement le bras et porte un coup à Sullivan dont le visage se renfrogne (l'enfant va-t-il pleurer ?) Puis, alors qu'Alexandre lève de nouveau le bras avec une mimique menaçante, Sullivan tend le bras devant lui. Alexandre arrête son mouvement et regarde dans la direction indiquée. Sullivan ouvre largement la bouche et pousse un cri aigu en même temps qu'il projette le bras dans cette direction, où ne se trouve rien de particulier. Alexandre fait la même chose. Sullivan exprime de nouveau sa menace. Alexandre l'imite. Sullivan recommence, mais cette fois, Alexandre se penche sur son auto et joue avec. Sullivan se met deux doigts dans la bouche.

ALAIN et OLIVIER

Alain, 35 mois (dominant-agressif), a porté treize agressions à l'encontre de sept enfants. La puéricultrice l'a fait asseoir à côté d'Olivier, 31 mois (leader), et lui a donné de la pâte à modeler. Quinze secondes plus tard, Alain s'empare de la pâte d'Olivier qui ouvre la bouche largement et pousse un cri aigu. Le visage fermé, Alain porte alors sur la tête d'Olivier de légers coups avec sa main libre, puis avec celle qui tient la pâte à modeler. Olivier recule le buste, se tapote et se frotte la tête en souriant et en balançant lentement la tête de gauche à droite. Alain sourit, se frotte aussi la tête pendant trois secondes, se lève et pousse violemment un petit de 21 mois.

JULIAN, EMMANUEL et OLIVIER

La puéricultrice fait s'asseoir sur un tapis Julian, 33 mois, Emmanuel, 34 mois (leaders tous deux), et Olivier, 34 mois et demi (dominant-agressif). Emmanuel reçoit une auto attractive et les deux autres une auto banale en plastique. Après trois sollicitations d'Olivier (une entièrement verbale et deux autres comportant, en plus de la parole, une inclinaison du buste et de la tête), Emmanuel a échangé son auto avec lui. Il fait ensuite rouler sa petite voiture devant lui, puis la montre à Julian qui a gardé trois doigts dans la bouche depuis qu'il s'est assis. Julian lève le bras et le projette vers Emmanuel sans l'atteindre. Emmanuel fait de nouveau rouler son auto sans regarder Julian. Tout en gardant les doigts dans la bouche, celui-ci fait alors rouler son auto sur la tête d'Emmanuel qui répond aussitôt en faisant rouler son auto sur la tête de Julian. Celui-ci recule un petit peu, lève le bras et le projette légèrement en direction d'Emmanuel, regarde ce dernier pendant deux secondes, lui pose son auto sur la tête et le tape par deux fois. Puis il lève de nouveau le bras en direction d'Emmanuel. Celui-ci le regarde pendant trois secondes environ, se place lui-même l'auto sur les cheveux, se tapote dix fois la tête, se met deux doigts dans la bouche, dodeline de la tête, vocalise, retire ses doigts de la bouche, se frotte la tête avec la main et sourit. Julian sourit à son tour et recommence à faire rouler son auto devant lui. Emmanuel sourit en direction d'Olivier puis se penche vers l'auto attractive avec laquelle celui-ci joue.

MATHIEU et EMMANUEL

Mathieu, 22 mois et demi (dominant-agressif), est particulièrement agressif le jour de notre observation. De 9 heures à 9 h 30, il a exprimé onze agressions (dont six très appuyées) et en a reçu quatre. Visage fermé, il s'approche du meuble d'où les enfants sautent sur une pile de matelas et où se trouve Emmanuel, 21 mois (leader). Celui-ci regarde Mathieu s'approcher puis, lorsqu'il le voit grimper sur le meuble, il sourit et se dandine devant lui de façon accentuée. Mathieu l'imite. Emmanuel enchaîne en s'asseyant et en tapant des pieds sur le meuble. Mathieu l'imite encore. C'est la première interaction non agressive à laquelle participe Mathieu. L'imitation d'Emmanuel par Mathieu dure une minute environ. Dans les cinq minutes qui suivront, Mathieu n'exprimera aucune agression.

JULIAN, SULLIVAN et ALEXANDRE

Julian, 35 mois (leader), et Sullivan, 35 mois (comportement fluctuant), se poursuivent en riant ; ils s'imitent mutuellement depuis trois minutes environ. Julian se laisse tomber sur le sol. Sullivan fait de même. Julian se lève, court et se jette sur le matelas où est assis Alexandre, 29 mois et demi (dominant-agressif). Sullivan l'imite. Julian tire sur le matelas. Alexandre ouvre largement la bouche et pousse un cri. Julian s'écarte tandis qu'Alexandre vient remettre le matelas à sa place. Puis Julian tire de nouveau sur le matelas ; Alexandre le poursuit. Arrivé près des tables, Julian se détourne au moment où Alexandre se retrouve tout près de lui, le bras levé. Puis il enchaîne en soulevant une table qu'il laisse retomber. Sullivan l'imite, alors qu'Alexandre a laissé retomber le bras. Julian recommence. Sullivan et Alexandre l'imitent. Julian va soulever une autre table et la laisse retomber. Les deux autres enfants font la même chose. La séquence se reproduit encore deux fois. Julian court et repousse la cloison qui sépare la salle de jeux en deux parties. Alexandre l'imite. Julian se laisse tomber sur le matelas, Alexandre aussi. Julian tire sur le matelas et Alexandre l'imite. Aucune menace, aucune agression n'apparaît entre ces deux enfants au cours des neuf minutes suivantes.

FRÉDÉRIC, PHILIPPE et AURÉLIE

Frédéric, 34 mois (dominant-agressif), à plat ventre sur la selle de son vélo, traverse la cour en suivant Philippe, 37 mois (dominant-agressif). Celui-ci monte sur son vélo pour regarder par l'ouverture qui donne sur la salle de jeux, puis se hisse sur le rebord de la fenêtre. Aurélie, 19 mois (dominante-agressive), en profite pour s'emparer du vélo de Frédéric qui crie dans sa direction, tendant le bras et disant à Philippe : « Elle a pris mon vélo. » Philippe répond en tapant sur la vitre. Frédéric frappe à son tour. Les deux enfants tapent ensemble sur la vitre. De temps en temps, Frédéric pousse des cris aigus. Frédéric n'aura aucune autre interaction avec Aurélie au cours des cinq minutes suivantes. Mais trente minutes plus tard, il poussera la fillette et, après cinq autres minutes, il la frappera violemment.

Annexe 7

Exemples de comportements de réorientation de la menace et de l'agression

FRÉDÉRIC et ANNE

Frédéric, 29 mois et demi (dominant-agressif), se trouve sur un toboggan avec Anne, 36 mois (leader). Un petit de 20 mois s'approche d'eux. A quatre reprises, Frédéric projette le bras dans sa direction. Anne protège le petit et frappe légèrement Frédéric. Celui-ci se tourne alors vers le mur qu'il tape cinq fois avec la paume de ses mains levées au-dessus de la tête.

DAVID et OLIVIER

David, 27 mois (comportement fluctuant), pousse et mord Olivier, 19 mois (habituellement apaisant), puis lui prend son ballon. Une puéricultrice intervient. David mord le ballon avant de le rendre à la puéricultrice, puis court et va violemment taper avec un cube sur le radiateur qui se trouve à l'autre extrémité de la salle de jeux.

PASCAL, DOMINIQUE et FRANCK

Dans la cour, Pascal, 32 mois (comportement fluctuant), prend son vélo à Dominique, 31 mois (leader), qui attrape alors le vélo que Franck, 34 mois (leader également), vient d'abandonner. Franck tente de reprendre son vélo à Dominique et l'empêche d'avancer en tenant la pédale. Devant la résistance de Dominique, Franck lâche le vélo, s'éloigne, ramasse un caillou et le lance devant lui, sans viser quiconque.

ALEXANDRE, AURÉLIE, EMMANUEL, OLIVIER et JULIAN

Assis seul à une table, Alexandre, 28 mois (dominant-agressif), fait rouler le camion que lui a donné la puéricultrice. Il est seul depuis environ trois minutes. Aurélie, 32 mois (dominante-agressive), s'approche et tente de se saisir du camion. Alexandre résiste, ouvre largement la bouche et pousse un cri très aigu. Aurélie lâche le camion. Alexandre prend alors son gant de toilette et le mord avec force (les mâchoires apparaissent très serrées). Tout en mordant, il projette brusquement le buste en avant vers Emmanuel, 23 mois et demi, qui vient de s'asseoir à côté de lui. Emmanuel recule sa chaise. Alexandre se lève, toujours menaçant, et fait encore reculer Emmanuel en s'avançant vers lui. Lorsqu'il revient à sa chaise, il voit Aurélie s'éloigner avec le camion qu'il avait laissé sur la table. Il ouvre largement la bouche, crie très fort, trépigne, projette les bras dans la direction d'Aurélie. Il est alors mordu par Olivier, 35 mois (autre dominant-agressif), qui sort d'un conflit avec Julian, 33 mois et demi (leader), à l'issue duquel il a été repoussé et tapé par celui-ci. Alexandre pleure, puis s'isole avec le pouce dans la bouche (son isolement dure onze minutes).

JEAN-MARC, DAVID et CHRISTELLE

Une courte bousculade se produit entre Jean-Marc, 25 mois et demi, et David, 25 mois (tous les deux ont un comportement fluctuant), qui se poursuivaient en brandissant une quille. Ces deux enfants sont habituellement très liés. David porte un coup de quille à Jean-Marc qui répond en brandissant sa propre quille en direction de David... mais en la faisant retomber sur Christelle, 27 mois et demi, qui se met à pleurer. David frappe lui aussi la fillette, mais plus légèrement. Jean-Marc la frappe de nouveau.

PHILIPPE, ÉRIC et ANNIE

Philippe, 34 mois (dominant-agressif), montre du doigt une guirlande suspendue au plafond. Ayant assisté à plusieurs de ses agressions, Eric, 34 mois (leader), répond par une menace (bouche ouverte, vocalisation aiguë, bras projeté en avant). Aussitôt, Philippe pousse violemment

Annie, 25 mois et demi (habituellement très dominée), qui s'est approchée pour regarder la guirlande.

PATRICIA, EMMANUEL, YANNICK et HENRI

Patricia, 30 mois et demi (habituellement dominée), s'est fait prendre son lapin par Emmanuel, 29 mois et demi (habituellement dominé également), malgré la protection de Yannick, 30 mois et demi (leader). La fillette pleure très fort et provoque ainsi l'arrivée d'une puéricultrice qui fait des remontrances à l'ensemble des enfants se trouvant à la même table. Vingt-cinq secondes plus tard, Yannick, qui, malgré la persistance des pleurs de Patricia, semblait s'être désintéressé du conflit entre les deux enfants, menace Emmanuel (ouverture de la bouche, vocalisations aiguës, coups sur la table). Il projette son propre lapin en direction d'Emmanuel qui n'est séparé de lui que par Henri, 23 mois et demi (enfant très dominé). Emmanuel répond en projetant vers Yannick le lapin qu'il a pris à Patricia, puis oriente ses projections vers Henri, au point de le toucher. Emmanuel finit par porter treize coups sur Henri. Yannick menace encore trois fois Emmanuel en projetant son lapin dans sa direction. Emmanuel répond de la même façon, puis il oriente de nouveau ses coups sur Henri. A la neuvième projection de son lapin, Yannick frappe Henri à son tour. Puis Emmanuel prend Henri par la tête et lui tire les cheveux ; Yannick pose également la main sur la tête de Henri, mais se contente de la secouer légèrement [*].

BRUNO, FRANCK et DAVID

Bruno, 35 mois (comportement fluctuant), vient s'asseoir à la gauche de Franck, 36 mois (qui, de leader, devient de plus en plus agressif) ; Franck le repousse violemment et crie : « Michèle, on est trop serrés. » Franck repousse encore Bruno, le griffe et lui tire les cheveux. Bruno pleure, tend le bras, désigne son voisin de gauche, David, 25 mois (comportement fluctuant), et dit : « C'est lui. » Franck se penche vers David, lui pince le bras tout en ouvrant largement la bouche et en

---

[*] Voir le film *Mécanismes de la communication non verbale chez les jeunes enfants.*

poussant des cris aigus. David ne bouge pas, mais fixe longuement Franck, qui arrête son agression.

PASCAL et KARINE

Pascal, 33 mois (comportement fluctuant), se cogne violemment dans la barrière du parc des petits. Il se relève et va frapper Karine, 30 mois (habituellement apaisante), avec laquelle il est pourtant lié.

DAVID, CHRISTELLE et PASCAL

David, 25 mois (comportement fluctuant), veut s'emparer du jouet de Christelle, 27 mois et demi (comportement également fluctuant), et la poursuit. David tombe. Il se relève, le visage fermé, puis tape au passage Pascal, 33 mois et demi (comportement fluctuant), qui le regarde sans répondre.

RAYMONDE et ARNAUD

Une puéricultrice prend le gant de toilette de Raymonde, 33 mois (dominante-agressive). La fillette trépigne et pleure. Son voisin de table, Arnaud, 30 mois et demi (leader), incline latéralement la tête et le buste devant elle et avance la main pour la caresser. Raymonde répond en le frappant par trois fois. Arnaud pleure.

ALEXANDRE, AURÉLIE et EMMANUEL

Alexandre, 28 mois et demi (dominant-agressif), vient de recevoir une auto d'une puéricultrice. Quinze secondes plus tard, Aurélie, 32 mois et demi (dominante-agressive), arrive par-derrière et s'empare brusquement de l'auto d'Alexandre. Celui-ci trépigne et pleure. La puéricultrice prend l'auto dans les mains d'Aurélie et la redonne à Alexandre. Trois secondes plus tard, Aurélie mord le dos d'Emmanuel, 34 mois et demi (habituellement dominé), qui passait à un mètre environ sans s'intéresser aux enfants.

ALAIN et EDWIGE

Alain, 31 mois (dominant-agressif), échange des objets avec sa voisine de table, Edwige, 21 mois, (habituellement très apaisante). Puis, comme cela arrive fréquemment après quelques échanges, Alain exprime des menaces sans raison apparente et frappe la fillette. Ensuite, il lui caresse la joue. Edwige continue de pleurer. Alain se mordille alors les doigts, reste immobile et le regard fixe pendant près de trois minutes.

CATHERINE, LIONEL, ALEXANDRE, DAMIEN et FRÉDÉRIC

Catherine, 26 mois (dominante-agressive), s'est accroupie devant Lionel, 21 mois (leader), qui est assis et joue avec des éléments de construction. La fillette désigne les objets avec l'index tendu. Lionel la regarde, la repousse, et la menace. Catherine se lève et frappe violemment Alexandre, 25 mois (dominant-agressif). Celui-ci pleure puis tape Catherine sur la tête. La fillette ouvre largement la bouche sans émettre de vocalisation, porte le bras à sa bouche et se mord. Puis elle poursuit Damien, 19 mois (comportement fluctuant), qui court à quelques mètres d'elle. Trois secondes plus tard, elle le prend par le cou et lui mord la tête. Damien tombe et pleure. Catherine le caresse et se balance devant lui en lui parlant. Les pleurs de Damien redoublent. Catherine se porte une nouvelle fois le bras à la bouche et se mord. Elle regarde son bras, puis court vers Frédéric, 24 mois (habituellement apaisant), et le tape sur la tête.

Annexe 8

Les courbes circadiennes

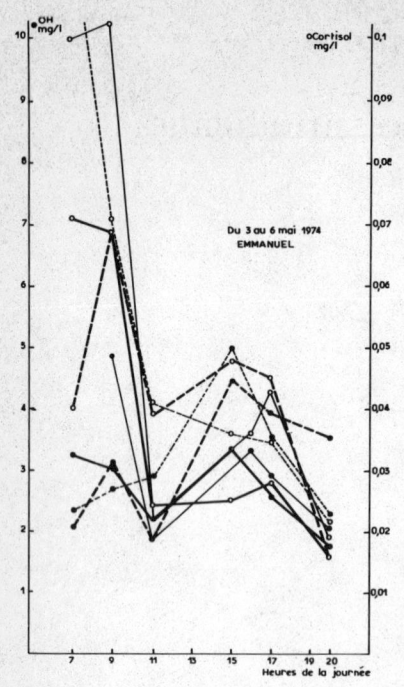

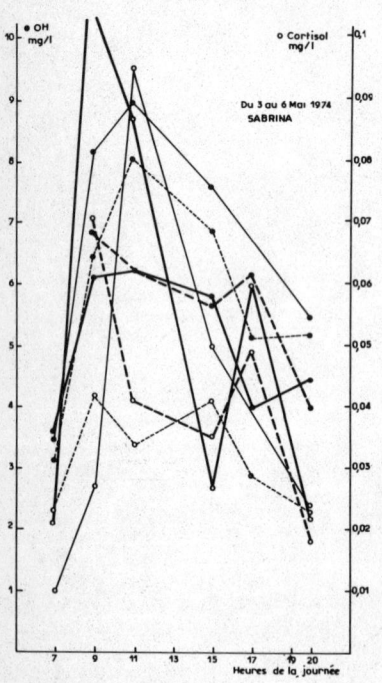

LA PHYSIOLOGIE SURRENALIENNE DES LEADERS ET DES DOMINANTS-AGRESSIFS DE 2 à 3 ANS A LA CRECHE.

Courbes N° 1 : **Emmanuel, leader de 3 ans.**

LE LEADER EST UN ENFANT AUSSI STABLE DANS SA PHYSIOLOGIE « DE LA DÉFENSE » QUE DANS SON COMPORTEMENT.

Courbes circadiennes d'élimination urinaire du cortisol et des 17-OHCS d'un garçon leader, du vendredi 3 mai (*trait continu fin*) au lundi 6 mai 1974 (*trait continu épais*). Les courbes du samedi et du dimanche sont représentées par des *petits tirets* (samedi) et des *tirets épais* et plus longs (dimanche). Les courbes ont tendance à être régulières, quel que soit le jour et quel que soit le milieu fréquenté par l'enfant (crèche et milieu familial).

Courbes N° 2 : **Sabrina, fillette dominante-agressive de 3 ans.**

L'ENFANT DOMINANT-AGRESSIF EST BEAUCOUP PLUS IRRÉGULIER QUE LE LEADER DANS SA PHYSIOLOGIE « DE LA DÉFENSE ».

Courbes circadiennes d'élimination urinaire du cortisol et des 17-OHCS d'une fillette dominante-agressive, du vendredi 3 mai (*trait continu fin*) au lundi 6 mai 1974 (*trait continu épais*). Les courbes du samedi et du dimanche sont représentées par des *petits tirets* (samedi) et des *tirets épais* et plus longs (dimanche). Les courbes sont beaucoup plus fluctuantes que sur la courbe N° 1 (les deux enfants appartiennent à la même population).

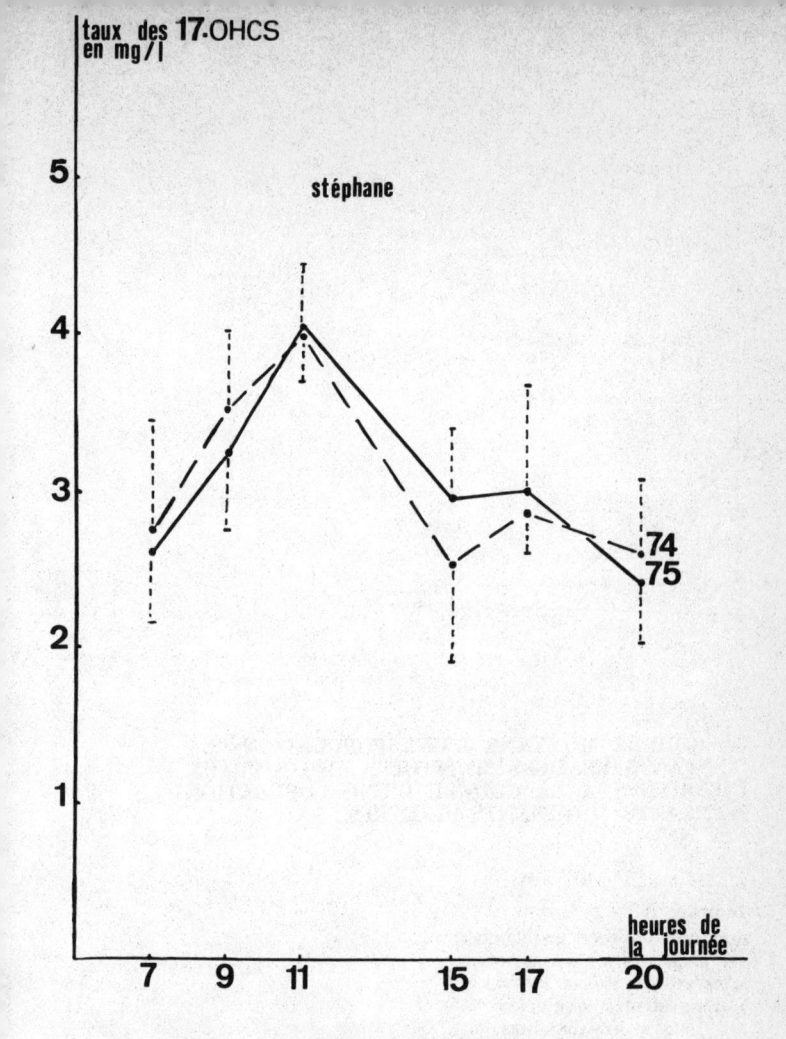

LA PHYSIOLOGIE SURRENALIENNE DE L'ENFANT QUI RESTE LEADER, NE VARIE PAS D'UNE ANNEE A L'AUTRE.

Courbes N° 3.

LA STABILITÉ DE L'ENFANT LEADER.

Courbes circadiennes moyennes des 17-OHCS d'un garçon leader à 9-10 mois d'intervalle. Les vacances d'été sont comprises dans l'intervalle qui sépare les prélèvements d'urines de 1974 et de 1975. Chez un enfant au comportement stable, on ne remarque d'une année à l'autre ni changement de la structure de comportement, ni changement des modalités circadiennes d'élimination urinaire des 17-OHCS ; sur cette figure, chaque point est la moyenne de 10 à 16 mesures effectuées d'octobre à mai ; les urines ont été recueillies 4 fois pendant 4 jours consécutifs, mais il arrive que des urines ne puissent être recueillies certains jours et à certaines heures (le samedi et le dimanche) à 7 heures, lorsque le réveil de l'enfant est plus tardif que les autres jours ; ou encore, quand l'enfant a uriné dans sa culotte, ou quand la miction, suivant les heures, est faible ou nulle. La barre verticale représente l'erreur standard de chaque moyenne et donne donc, dans une direction, la limite de l'intervalle de confiance avec un coefficient de sécurité de 95 %.

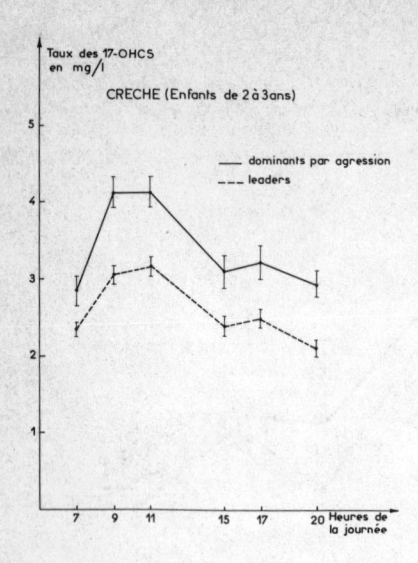

Taux des 17-OHCS en mg/l

CRECHE (Enfants de 2 à 3 ans)

— dominants par agression
--- leaders

Heures de la journée

LA COURBE MOYENNE D'UNE POPULATION D'ENFANTS LEADERS SE SITUE A DES NIVEAUX INFERIEURS A LA COURBE D'UNE POPULATION D'ENFANTS DOMINANTS-AGRESSIFS.

Courbes N° 4.

LES LEADERS ONT EN GÉNÉRAL DES SÉCRÉTIONS D'HORMONES DE « DÉFENSE » MOINS ÉLEVÉES ET MOINS VARIABLES QUE CELLES DES DOMINANTS-AGRESSIFS.

Comparaison des courbes moyennes de dix-sept leaders et de seize dominants-agressifs pris dans les mêmes populations d'enfants de 2 à 3 ans de 1971 à 1975. Les différences entre les deux courbes sont significatives à $P < 0.01$ à tous les moments de la journée (test du t de Student). Chaque barre verticale représente deux fois l'erreur standard de la moyenne et donne donc les limites de l'intervalle de confiance avec un coefficient de sécurité de 95 %.

LES LEADERS ET LES DOMINÉS AU MECANISME DE LEADER ONT SOUVENT UNE PHYSIOLOGIE SURRENALIENNE TRES COMPARABLE.

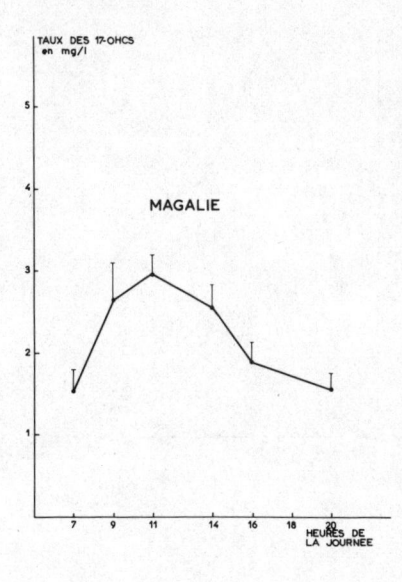

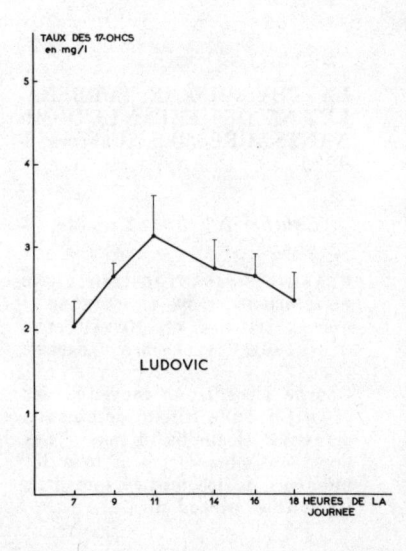

Courbe N° 5 : **Magalie, 4 ans.**

À L'ÉCOLE MATERNELLE (3 A 6 ANS), L'ENFANT LEADER RESTE TRÈS STABLE, RÉGULIER, DANS SA PHYSIOLOGIE « DE LA DÉFENSE ».

Courbe circadienne moyenne des 17-OHCS d'une fillette leader (Magalie, 4 ans). La courbe est régulière avec un pic à 11 heures et une faible dispersion des résultats par rapport aux moyennes. Sur cette courbe, chaque point est la moyenne de dix à seize mesures. Certaines mictions manquent pour les raisons déjà exposées dans la légende des courbes N° 3, et pour d'autres raisons liées au mode de vie de la famille (déplacements le samedi et le dimanche, qui rendent difficiles et contraignants le recueil des urines à certaines heures, etc.) et aux événements imprévus qui surviennent à l'école maternelle (femme de service malade, visite de l'école par une personnalité extérieure, etc.). Chaque barre verticale représente l'erreur standard de la moyenne et donne donc, dans une direction, la limite de l'intervalle de confiance avec un coefficient de sécurité de 95 %. Il en est de même pour les courbes individuelles suivantes.

Courbe N° 6 : **Ludovic, 4 ans.**

L'ENFANT DOMINÉ AUX MÉCANISMES DE LEADER A UNE PHYSIOLOGIE « DE LA DÉFENSE » AUSSI STABLE QUE CELLE D'UN LEADER.

Courbe circadienne moyenne des 17-OHCS d'un garçon dominé aux mécanismes de leader. La courbe a les mêmes caractéristiques que celle de Magalie.

L'ENFANT LEADER, QUI A CEPENDANT DES COMPORTEMENTS D'AGRESSION, A UNE PHYSIOLOGIE SURRENALIENNE INTERMEDIAIRE ENTRE LES LEADERS TYPES ET LES DOMINANTS-AGRESSIFS.

***Courbe N° 7* : Sylvie, 4 ans.**

L'ENFANT LEADER DONT LA FRÉQUENCE DES APAISEMENTS N'EST PAS NETTEMENT PLUS FORTE QUE LA FRÉQUENCE DES AGRESSIONS A DES TAUX D'HORMONES « DE DÉFENSE » PLUS ÉLEVÉS QUE CEUX DES LEADERS TYPES, SURTOUT LE MATIN, A 9 HEURES ET A 11 HEURES.

Courbe circadienne moyenne des 17-OHCS d'une fillette, Sylvie, qui a les mêmes mécanismes de communication que Magalie et Ludovic, mais qui exprime davantage d'agressions, surtout dans les situations de compétition. La courbe a la même structure que celles de Magalie et Ludovic, mais les taux sont plus élevés de 9 heures à 16 heures.

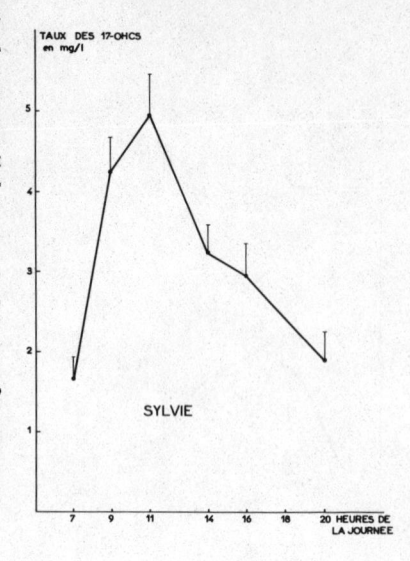

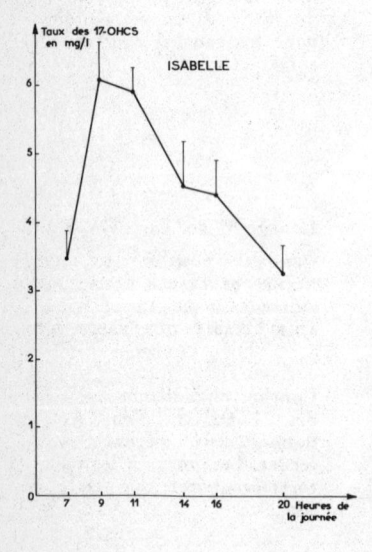

LA PHYSIOLOGIE SURRENALIENNE DES ENFANTS DOMINANTS-AGRESSIFS. (Courbes 8-9-10.)

***Courbe N° 8* : Isabelle, 4 ans.**

L'ENFANT DOMINANT-AGRESSIF A UNE PHYSIOLOGIE « DE LA DÉFENSE » QUI SE SITUE A UN NIVEAU PLUS ÉLEVÉ QUE CELLE DES LEADERS.

Courbe circadienne moyenne des 17-OHCS d'une fillette dominante-agressive (Isabelle, 4 ans). Les taux sont plus élevés à tous les moments de la journée que dans les courbes précédentes.

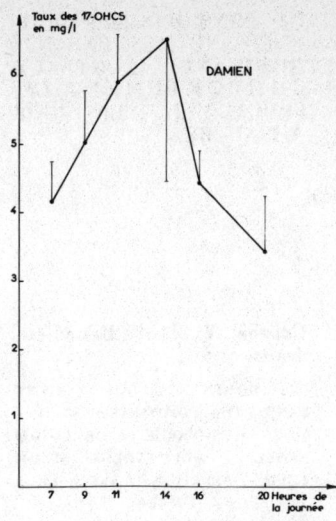

Courbe N° 9 : **Damien, 4 ans.**

L'ENFANT DOMINANT TRÈS AGRESSIF A UNE PHYSIOLOGIE « DE LA DÉFENSE » ENCORE PLUS FLUCTUANTE ET QUI SE SITUE A UN NIVEAU ENCORE PLUS ÉLEVÉ QUE CELLE DES AUTRES ENFANTS.

Courbe circadienne moyenne des 17-OHCS d'un garçon dominant très agressif (Damien, 4 ans). Les taux sont très élevés et très variables à presque tous les moments de la journée par rapport aux enfants leaders ou aux enfants dominés aux mécanismes de leaders. Le pic journalier est déplacé à 14 heures.

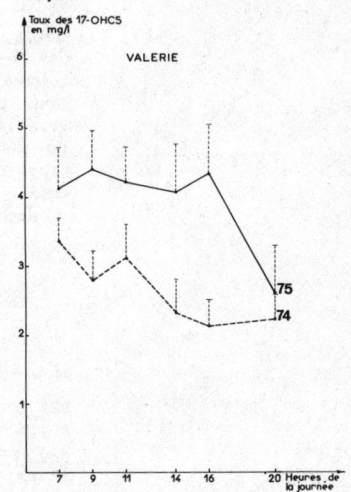

Courbes N° 10 : **Valérie.**

PARFOIS, L'ENFANT DOMINANT TRÈS AGRESSIF NE PRÉSENTE AUCUNE ORGANISATION DANS SA PHYSIOLOGIE « DE LA DÉFENSE ».

Courbes circadiennes moyennes des 17-OHCS d'une fillette dominante-agressive (Valérie, 3 ans et demi en 1974) durant deux années consécutives. Ces courbes n'ont pas de structure régulière. Le comportement de Valérie est très instable et comporte beaucoup d'agressions par rapport aux autres enfants de la même population. On ne note aucun changement dans la structure du comportement de Valérie d'une année à l'autre.

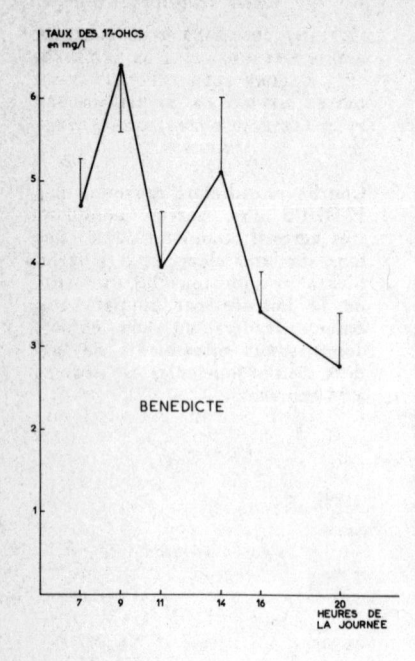

LA PHYSIOLOGIE SURRENALIENNE DES ENFANTS DOMINANTS DONT LE COMPORTEMENT EST FLUCTUANT D'UN JOUR A L'AUTRE.

Courbe N° 11 : **Bénédicte, 4 ans.**

LES DOMINANTS QUI VARIENT DANS LEUR COMPORTEMENT ONT UNE PHYSIOLOGIE « DE LA DÉFENSE » QUI ÉVOLUE SELON LEURS RELATIONS AVEC LEUR MÈRE.

Courbe circadienne moyenne des 17-OHCS d'une fillette très fluctuante ; la courbe présente deux pics élevés à 9 heures et à 14 heures avec des taux de dispersion importants par rapport à chaque moyenne. Cet enfant se rapproche du profil de dominant-agressif.

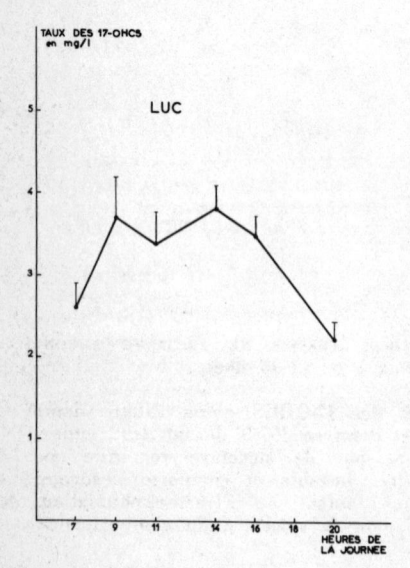

Courbe N° 12 : **Luc, 4 ans.**

LES VARIATIONS PHYSIOLOGIQUES DES DOMINANTS QUI FLUCTUENT DANS LEUR COMPORTEMENT SONT ATTÉNUÉES LORSQUE CES ENFANTS NE SONT PAS TRÈS AGRESSIFS.

Courbe circadienne moyenne des 17-OHCS d'un garçon fluctuant. Cette courbe présente un pic au début de chaque demi-journée scolaire (9 heures et 14 heures). Mais les pics sont moins prononcés que dans la courbe n° 11 et les taux des 17-OHCS sont beaucoup moins variables. Luc se rapproche du profil de leader.

LA PHYSIOLOGIE SURRENALIENNE DES ENFANTS CRAINTIFS, DES DOMINES-AGRESSIFS.

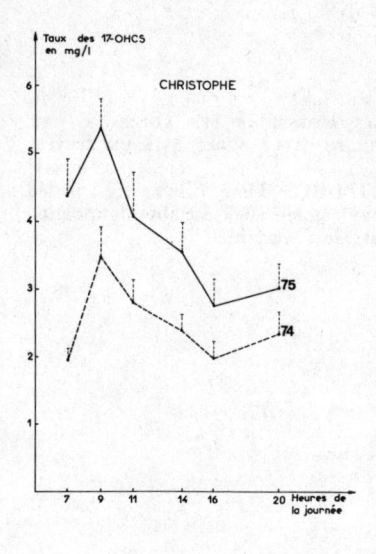

Courbes N° 13 : **Christophe.**

LES ENFANTS TRÈS CRAINTIFS ONT UNE « RÉACTION » PHYSIOLOGIQUE PEU DE TEMPS APRÈS AVOIR RETROUVÉ UNE MÈRE SURPROTECTRICE.

Courbes circadiennes moyennes des 17-OHCS d'un garçon dominé craintif (Christophe, 4 ans) d'une année à l'autre. Ces courbes présentent une deuxième remontée des 17-OHCS, trois heures après le retour dans le milieu familial. Les enfants craintifs comme Christophe conservent le même profil de comportement et le même profil surrénalien moyen d'une année à l'autre.

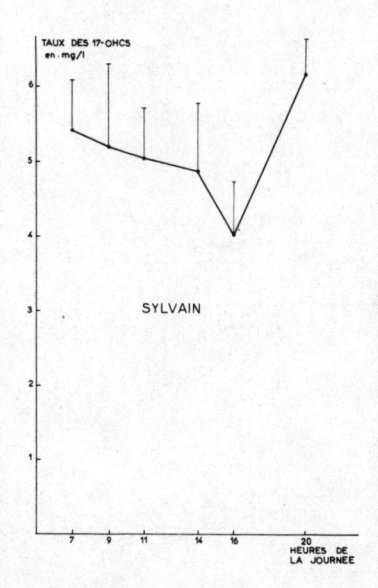

Courbe N° 14 : **Sylvain.**

L'ENFANT DOMINÉ ET AGRESSIF EST AUSSI IRRÉGULIER ET IMPRÉVISIBLE DANS SA PHYSIOLOGIE « DE LA DÉFENSE » QUE LE DOMINANT-AGRESSIF.

Courbe circadienne moyenne des 17-OHCS d'un garçon dominé-agressif (Sylvain, 4 ans). Cette courbe présente un taux très élevé de 7 à 14 heures, comme celle de certains dominants-agressifs (voir Valérie : courbe n° 10), et une remontée le soir, après le retour dans la famille, comme celle des dominés-craintifs (voir Christophe : figure 13). Cet enfant est à la fois isolé, agressif et craintif.

LA PHYSIOLOGIE SURRENALIENNE
DES ENFANTS TRES ISOLES.

Courbe N° 15 : **Karine.**

L'ENFANT TRÈS ISOLÉ QUI SUBIT LES AGRESSIONS DES AUTRES A UNE PHYSIOLOGIE « DE LA DÉFENSE » QUI SE SITUE A DES NIVEAUX ÉLEVÉS.

Courbe circadienne moyenne des 17-OHCS d'une fillette très isolée (Karine, 4 ans). Le pic est très élevé comme chez certains dominants-agressifs. Le taux des 17-OHCS est alors variable.

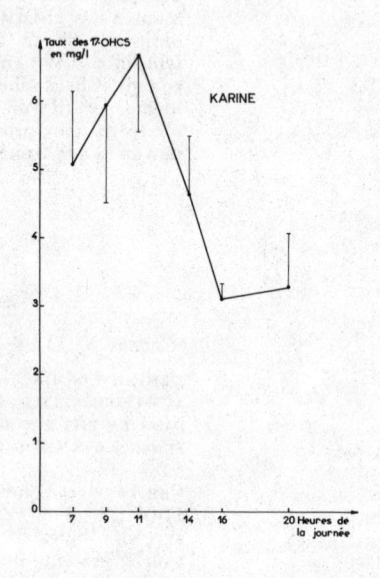

LES FLUCTUATIONS DE LA PHYSIOLOGIE SURRÉNALIENNE EN FONCTION DES JOURS DE LA SEMAINE.

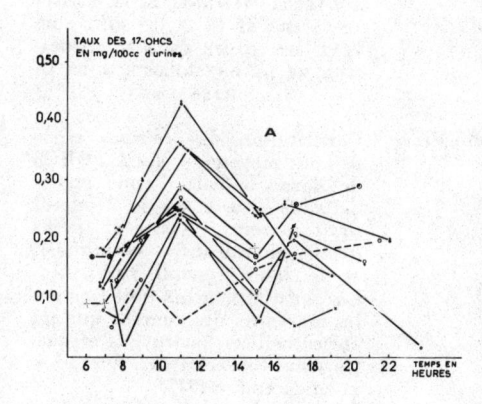

Courbes N° 16.

LE VENDREDI, SIXIÈME JOUR DE VIE COMMUNE, LES ENFANTS DE LA CRÈCHE ONT TENDANCE A SYNCHRONISER LEUR PHYSIOLOGIE « DE LA DÉFENSE ».

Courbes circadiennes des 17-OHCS de 10 enfants de 2 à 3 ans, le vendredi 30 juin 1972 (les enfants appartiennent à la même population). Neuf courbes sur dix ont sensiblement la même structure : le pic circadien se situe à 11 heures.

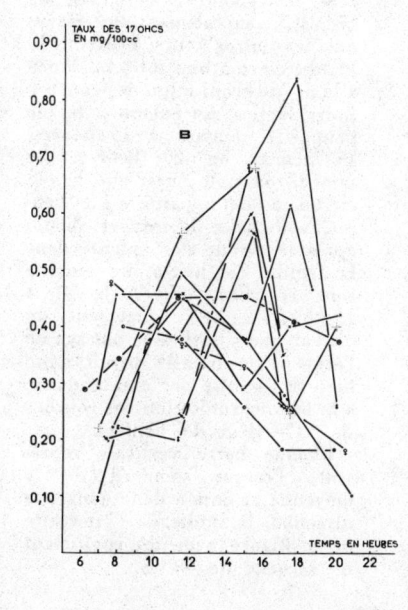

Courbes N° 17.

LE LUNDI, LES MÊMES ENFANTS QUE CEUX DES COURBES 16 SONT DÉSYNCHRONISÉS DANS LEUR PHYSIOLOGIE « DE LA DÉFENSE ».

Courbes circadiennes des 17-OHCS des mêmes enfants que ceux des courbes 16, le lundi 26 juin 1972. Le changement de rythme entraîne de nombreuses désynchronisations dans le rythme circadien d'élimination urinaire des 17-OH CS de l'enfant. Le pic se situe à 9 heures pour certains, à 11 heures, 15 heures, 17 heures, ou même 20 heures pour d'autres.

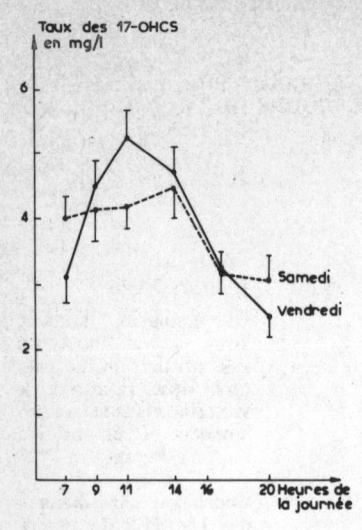

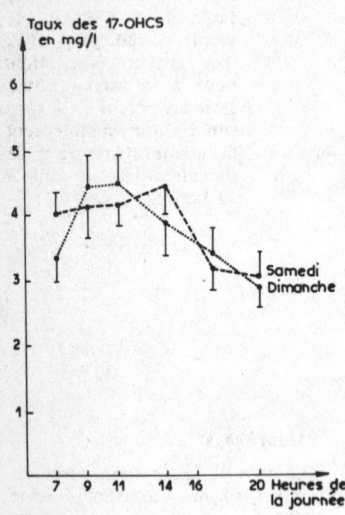

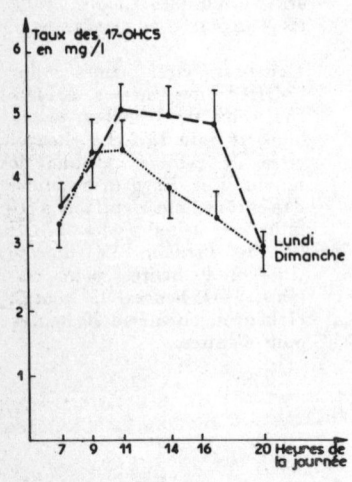

LE PASSAGE DE L'ECOLE MATERNELLE A LA FAMILLE ET INVERSEMENT.

Courbes N° 18.

A L'ÉCOLE MATERNELLE, LE SAMEDI APRÈS-MIDI ET LE LUNDI SONT SOUVENT DES JOURS DE DÉSORGANISATION DE LA PHYSIOLOGIE « DE LA DÉFENSE ».

Comparaison des courbes circadienne moyennes des 17-OHCS de douze enfants d'école maternelle de 3 à 4 ans le vendredi (*trait continu*), le samedi (*petits tirets*), le dimanche (*pointillés*), et le lundi (*grands tirets*).

Les quatre courbes représentent les moyennes des données qui ont été recueillies quatre fois et quatre jours consécutifs en novembre et en décembre 1975.

Le lundi, la courbe moyenne des 17-OHCS tend à se maintenir à un niveau élevé de 11 à 16 heures : cela correspond à des taux de 17-OHCS généralement plus élevés que les autres jours à partir de 11 heures et à une forte tendance à la désynchronisation des courbes individuelles des enfants : le pic peut être déplacé à 14 heures, 16 heures ou 20 heures. Le samedi, on note aussi que le pic circadien peut apparaître à 14 heures, soit deux heures et demie après le retour des enfants dans la famille (le matin, les enfants sont en classe de 8 h 30 à 11 h 30). Le changement de rythme que constitue le passage de l'école à la famille paraît donc bien se traduire par une tendance à la désynchronisation des courbes des 17-OHCS de l'enfant.

Chaque barre verticale représente l'erreur standard de la moyenne et donne donc dans une direction, la limite de l'intervalle de confiance avec un coefficient de sécurité de 95 %.

LA RUPTURE DES JOURS FERIES.

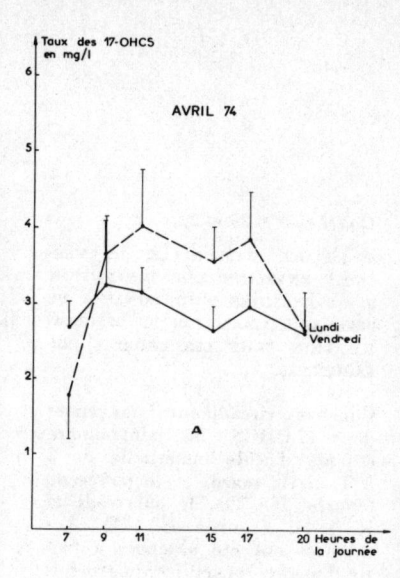

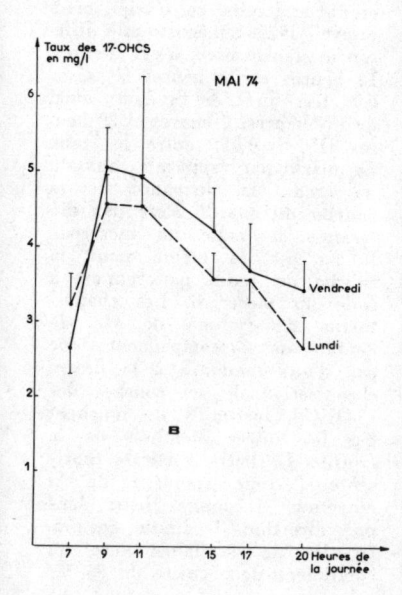

Courbes N° 19.

UN JOUR FÉRIÉ DANS LA SEMAINE DÉSORGANISE LA PHYSIOLOGIE « DE LA DÉFENSE ».

Courbes n° 19 A : Courbes circadiennes moyennes des 17-OHCS de onze enfants de la crèche (2 à 3 ans), le vendredi 5 (*trait continu*) et le lundi 8 avril 1974 (*tirets*). Les taux de 17-OHCS et, le plus souvent, la variabilité des taux, sont plus élevés le lundi, jour de rupture avec le milieu familial, que le vendredi, cinquième jour de vie commune des enfants (depuis le lundi, ils se retrouvent à la crèche).

Courbes n° 19 B : Courbes circadiennes moyennes des 17-OHCS des mêmes enfants que ceux des courbes établies en n° 19 A, mais un mois plus tard et du vendredi 3 (*trait continu*) au lundi 6 mai (*tirets*). Le deuxième jour après la rupture que constitue le 1er mai, jour férié en France, on observe (le vendredi) une tendance plus forte à l'augmentation des 17-OHCS à presque tous les moments de la journée, ainsi qu'une plus forte variabilité des taux que le lundi suivant. Toute rupture inhabituelle pour la famille dans le rythme de vie hebdomadaire tend à provoquer chez les enfants, à la fois une désynchronisation des courbes circadiennes des 17-OHCS, et une augmentation de la fréquence des agressions spontanées et des isolements. Chaque barre verticale représente l'erreur standard de la moyenne.

353

LA PHYSIOLOGIE SURRÉNALIENNE DES ENFANTS D'ÉCOLE MATERNELLE LE MERCREDI PAR RAPPORT AU MARDI ET AU JEUDI.

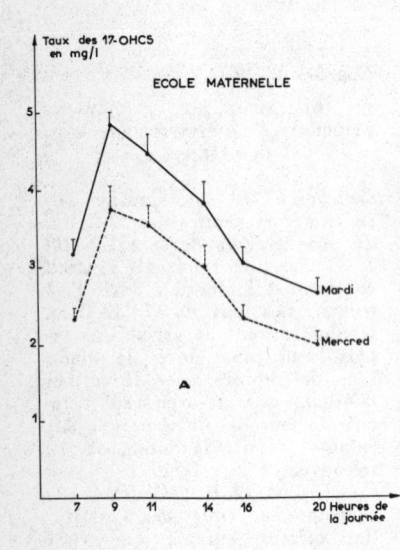

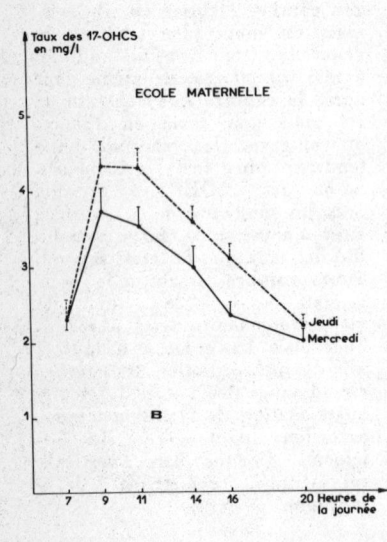

Courbes Nos 20 et 21.

A L'ÉCOLE MATERNELLE, LE MERCREDI ENTRAINE UNE DIMINUTION DES SÉCRÉTIONS D'HORMONES « DE DÉFENSE », MAIS PAS DE DÉSORGANISATION DANS LES COURBES CIRCADIENNES.

Courbes circadiennes moyennes des 17-OHCS de vingt-quatre enfants d'école maternelle de 3 à 4 ans le mardi et le mercredi, (courbe N° 20), le mercredi et le jeudi (courbe N° 21). Les données ont été obtenues à partir d'urines recueillies quatre fois au cours des mêmes mardis, mercredis et jeudis, en février, mars et avril 1975. S'il existe une différence significative à 11 heures, 14 heures et 16 heures ($P <$ 0.05 test du t de Student) ainsi qu'à 7 heures, 9 heures et 20 heures ($P < 0.01$) entre les taux du mardi par rapport à ceux du mercredi, la structure de la courbe du mardi n'est pas différente de celle du mercredi. Il en est de même pour la courbe du jeudi par rapport à celle du mercredi. Les changements de rythme de vie de l'enfant ne s'accompagnent donc pas d'une tendance à la désynchronisation de ses courbes des 17-OHCS, lorsqu'ils ne touchent pas les autres membres de la famille. La barre verticale représente l'erreur standard de la moyenne et donne donc, dans une direction, la limite de l'intervalle de confiance avec un coefficient de sécurité de 95 %.

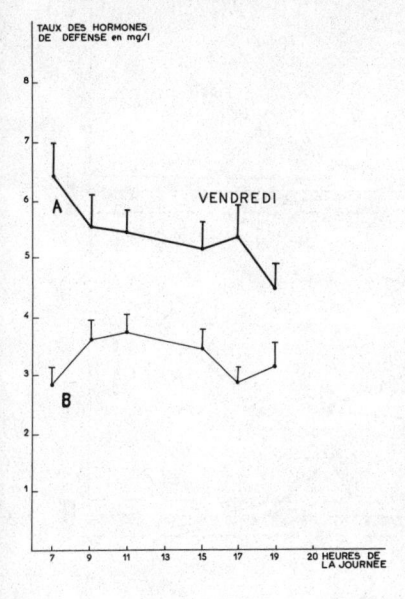

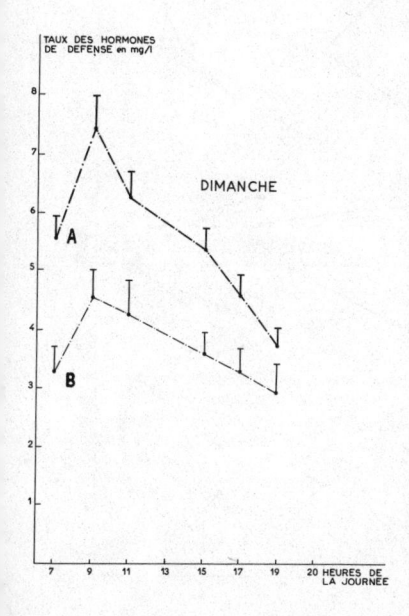

LES RYTHMES CIRCADIENS DES MERES EN FONCTION DES RYTHMES DE TRAVAIL.

Courbes N° 22.

LES MÈRES DE MOINS DE 35 ANS QUI ONT UN RYTHME DE TRAVAIL SOUTENU ET CONTRAIGNANT DANS LA JOURNÉE (courbes A) ONT UNE PHYSIOLOGIE « DE LA DÉFENSE » PLUS IRRÉGULIÈRE ET QUI SE SITUE A UN NIVEAU PLUS ÉLEVÉ QUE LES MÈRES DONT LES ACTIVITÉS DE LA JOURNÉE NE SONT PAS SOUMISES A UN RYTHME STRICT (courbes B).

Courbes circadiennes moyennes des 17-OHCS, le vendredi et le dimanche, de dix mères dont le travail est soutenu et strict tout au long de la journée, du lundi matin au vendredi soir (il s'agit d'ouvrières d'usine, de secrétaires de direction, de secrétaires ayant un programme de travail « rigide » : courbes A) et de dix mères dont les temps de « travail » contraignant alternent dans la journée avec des temps d'« activités libres » (cinq étudiantes) ou dont les temps de travail ne sont pas soumis à un rythme journalier strict (cinq employées d'administration n'ayant pas la responsabilité d'un service ou d'un secrétariat : courbes B). Les dosages de 17-OHCS ont été faits sur des urines recueillies trois fois dans l'année, du vendredi 7 heures au lundi 19 heures. Le vendredi, jour de travail, la courbe A est plus irrégulière et se situe à un niveau beaucoup plus élevé que la courbe B, à tous les moments de la journée (chaque barre verticale représente l'erreur standard de la moyenne). Le dimanche, jour de repos, les différences subsistent, même si elles sont plus faibles à 7 heures, 17 heures et 20 heures.

L'étude du comportement de la mère au moment de l'accueil et de l'habillage de l'enfant montre que les mères A sont moins apaisantes et plus agressives que les mères B.

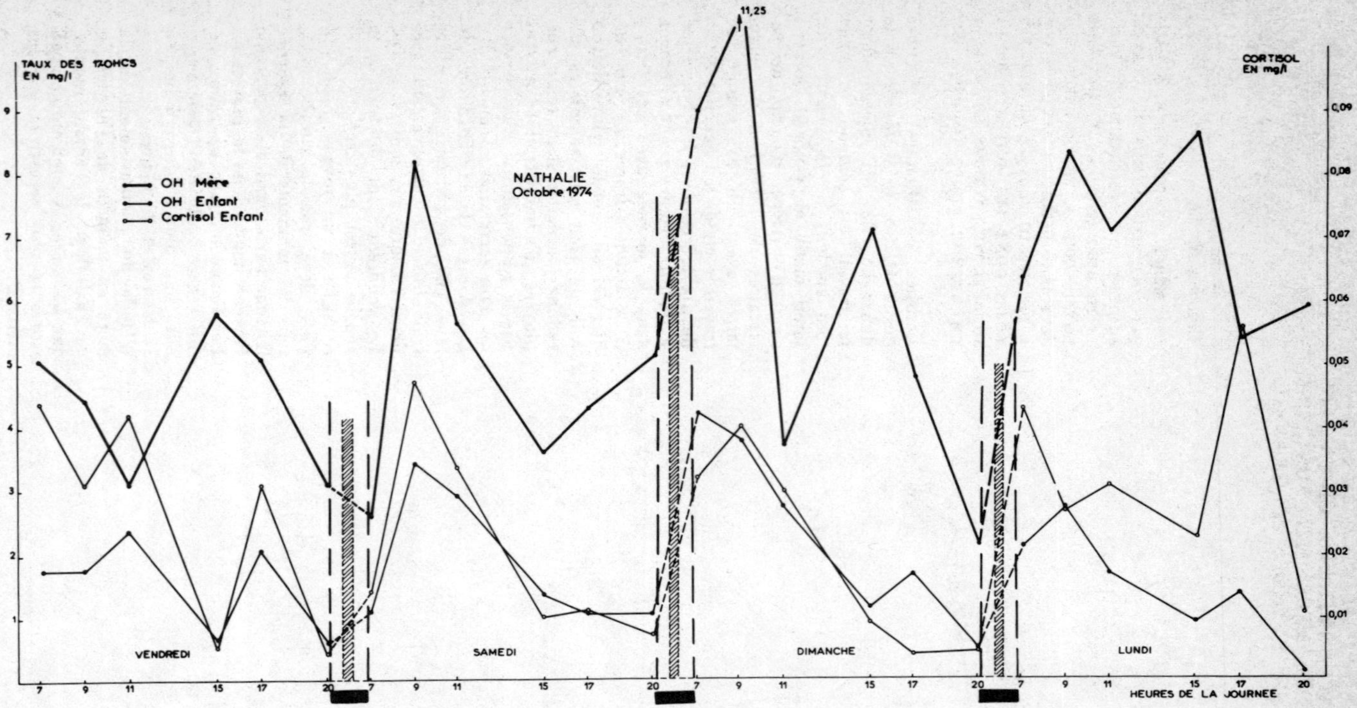
TAUX DES 17OHCS
EN mg/l
CORTISOL
EN mg/l
NATHALIE
Octobre 1974
OH Mère
OH Enfant
Cortisol Enfant
11,25
VENDREDI
SAMEDI
DIMANCHE
LUNDI
HEURES DE LA JOURNEE
9
8
7
6
5
4
3
2
1
0,09
0,08
0,07
0,06
0,05
0,04
0,03
0,02
0,01
7
9
11
15
17
20

LA MERE ET L'ENFANT.

Courbes N° 23.

LA SYNCHRONISATION DE LA PHYSIOLOGIE « DE LA DÉFENSE » DE LA MÈRE ET DE L'ENFANT.
Courbes circadiennes des 17-OHCS urinaires d'une mère et de sa fille (les courbes circadiennes du cortisol de l'enfant, Nathalie, sont aussi représentées), du vendredi au lundi (l'enfant a 2 ans et demi). Il existe une nette tendance à la synchronisation des courbes des 17-OHCS de la mère et de l'enfant à partir du moment où elles se sont retrouvées le vendredi à 17 heures ; la synchronisation dure jusqu'à leur séparation, le lundi matin à 9 heures. Notons que le deuxième pic du dimanche, dans la courbe de la mère, survient deux à trois heures après que le mari est parti pour sa partie de football hebdomadaire.

357

L'INSTITUTRICE ET L'ENFANT.

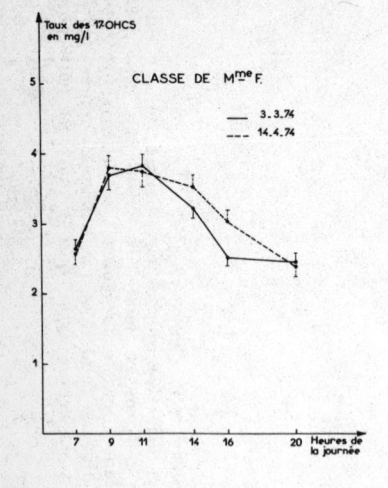

Courbes N° 24.

LES SÉCRÉTIONS D'HORMONES « DE DÉFENSE » D'UNE POPULATION D'ENFANTS SONT RÉGULIÈRES AVANT ET APRÈS LES VACANCES DE PAQUES, DU MOINS LORSQUE L'INSTITUTRICE RESTE TRÈS STABLE DANS SON COMPORTEMENT.

Courbes circadiennes moyennes des 17-OHCS de quatorze enfants d'école maternelle âgés de 3 à 4 ans, avant les vacances de Pâques (tous les jours de la semaine du 3 mars 1974) et après (tous les jours de la semaine du 14 avril 1974). L'institutrice est peu fatigable, peu agressive, et très disponible (Mme F...). Il n'y a pas de différence significative entre les taux des 17-OHCS des deux courbes aux mêmes moments de la journée.

Courbes N° 25.

LES SÉCRÉTIONS D'HORMONES « DE DÉFENSE » D'UNE POPULATION D'ENFANTS S'ÉLÈVENT BEAUCOUP LORSQUE L'INSTITUTRICE CHANGE DE COMPORTEMENT A L'ÉGARD DE SES ÉLÈVES.

Courbes circadiennes moyennes des 17-OHCS de treize enfants d'école maternelle âgés de 3 à 4 ans, avant les vacances de Pâques (tous les jours de la semaine du 24 février 1974) et après les vacances. L'institutrice (Mme R...) est fatigable et moins disponible avant les vacances : de 9 heures à 14 heures, il existe pour les deux courbes une différence significative à $P < 0.01$ entre les mêmes heures de la journée (test du t de Student). L'attitude de l'institutrice paraît donc se traduire par une augmentation du taux des 17-OHCS pour l'ensemble de la population d'enfants.

Courbes N° 26.

LES FACTEURS PHYSIOLOGIQUES JOUENT UN ROLE IMPORTANT DANS LA DISPONIBILITÉ DE L'INSTITUTRICE A L'ÉGARD DES ENFANTS ET PAR SUITE, DANS LEUR PHYSIOLOGIE « DE LA DÉFENSE ».

De 5 à 8 mois après que Mme F... (voir les courbes n° 24) eut été opérée d'une otospongiose et eut ainsi retrouvé une partie importante de son audition (en novembre et décembre 1975, et en février 1976, au cours de périodes qui précèdent les vacances), on observe que la courbe circadienne moyenne des 17-OHCS des enfants de la classe de Mme F... présente maintenant des taux de 17-OHCS plus élevés à tous les moments de la journée que l'année scolaire précédente (il s'agit des mêmes enfants). On observe aussi un déplacement du pic circadien vers 14 heures. La courbe circadienne moyenne des 17-OHCS des enfants de la même classe de Mme R... (qui conserve les mêmes caractéristiques de comportement), est comparable à celle de l'année scolaire précédente (situation avant les vacances).

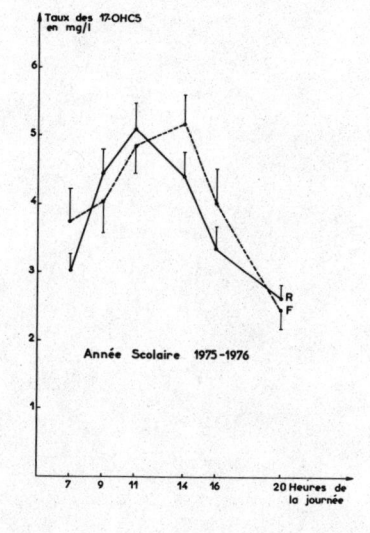

Annexe 9

Tableaux

Naissance imaginale d'ouvrières
(sortie du cocon)

Ouvrières obtenant une régurgitation de nourriture au hasard de leurs rencontres avec les plus âgées (celles-ci avaient beaucoup de nourriture dans le jabot ou étaient très dominées) : OUVRIÈRES A

Ouvrières n'obtenant pas de régurgitation de nourriture au hasard de leurs rencontres avec les plus âgées (celles-ci étaient dominantes ou n'avaient pas de nourriture dans le jabot) et subissant une agression (rencontre avec une ouvrière très dominante) : OUVRIÈRES B

Ouvrières obtenant une 2ᵉ régurgitation : OUVRIÈRES A_1

Ouvrières essuyant un refus et/ou une agression : OUVRIÈRES A_2

Ouvrières obtenant une 1ʳᵉ régurgitation : OUVRIÈRES B_1

Ouvrières essuyant un 2ᵉ refus et/ou une agression : OUVRIÈRES B_2

Ouvrières A_1 ayant obtenu des régurgitations de celles qu'elles ont successivement rencontrées, et n'ayant pas subi d'agression.

Ouvrières B_2 n'ayant obtenu que des refus de régurgiter et des agressions de celles qu'elles ont successivement rencontrées. (Dans ce cas, les ouvrières B_2 se sont nourries sur les régurgitations des larves.)

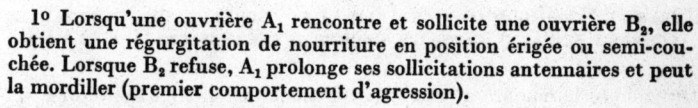

1º Lorsqu'une ouvrière A_1 rencontre et sollicite une ouvrière B_2, elle obtient une régurgitation de nourriture en position érigée ou semi-couchée. Lorsque B_2 refuse, A_1 prolonge ses sollicitations antennaires et peut la mordiller (premier comportement d'agression).

2º Lorsqu'une ouvrière B_2 rencontre et sollicite (en position couchée) une ouvrière A_1, elle n'obtient qu'un contact bref ou essuie d'emblée un refus de A_1 qui, en outre, se détourne.

A_1 EST DEVENUE DOMINANTE PAR RAPPORT A B_2

TABLEAU I. — C'est en fonction de la résultante des rencontres successives depuis la sortie du cocon qu'une ouvrière différencie progressivement un certain niveau de dominance (ouvrières A_1) ou reste dominée (ouvrières B_2). Les ouvrières A_2 et B_1 différencient des niveaux de dominance intermédiaires plus ou moins élevés, selon qu'elles ont obtenu plus ou moins de régurgitations au cours de leurs rencontres successives et selon qu'elles ont subi peu ou beaucoup d'agressions.

	Age au 1.10.1972	Ancienneté à la crèche au 1.10.1972	Nombre de réussites dans les tentatives visant à s'approprier un ours (A)
Laurent	32 mois	24 mois 1/2	14
Éric	32 mois	24 mois 1/2	12
Anne	35 mois 1/2	33 mois	7
Philippe	32 mois	30 mois	6
Frédéric (a)	29 mois	1 mois	7
Sébastien	34 mois	21 mois 1/2	11
Edwige	32 mois	28 mois	10
Henri	26 mois	17 mois 1/2	6
Maryline	26 mois	19 mois	5
Chloé	28 mois	25 mois	6
Géraldine	33 mois	22 mois	5
Mathieu	20 mois 1/2	15 mois	1
Serge-Michael	22 mois 1/2	20 mois 1/2	3
Caroline	28 mois	13 mois	10
Emmanuel	18 mois 1/2	15 mois 1/2	5
Julian	17 mois	1 mois 1/2	5
Cécile	25 mois 1/2	18 mois	2
Raphaël	20 mois 1/2	12 mois	1
Aurélie	15 mois	13 mois	1
Olivier	18 mois 1/2	16 mois 1/2	0
Frédéric (b)	18 mois	15 mois 1/2	0
Annie	23 mois 1/2	19 mois	0

Tableau II. — comment établir une échelle de dominances (échelle sociale) dans un groupe d'enfants de 15 a 36 mois.

On compte le nombre de réussites de chaque enfant à s'approprier un ours (A), des objets divers habituellement attractifs (B) et le pied d'une table renversée (C). Les quantifications ont été faites à la crèche pendant le mois d'octobre 1972 (10 périodes d'observation : 4 le lundi matin, 3 le lundi après-midi, 3 le mardi matin). Durée d'une observation : 2 heures. Neuf enfants ne figurent pas dans le tableau, à cause d'une ou de plusieurs absences pendant les périodes d'étude.

Nombre de réussites dans les tentatives visant à s'approprier des objets habituellement convoités (autos, boîtes, éléments de construction, etc.) (B)	Nombre de réussites dans les tentatives visant à occuper les pieds d'une table renversée (C)	Nombre total de réussites	
54	64	132	⎫
50	60	122	⎬ ENFANTS TRÈS DOMINANTS
52	34	93	
46	36	88	
32	48	87	
40	36	87	
38	38	86	⎭
31	18	55	
31	14	50	
28	12	46	↑
25	12	42	
22	6	29	ÉCHELLE SOCIALE
16	10	29	
10	8	28	
14	9	28	
15	8	28	
7	3	12	⎫
5	3	9	⎬ ENFANTS TRÈS DOMINÉS
4	2	7	
3	1	4	
3	1	4	
2	1	3	⎭

	Age au 1.11.1972	Ancienneté à la crèche au 1.11.1972	Nombre de réussites dans les tentatives visant à s'approprier un ours (A)
Philippe	33 mois	31 mois	9
Laurent......	33 mois	25 mois $\frac{1}{2}$	31
Éric	33 mois	25 mois $\frac{1}{2}$	28
Frédéric (a)...	30 mois	2 mois	5
Maryline	27 mois	20 mois	16
Edwige	33 mois	29 mois	28
Sébastien	35 mois	22 mois $\frac{1}{2}$	25
Henri........	27 mois	18 mois $\frac{1}{2}$	19
Géraldine	34 mois	23 mois	3
Chloé	29 mois	26 mois	18
Serge-Michael.	23 mois $\frac{1}{2}$	21 mois $\frac{1}{2}$	7
Mathieu	21 mois $\frac{1}{2}$	16 mois	0
Caroline	29 mois	14 mois	26
Emmanuel ..	19 mois $\frac{1}{2}$	16 mois $\frac{1}{2}$	11
Julian	18 mois	2 mois $\frac{1}{2}$	10
Raphaël	21 mois $\frac{1}{2}$	13 mois	2
Cécile........	26 mois $\frac{1}{2}$	19 mois	5
Olivier	19 mois $\frac{1}{2}$	17 mois $\frac{1}{2}$	0
Aurélie	16 mois	14 mois	1
Frédéric (b) ..	19 mois	16 mois $\frac{1}{2}$	0
Annie	24 mois $\frac{1}{2}$	20 mois	0

Tableau III. — L'échelle sociale change peu 1 mois après les quantifications du tableau II.

Les enfants sont les mêmes que dans le tableau II, à l'exception d'Anne; les expériences ont été réalisées pendant le mois de novembre et la première partie du mois de décembre 1972 (11 périodes d'observation : 5 le lundi matin, 2 le lundi après-midi, 4 le mardi matin). Durée d'une observation : 2 heures.

Nombre de réussites dans les tentatives visant à s'approprier des objets habituellement convoités (autos, boîtes, éléments de construction, etc.) (B)	Nombre de réussites dans les tentatives visant à occuper les pieds d'une table renversée (C)	Nombre total de réussites	
88	81	178	ENFANTS TRÈS DOMINANTS
62	71	164	
44	73	145	
49	87	141	
63	46	125	
62	34	124	
51	43	119	
46	47	112	
47	46	96	
37	29	84	
34	40	81	ÉCHELLE SOCIALE
39	39	78	
8	9	43	
13	17	41	
14	16	40	
15	20	37	
8	6	19	ENFANTS TRÈS DOMINÉS
8	9	17	
9	3	13	
7	4	11	
9	0	9	

	Age au 1.5.1972	Ancienneté à la crèche	Nombre d'agressions spontanées	Sollicitations ritualisées	Autres actes apaisants	RAPPORT Nombre d'actes apaisants / Nbre d'agressions spontanées	Nombre d'attractions et d'imitations *	
GROUPE A Octobre 1971 à juin 1972								
Olivier	32 mois	30 mois	10	11	31	4,2	82	ENFANTS LEADERS
Arnaud	36 mois	27 mois	12	15	29	1,66	57	
Stéphane	36 mois	28 mois ½	18	13	22	1,94	35	
Éric (a)	36 mois	14 mois	22	4	16	0,99	20	
Sandra	34 mois ½	13 mois ½	22	3	16	0,86	18	ENFANTS DOMINANTS-AGRESSIFS
Christophe	36 mois	24 mois ½	26	5	16	0,80	24	
Alain	36 mois	35 mois	48	4	12	0,33	13	
Emmanuel	27 mois	24 mois	33	2	6	0,24	3	

à juin 1973						
Laurent ...	32 mois	24 mois ½	12	12	35	3,91	71
Anne	35 mois ½	33 mois	14	16	28	3,14	59
Sébastien ..	34 mois	21 mois ½	10	8	22	3	45
Éric (b)	32 mois	24 mois ½	15	14	29	2,86	32
Edwige	32 mois	28 mois	7	3	15	2,57	42
Philippe ...	32 mois	30 mois	42	0	12	0,28	11
Frédéric ...	29 mois	1 mois	36	1	7	0,22	7

Colonne de droite : ENFANTS LEADERS (Laurent, Anne, Sébastien, Éric, Edwige) ; ENFANTS DOMINANTS-AGRESSIFS (Philippe, Frédéric).

* Attractions pour l'enfant et imitations de ce qu'il fait.

TABLEAU IV. — C'EST EN COMPTANT LES SÉQUENCES D'ACTES APAISANTS ET LES AGRESSIONS SPONTANÉES QU'ON DISTINGUE 2 PROFILS DE COMPORTEMENT PARMI LES ENFANTS DOMINANTS : LES LEADERS ET LES DOMINANTS-AGRESSIFS.

Les quantifications ont été faites pendant le mois de mai (groupe A) et le mois d'octobre 1972 (groupe B) [10 périodes d'observation : 4 le lundi matin, 2 le lundi après-midi, 4 le mardi matin pour le groupe A; 4 le lundi matin, 3 le lundi après-midi, 3 le mardi matin pour le groupe B]. Durée d'une observation : 2 heures. Le tableau ne se rapporte qu'aux enfants très dominants (cf. tableaux II et III).

	Age des enfants le 20.2.1975	20 janvier	3 février	17 février	3 mars	10 mars	17 mars	7 avril	28 avril
Claire	17 mois	2	7	3	3	2	8	—	3
Damien	19 mois	0,35	11	6	0,33	1,50	1	0,33	0,60
Christelle	20 mois	1	2	0	0	2	0	7	0
Céline (a)	22 mois	—	4	—	4	—	1	1	—
Lionel	22 mois	7	24	9	1	6	3	0	5
Laurent	22 mois	1	—	6	2	1,66	2,66	6	6
Frédéric	23 mois	3	11	3	3	4	2	4	4
Audrey	24 mois 1/2	0	0	—	1	1	—	2	—
Alexandre	25 mois	2	9	2	0,33	0	6	0	2
Géraldine	25 mois	—	0	0	0	0	0	1	0
Catherine	25 mois	2	2	5	1	1	1	1	3
Céline (b)	25 mois	1	4	—	2	1	0	—	4

TABLEAU V. — LES VARIATIONS DU COEFFICIENT $\frac{\text{APAISEMENTS}}{\text{AGRESSIONS}}$ D'UNE QUINZAINE A L'AUTRE PERMETTENT DE RECONNAITRE LES ENFANTS QUI ÉVOLUENT VERS LE PROFIL DE LEADER (coefficient toujours supérieur à 1) ET CEUX QUI ÉVOLUENT VERS LE PROFIL DE DOMINANT-AGRESSIF (coefficient fluctuant nettement de part et d'autre de 1).
0 correspond à l'absence totale d'offrandes et de séquences d'actes de lien et d'apaisement pendant les périodes d'observation.

	Age des enfants le 20.2.1975	Ancienneté à la crèche au 20.2.1975	Nombre d'obser- vations de 1 heure	Nombre des séquences apaisantes (A)	Nombre des attractions et des entraînements (B)	COEFFICIENT apaisements / agressions (C)
Claire	17 mois	15 mois 1/2	7	27	50	27
Damien	19 mois	16 mois 1/2	8	45	47	1,21
Christelle	20 mois	4 mois 1/2	7	11	8	11
Céline (a)	22 mois	1 mois	4	10	11	10
Lionel	22 mois	20 mois 1/2	8	61	63	10,16
Laurent	22 mois	5 mois	6	28	41	3,50
Frédéric	23 mois	17 mois 1/2	8	36	53	12
Audrey	24 mois 1/2	5 mois	4	3	6	3
Alexandre	25 mois	17 mois 1/2	8	22	25	4,40
Géraldine	25 mois	17 mois 1/2	7	2	8	2
Catherine	25 mois	24 mois	8	29	17	3,22
Céline (b)	25 mois	17 mois 1/2	6	12	10	4

Coefficient de corrélation r   Entre A et B   Entre B et C
                                  r = .89   r = .40

TABLEAU VI. — CHEZ LES ENFANTS DE 2 ANS ET MOINS, L'ATTRACTIVITÉ EST D'AUTANT PLUS FORTE QUE DES ACTES D'APAISEMENT SONT SOUVENT EXPRIMÉS.

Il existe une corrélation entre le « pouvoir » d'attraction et d'entraînement (B) de ces enfants de 17 à 25 mois et la fréquence de leurs offrandes et leurs séquences d'actes de lien et d'apaisement (A).

DOMINANTS-AGRESSIFS — LEADERS

	Age des enfants à la fin de chaque série d'observation sur 2 années consécutives	COEFFICIENT $\dfrac{\text{apaisements}}{\text{agressions}}$ des enfants C_1	COEFFICIENT $\dfrac{\text{apaisements}}{\text{agressions + menaces}}$ des mères C_2	COEFFICIENT $\dfrac{\text{apaisements}}{\text{agressions + menaces}}$ des pères C_3
O. (garçon)	32 mois	5,20	15,30	2,03
L. (garçon)	31 mois	4,15	8,43	3,49
A. (fille)	34 mois 1/2	3,57	4,82	1,20
S. (garçon)	33 mois	3,24	7,38	?
E. (garçon)	31 mois	2,90	8,43	3,49
Ed. (fille)	31 mois	2,85	5,10	1,12
Ar. (garçon)	36 mois	2,85	8,55	1,50
St. (garçon)	36 mois	1,54	2,37	5,62
			Coefficient de corrélation entre C_1 et C_2 $r = .932$	
S. (fille)	34 mois 1/2	0,96	1,20	mère célibataire —
Er. (garçon)	36 mois	0,82	1,39	8,31
Ch. (garçon)	36 mois	0,74	1,10	mère célibataire —
Al. (garçon)	36 mois	0,37	0,88	mère célibataire —
P. (garçon)	31 mois	0,26	0,75	2,70
Em. (garçon)	27 mois	0,26	0,87	1,36
F. (garçon)	28 mois	0,22	0,48	4,25

TABLEAU VII. — LE COEFFICIENT $\dfrac{\text{APAISEMENTS}}{\text{AGRESSIONS}}$ DE L'ENFANT DE 2 A 3 ANS EST LE REFLET DU COEFFICIENT $\dfrac{\text{APAISEMENTS}}{\text{MENACES} + \text{AGRESSIONS}}$ DE LA MÈRE.

Le coefficient de chaque enfant est calculé d'après les séquences apaisantes et les agressions spontanées que l'enfant exprime à l'égard des autres lorsqu'il est en activités libres (10 séances d'observation échelonnées sur un mois). Les coefficients de la mère et du père sont calculés d'après la fréquence relative des séquences apaisantes, de menace et d'agression que les parents expriment à l'égard de l'enfant le matin au moment du déshabillage et de l'introduction à la crèche ainsi que le soir au moment de l'accueil et de l'habillage (20 observations de 15 minutes chacune environ, également réparties le matin et le soir). Les enfants figurant dans ce tableau ont été caractérisés comme leaders ou dominants-agressifs.

	Age au 1.12.1972	\multicolumn{8}{c}{DATES DES EXPÉRIENCES DE CHOIX}
		27.9.1972	3.10.1972	10.10.1972	23.10.1972	30.10.1972	20.11.1972	4.12.1972
Géraldine	35 mois	Refus du choix	+(1)+(2) +(1)+(2) +(1)	+(1)+(2) +(2)+(1) +(2). 1 ref.	2 refus		+(1)+(1) +(2)+(1) +(1)	
Éric	34 mois		+(1)+(2) +(2)+(2) +(1)+(1) +(1). 1 ref.	+(1)+(2) +(1)+(1) +(2)	+(2)+(1) +(1)+(1) +(2).1 ref.	+(2)+(2) +(1)+(2) +(1)+(2)	+(1)+(2) +(2)+(1) +(2)	+(2)+(2) +(1)+(2) +(1)+(2) —(1)
Laurent	34 mois	—(1)—(2) —(1)—(2)	+(1)+(2) +(1)+(2) +(1)	+(2)+(2) +(1)+(1) +(1).1 ref.	+(2) —(1) 1 refus	+(1)+(2) +(2)	+(1)+(2) +(2)+(1)	+(1)+(2) +(2)+(1) +(2)
Roland	32 mois				+(1)+(1) +(2)+(1)	+(1)+(2) +(1)+(2)		
Philippe	34 mois	Refus du choix	Refus du choix	Refus du choix	Refus du choix			
Frédéric	31 mois	Refus du choix	+(1)+(2) +(2)+(2) +(1)+(2) —(1)—(2)	Refus du choix	+(2)+(1) +(1)+(1) +(2)—(2) —(1)	+(1)+(2) +(1)+(2) 2 refus	+(1)+(2) +(2)+(1)	+(1)+(1) +(2)+(2)
Caroline	30 mois	Refus du choix	+(1)+(2) +(1)+(2) —(1)—(2) —(1)	+(1)+(2) +(2)+(1) +(1)—(1) 1 refus	—(2)—(2) —(1)—(1) —(2)			+(1)+(2) +(2)+(2) +(1) 1 refus
Chloé	30 mois			+(1)+(1) +(1)+(2) +(1)+(1) +(2).1 ref.	+(2)+(1) +(1)+(2) +(2)+(2) +(1)			
Cécile	27 mois 1/2	+(1)+(2) —(2)—(1)	Refus du choix	+(1)+(2) 3 refus	+(2)—(1) 2 refus		+(2)+(1) —(1)—(2)	

TABLEAU VIII. — 70 A 75 % DES ENFANTS DE 28 A 36 MOIS CHOISISSENT LE TRICOT IMPRÉGNÉ DE L'ODEUR MA*NELLE*.

Les enfants avaient à choisir entre le tricot porté par leur mère et le tricot porté par une autre mère, après *leur eut fait sentir l'un (1) puis l'autre, ou inversement (2). Les refus de choisir n'ont pas été retenus da* calcul des pourcentages de choix. Les enfants de moins de 27 mois qui ont participé aux expériences ne fig pas dans ce tableau.
   + : Choix du tricot maternel.
   — : Choix du tricot « étranger ».

2.1972	8.1.1973	15.1.1973	22.1.1973	29.1.1973	5.2.1973	19.2.1973	26.3.1973	% de choix du tricot maternel
	+(2)+(1) +(1)+(1) +(2)+(1) +(2)	+(1)+(1) +(2)+(2) +(1)						100 %
)+(2))+(1) (1)	+(1)+(1) +(1)+(2) +(2)	+(1)+(1) +(2)+(2) —(2)—(1) 2 refus	—(1)—(2) —(2) 2 refus	—(2)—(1) —(1)—(2)		+(1)+(1) +(2)+(2) —(1)	+(2)+(1) +(2)+(2) —(1)	82 %
)+(2))+(1) efus	+(1)+(1) +(1)+(2)	+(1)+(1) +(2)+(2) +(1)—(2) —(1)	+(1)+(2) +(1)+(2) +(2)+(1)	+(1)+(2) +(1)+(2) —(1)—(2)		+(1)+(2) +(1)+(2) +(1)+(2)	+(2)+(1) +(2)+(1) +(2)—(1)	85 %
	+(1)+(2) +(1)+(1) +(2)—(1) —(2)—(1) —(2)—(2)	+(1)+(1) +(1)+(2) +(1)+(1) +(2)—(1)	+(1)+(1) +(2)+(2)	+(1)+(2) +(1)—(2) —(2)	+(1)+(2) +(2)+(2) —(2)—(2) —(1)	+(1)+(1) +(1)+(2) —(1)—(2) —(2)	+(2)+(1) +(2)+(1) —(1)—(2)	70 %
efus hoix		Refus du choix				Refus du choix	Refus du choix	l'enfant rejette tous les tricots
		+(1)+(1) +(2)+(2) +(1)		+(1)+(1) +(2)+(2) +(2)		+(1)+(1) +(2)+(2) —(2)	+(1)+(2) +(1)+(1) +(2)—(1) —(2)	85 %
+(2) +(1)			+(1)+(1) +(2)+(2)	+(1)+(1) +(2)+(2)	+(1)+(1) +(2)+(1) +(2)+(2)	+(1)+(1) +(2)+(2) +(2)—(1)	+(2)+(1) +(1)—(1)	79 %
								100 %
+(1) +(1) —2) —(2)	—(1)—(2)			3 refus			Refus du choix	50 %

JULIEN ∅	LUC +	STÉPHANIE +	J.PHILIPPE +	CLAUDINE +	GILDA ∅	LAURENCE +
$\frac{22}{28} = 78\%$	$\frac{17}{28} = 73\%$	$\frac{11}{15} = 73\%$	$\frac{15}{21} = 71\%$	$\frac{17}{24} = 70\%$	$\frac{26}{37} = 70\%$	$\frac{19}{27} = 70\%$

STÉPHANIE ∅	FRANÇOIS ∅	SOPHIE ∅	CLAUDIE ∅	JULIEN ∅	VALÉRIE +	DAMIEN ∅
$\frac{26}{37} = 70\%$	$\frac{24}{35} = 68\%$	$\frac{15}{23} = 65\%$	$\frac{18}{28} = 64\%$	$\frac{20}{31} = 64\%$	$\frac{16}{25} = 64\%$	$\frac{23}{36} = 63\%$

ISABELLE ∅	LYDIE ∅	ANNE ∅	SANDRINE ∅	SULLIVAN ∅	MAGALIE ∅	SOPHIE ∅
$\frac{13}{21} = 61\%$	$\frac{13}{21} = 61\%$	$\frac{17}{28} = 60\%$	$\frac{12}{20} = 60\%$	$\frac{9}{16} = 56\%$	$\frac{16}{30} = 53\%$	$\frac{17}{32} = 53\%$

SYLVAIN ∅	SOPHIE ∅	CHRISTOPHE +	BÉNÉDICTE ∅	SONIA ∅		
$\frac{18}{36} = 50\%$	$\frac{8}{17} = 47\%$	$\frac{12}{28} = 42\%$	Refus de choix	Refus de choix		

TABLEAU IX. — Beaucoup d'enfants de 3 ans et demi a 4 ans et demi choisissent le tricot porté par leur mère lorsqu'on leur a fait sentir successivement le tricot maternel et le tricot d'une autre mère, ou inversement.

Les pourcentages donnent le nombre de choix en faveur du tricot maternel (numérateur des fractions) par rapport au nombre total de choix auxquels l'enfant a été soumis (dénominateur des fractions). Les expériences ont été réalisées aux mêmes moments de l'année dans deux classes différentes (indiquées par + et ∅) composées d'enfants de 3 ans et demi à 4 ans et demi ; les recherches ont été effectuées par deux chercheurs différents.

18 enfants sur 26 ont choisi le tricot porté par leur mère dans 60 à 78 % des expériences Nous n'avons pas inclus dans le tableau les enfants qui ont été soumis à moins de 15 choix.

Bibliographie

AJURIAGUERRA (J. de), *Manuel de psychiatrie de l'enfant*, Paris, Masson et Cie, 1974.
ALTMANN (S.A.), *Social Communication among Primates*, Chicago, University of Chicago Press, 1967.
ARGYLE (M.), *Social Interaction*, London, Methuen, 1969.
ARGYLE (M.), *The Psychology of Interpersonal Behaviour*, Harmondsworth, Penguin Books (2nd ed.), 1972.
ARGYLE (M.), *Bodily Communication*, London, Methuen, 1975.
ARONSON (L.R.), TOBACH (E.), LEHRMAN (D.S.) and ROSENBLATT (J.S.), *Development and Evolution of Behaviour*, New York and San Francisco, Freeman, 1970.
BENNETT (E.L.), DIAMOND (M.C.), KRECH (D.) and ROSENZWEIG (M.R.), « Chemical and anatomical plasticity of brain », in *Science*, 1964, *146*, p. 610-619.
BENTHALL (J.), *The Body as a medium of Expression*, London, Institute of Contemporary Arts, 1975.
BERNARD (C.), *Introduction à l'étude de la médecine expérimentale*, Paris, Garnier-Flammarion (1re éd. 1865), 1966.
BERNSTEIN (I.S.), « A comparison of New and Old World monkey social organizations and behavior », in *American Journal of Physical Antropology*, 1964, *22*, p. 233-238.
BERNSTEIN (I.S.), « Analysis of a key role in a capuchin *(Cebus albifrons)* group », in *Tulane Studies in Zoology*, 1966, *13*, p. 49-54.
BERNSTEIN (I.S.), « Spontaneous reorganization of a pigtail monkey group. » In C. Carpenter *Proceedings of the Second Int. Congr. of Primat.*, 1969, vol. 1, Behavior. p. 48-51. Bassel : Karger.
BERNSTEIN (I.S.), « Primate status hierarchies ». In L.A. Rosenblum *Primate Behavior* 1970, vol. 1, p. 71-109. New York : Academic Press.

BERTRAM (B.C.R.), « Lion population regulation », in *East African Wildlife Journal*, 1973, *11*, p. 215-225.

BIRDWHISTELL (R.L.), *Introduction to kinesics*, Louiseville, University of Louiseville Press, 1952.

BIRDWHISTELL (R.L.), « The kinesic level in the investigation of the emotions », in P.H. Knapp, *Expressions of the Emotions in Man*, New York, International Universities Press, 1963.

BIRDWHISTELL (R.L.), « Communication without words », in P. Alexandre, *L'Aventure humaine*, Paris, Société d'études littéraires et artistiques, 1967.

BIRDWHISTELL (R.L.), *Kinesics and Context : Essays on Body Motion Communication*, Philadelphia, University of Pennsylvania Press, 1970.

BIRDWHISTELL (R.L.), « The language of the body : the natural environment of words », in A. Silverstein, *Human Communication : theoretical Explorations*, Potomac, Md., Erlbaum Press, 1974.

BLURTON JONES (N.G.), « An ethological study of some aspects of social behaviour of children in nursery schools », in D. Morris, *Primate Ethology*, London, Weidenfeld and Nicolson, 1967, p. 347-368.

BLURTON JONES (N.G.), « Criteria for use in describing facial expressions of children », in *Hum. Biol.*, 1971, *43*, p. 365-413.

BLURTON JONES (N.G.), *Ethological Studies of Child Behaviour*, London, Cambridge University Press, 1972.

BLURTON JONES (N.G.), « Non-verbal communication in children », in R.A. Hinde, *Non-verbal Communication*, New York and London, Cambridge University Press, 1972, p. 271-296.

BLURTON JONES (N.G.) and REYNOLDS (V.), *Human Behaviour and Adaptation*, London, Francis and Taylor, 1978.

BOUISSOU (M.F.), « Influence of body weight and presence of horns on social rank in domestic cattle », in *Anim. Behav*, 1972, *20*, p. 474-477.

BOUISSOU (M.F.), « Établissement des relations de dominance-soumission chez les bovins domestiques. I — Nature et évolution des interactions sociales », in *Ann. Biol. anim. Bioch. Biophys.*, 1974, *14*, p. 383-410.

BOUISSOU (M.F.), « Établissement des relations de dominance-soumission chez les bovins domestiques. II — Rapidité et mode d'établissement », in *Ann. Biol. anim. Bioch. Biophys.*, 1974, *14*, p. 757-768.

BOUISSOU (M.F.) et SIGNORET (J.P.), « La hiérarchie sociale

chez les mammifères », in *Rev. comp. animal*, 1970, *4*, p. 43-61.

Bouissou (M.F.) et Hovels (J.), « Effet d'un contact précoce sur quelques aspects du comportement social des bovins domestiques », in *Biol. of Beh.*, Paris, 1976, *1*, p. 17-36.

Bouissou (M.F.) et Andrieu (S.), « Établissement des relations de dominance-soumission chez les bovins domesdiques. IV — Établissement des relations chez les jeunes », in *Biol. of Beh.*, Paris, 1977, *2*, p. 97-107.

Bower (T.G.R.), *Development in Infancy*, San Francisco, Freeman, 1974.

Bowlby (J.), *Attachment and Loss*, vol. I : *Attachment*, London, Hogarth Press, 1969.

Bronson (F.H.) and Eleftheriou (B.E.), « Adrenal response to fighting in mice : separation of physical and psychological causes ». in *Science*, 1965, *147*, p. 627-628.

Cannon (W.B.), *Bodily changes in pain, hunger, fear and rage*, New York, Appleton, 1929.

Carpenter (C.R.), *Behavioral regulators of behavior in primates*, Lewinsburg, Pa., Bucknell University Press, 1973.

Centre Royaumont pour une science de l'Homme, *L'Unité de l'Homme*, Paris, Ed. du Seuil, 1974.

Chance (M.R.A.), « Attention structure as the basis of primates rank orders », in *Man*, 1967, *2*, p. 503-518.

Chance (M.R.A.) and Jolly (C.J.), *Social groups of monkeys, apes and men*, New York, E.P. Dutton, 1970.

Chance (M.R.A.), « Sociétés hédoniques et sociétés agonistiques de primates », in *L'Unité de l'Homme*, Paris, Éditions du Seuil, p. 83-91.

Chase (I.D.), *A working Paper on Explanations of Hierarchy in Animal Societies*, 1973, (unpublished manuscript, cité par E.O. Wilson in *Sociobiology*, 1975).

Chase (I.D.), « Models of hierarchy formation in animal societies », in *Behavioral Science*, 1974, (cité par E.O. Wilson in *Sociobiology*, 1975).

Chauvin (R.), *Les Surdoués*, Paris, Stock, 1975.

Coulon (J.), *Systèmes de communication et structure sociale chez le cobaye domestique. Étude chez l'adulte et ontogenèse*, thèse de doctorat d'État, Université Claude-Bernard, Lyon, 1975.

Cranach (M. von), « The role of orienting behavior in human interaction », in A.H. Esser, *Behavior and Environment: The use of Space by Animals and Men*, New York, Plenum, 1971, p. 217-237.

Cranach (M. von), and Vine (I.), *Non-verbal Behavior and Expressive Movements*, New York, Academic Press, 1970.

CRANACH (M. von) and VINE (I.), *Social Communication and Movement : Studies of Interaction and Expression in Man and Chimpanzee*, New York and London, Academic Press, 1973.

CROOK (J.H.), *Social Behaviour in Birds and Mammals : Essays on the Social Ethology of Animals and Man*, New York, Academic Press, 1970.

CROOK (J.H.), « Sources of cooperation in animals and man », in J.F. Eisenberg and W.S. Dillon, *Man and Beast : Comparative social Behaviour*, Washington D.C., Smithsonian Institution Press, 1971, p. 237-272.

CROOK (J.H.) and GARTLAN (J.S.), « Évolution of primate societies », in *Nature*, London, 1966, *210*, p. 1200-1203.

DAVITZ (J.R.), *The Language of Emotion*, New York, Academic Press, 1969.

DENENBERG (V.H.) and ROSENBERG (K.M.), « Nongenetic transmission of information across two generations », in *Nature*, London, 1967, *216*, p. 349-550.

DENENBERG (V.H.) and WHIMBEY (A.E.), « Behavior of adult rats is modified by the experiences their mothers had as infants », in *Science*, N.Y., 1963, *142*, p. 1192-1193.

DENENBERG (V.H.) and WHIMBEY (A.E.), « Experimental programming of life histories : toward an experimental science of individual differences », in *Devl. Psycho-biol.*, *1*, 1968, p. 55-59.

DENHAM (W.W.), « Energy relations and some basic properties of primates social organization », in *American Anthropologist*, 1971, *73*, p. 77-95.

DE VORE (B.I.), « A comparison of the ecology and behavior of monkeys and apes », in S.L. Washburn, *Classification and Human Evolution*, Chicago, Viking Fund Publication in Anthropology n⁰ 37, Aldine Publishing Co, 1963, p. 301-319.

DE VORE (B.I.), *Primate Behavior : Field Studies of Monkeys and Apes*, New York, Holt, Rinehart and Winston, 1965.

DITTMANN (A.T.), *Interpersonal Messages of Emotion*, New York, Springer, 1972.

DOUGLAS-HAMILTON (I.), *On the Ecology and Behaviour of African Elephant : the Elephants of Lake Manyara*, Ph. D. Thesis, Oxford, Oriel College, Oxford University, 1972.

DOUGLAS-HAMILTON (I.), « On the ecology and behaviour of the Lake Manyara elephants », in *East African Wildlife Journal*, 1973, *11*, p. 401-403.

EIBL-EIBESFELDT (I.), « Zur Ethologie des menschlichen Grussverhaltens. I. Beobachtungen an Balinsen, Papuas und Samoanern nebst vergleichenden Bemerkungen », in *Zeitschfrift für Tierpsychologie*, 1968, *25*, p. 727-744.

EIBL-EIBESFELDT (I)., *Ethology : the Biology of Behavior*, New York, Holt, Rinehart and Winston, 1970. Traduit en français sous le titre *Ethologie - Biologie du comportement*, Paris, N.E.B. Editions scientifiques, 1972.

EIBL-EIBESFELDT (I.), « Similarities and differences between cultures in expressive movements », in R.A. Hinde, *Non-verbal Communication*, Cambridge, Royal Society and Cambridge University Press, 1972, p. 297-314.

EIBL-EIBESFELDT (I.), « Les universaux du comportement et leur genèse », in *L'Unité de l'Homme*, Paris, Ed. du Seuil, 1974, p. 233-245.

EISENBERG (J.F.), « The social organization of mammals », in *Handbuch der Zoologie*, 1966, *10*, p. 1-92.

EISENBERG (J.F.) and DILLON (W.), *Man and Beast : Comparative social Behavior*, Washington D.C., Smithsonian Institution Press, 1971.

EISENBERG (J.F.) and LOCKHART (M.), « An ecological reconnaissance of Wilpattu National Park, Ceylon », *Smithsonian Contributions to Zoology*, 1972.

EKMAN (P.), « Universals and cultural differences in facial expressions of emotion », in *Nebraska Symposium on Motivation*, Lincoln, Nebr., University of Nebraska Press, 1972.

EKMAN (P.), *Darwin and Facial Expression : a Century of Research in Review*, New York, Academic Press, 1973.

EKMAN (P.) and FRIESEN (W.V.), « Non verbal behavior in psychotherapy research », in *Research in Psychotherapy*, 1968, *3*, p. 179-216. Washington D.C., Psychological Association.

EKMAN (P.) and FRIESEN (W.V.), *Unmasking the Face : a Guide to recognizing Emotions form Facial Expressions*, Englewood Cliffs, N.J., Prentice-Hall, 1975.

EKMAN (P.), FRIESEN (W.V.) and ELLSWORTH (P.), *Emotions in the Human Face*, Elmsford, N.Y., Pergamon, 1972.

ESTES (R.D.), « Social organization of the African bovidae », in V. Geist and F. Walter, *The Behavior of Ungulates and its Relation to Management*, 1974, p. 166-205. Morges, Suisse : IUCN Publications nº 24, International Union for the Conservation of Nature and Natural Resources.

ESTES (R.D.) and GODDARD (J.), « Prey selection and hunting behavior of the African wild dog », in *Journal of Wildlife Management*, 1967, p. *31*, 52-70.

ETKIN (W.), *Social Behavior and Organization among Vertebrates*, Chicago, University of Chicago Press, 1964.

EWER (R.F.), *Ethology of Mammals*, New York, Plenum Press, 1968.

EWER (R.F.), *The Carnivores*, Ithaca. N.Y., Cornell University Press, 1973.

FOSS (B.M.), *Determinants of Infant Behavior*, London, Methuen, 1969.

FOX (M.W.), *Behavior of Wolves, Dogs and related Canids*, London, Jonathan Cape, 1971.

FREUD (S.), *Totem et tabou*, Paris, Payot, 1924.

FREUD (S.), *La Science des rêves*, Paris, Alcan, 1926.

FREUD (S.), *Essais de psychanalyse*, Paris, Payot, 1929.

FREUD (S.), *Trois Essais sur la théorie de la sexualité*, Paris, Gallimard, 1949.

FREUD (S.), *Standard Edition of the Complete psychological Work of Sigmund Freud*, 24 vol. edited by James Strachey, London, Hogarth Press, 1953-1966.

FREUD (S.), *Abrégé de psychanalyse*, Paris, P.U.F., 1955.

GARTLAN (J.S.), « Structure and function in primate society ». *Folia Primat*, 1968, 8, p. 89-120.

GHATA (J.), HALBERG (F.), REINBERG (A.) et SIFFRE (M.), « Rythmes circadiens désynchronisés du cycle social (17-hydroxycorticostéroïdes, température rectale, veille-sommeil) chez deux adultes sains » in *Ann. Endocrin.* (Paris), 1969, 30, p. 245-260.

GOFFMAN (E.), *Behavior in Public Places*, New York, Free Press, 1963. Traduit en français : *La mise en scène de la vie quotidienne : II — Les relations en public*, Paris, Ed. de Minuit.

GOFFMAN (E.), *Interaction ritual : Essays on Face-to-Face Behavior*, New York, Doubleday, 1967.

GOFFMAN (E.), *Relations in Public*, London, Allen Lane, 1971.

GOFFMAN (E.), « On Face-work : an analysis of ritual elements in social interaction », in B.G. Blount, *Language, Culture and Society*, Cambridge, Mass., Winthrop, 1974, p. 224-249.

GOFFMAN (E.), *Les Rites d'interaction*, Paris, Éd. de Minuit, 1974.

HAFEZ (E.S.E.), *The Behaviour of Domestic Animals*, Baltimore, Williams and Wilkins Co (2nd ed.), 1969.

HALBERG (F.), « Physiological 24-hour periodicity : general and procedural considerations with reference to the adrenal cycle », in *Z. Vitamin-Hormon-u. Fermentforsch.*, 1959, 10, p. 225-296.

HALBERG (F.), « Temporal coordination of physiological function », in *Cold. Spr. Harb. Symp. Quant. Biol.*, 1960, 25, p. 289-310.

HALBERG (F.), « Physiological 24-hour rhythms. A determinant of response to environmental agents », in K.E. Schaffer, *Man's Dependence on the Earthly Atmosphere*, New York, MacMillan, 1962, p. 48-49.

HALBERG (F.), « Organisms as circadian systems : temporal analysis of their physiology and pathological responses, including injury and death », in *Walter Reed Army Inst. of Res. Symp. on Medical Aspects of Stress in the Military Climate*, 1965, p. 1-36.

HALBERG (F.), « Chronobiology », in *Ann. Rev. Physiol.*, 1969, *31*, p. 675-725.

HALBERG (F.), « Biological Rhythms », in L.W. Hedlung, J.M. Franz and A.D. Kenny, *Biological Rhythms and Endocrine Function*, New York and London, Plenum Press, 1975, p. 1-41.

HALL (E.T.), *The Silent Language*, Garden City, N.Y., Doubleday, 1959. Traduit en français : *Le Langage silencieux*, Paris, Mame, 1973.

HALL (E.T.), *The Hidden Dimension*, Garden City, N.Y., Doubleday, 1966. Traduit en français : *La Dimension cachée*, Paris, Ed. du Seuil.

HALL (E.T.), *Handbook for Proxemic Research*, Washington D.C., American Anthropological Association, 1974.

HALL (K.R.L.), « Social organization of the old-world monkeys and apes », in *Symposia of the Zoological Society of London*, 1965, *14*, p. 265-289.

HALL (K.R.L.), « Social interactions of the adult male and adult females of a patas monkey group », in S.A. Altmann, *Social Communication among Primates*, Chicago, University of Chicago Press, 1967, p. 261-280.

HARLOW (H.F.), « The nature of love », in *Amer. Psychologist*, 1958, *13*, p. 673-685.

HARLOW (H.F.), « Love in infant monkeys », in *Scientific American*, 1959, *200*, p. 68-74.

HARLOW (H.F.), « Age mate or peer affectional system », in D.S. Lehrman, R.A. Hinde and E. Shaw, *Advances in the Study of Behavior*, *2*, New York and London, Acad. Press, 1970, p. 333-383.

HARLOW (H.F.) and HARLOW (M.K.), « The affectional systems », in A.M. Schrier, H.F. Harlow and F. Stollnitz, *Behavior of non-human Primates*, *2*, New York and London, Acad. Press, 1965, p. 287-384.

HARLOW (H.F.) and HARLOW (M.K.), « Effects of various mother-infant relationships on rhesus monkey behaviours », in B.M. Foss, *Determinants of Infant Behaviour*, *4*, London, Methuen, 1969, p. 15-36.

HARLOW (H.F.) and SUOMI (S.J.), « Social recovery by isolation-reared monkeys », in *Proc. Nat. Acad. Sci.*, 1971, *68*, p. 1534-1538.

HARRISON (R.P.), *Beyond Words: an Introduction to Non-verbal Communication*, Englewood Cliffs, N.J., Prentice-Hall, 1974.

HENDRICHS (J.) and HENDRICHS (U.), *Dikdik und Elefanten*, Munich, R. Piper, 1971.

HENRY (E.), MONTAGNER (H.) et CARDOT (N.), « Étude préliminaire du rythme circadien des 17-hydroxycorticostéroïdes chez les jeunes enfants d'une crèche », in *C.R. Acad. Sc.* (Paris), 1973, *276*, p. 3453-3456.

HINDE (R.A.), *Animal Behaviour. A Synthesis of Ethology and Comparative Psychology*, New York, Mac Graw-Hill, 1966.

HINDE (R.A.) and STEVENSON (T.G.), « Sequences of behavior », in D.S. Lehrman, R.A. Hinde and E. Shaw, *Advances in the Study of Behavior*, vol. 2, New York and London, Academic Press, 1969, p. 267-296.

HINDE (R.A.), *Non-verbal Communication*, Cambridge, Cambridge University Press, 1972.

HINDE (R.A.), *Biological bases of Human social Behaviour*, New York, Mac Graw-Hill, 1974.

IMANISHI (K.), « Social organization of subhuman primates in their natural habitat », in *Current Anthropology.*, 1960, *1*, p. 393-407.

HOLD (B.) and SCHLEIDT (M.), « The importance of human odour in non-verbal communication ». *Zeitschrift für Tierpsychologie*, 1977, *43*, p. 225-238.

IMANISHI (K.), « Social behavior in Japanese monkeys, *Macaca fuscata* », in C.J. Southwick, *Primate social Behaviour: an enduring Problem*, 1963, p. 68-81 (Original publié en japonais dans *Psychologia*, 1957, *1*, p. 47-54).

JAY (P.C.), *Primates: Studies in Adaptation and Variability*, New York, Holt, Rinehart and Winston, 1968.

JONES (H.), *Sign Language*, London, English Universities Press, 1968.

JOUSSE (M.), *L'Anthropologie du geste*, Paris, Gallimard, 1974.

KAWAI (M.), « Newly acquired pre-cultural behavior of the natural troop of Japanese monkeys on Koshima Islet », in *Primates*, 1965, *6*, p. 1-30.

KAWAMURA (S.), « A new type of action expressed in the feeding behavior of the Japanese monkey in its wild habitat », in *Organic Evolution*, 1954, *2*, p. 10-13. (En japonais : cité par K. Imanishi, 1963.)

KLEIN (M.), *La Psychanalyse des enfants*, Paris, P.U.F., 1959.

KLEIN (M.), HEIMANN (P.), ISAACS (S.) et RIVIÈRE (J.), *Développement de la psychanalyse*, Paris, P.U.F., 1966.

KNAPP (M.L.), *Non-verbal Communication in Human Interaction*, New York, Holt, Rinehart and Winston, 1972.

KORTLANDT (A.), *New Perspectives on Ape and Human Evolution*, Amsterdam, The Netherlands : Stichting voor Psychobiologie, Universiteit van Amsterdam, 1972.

KOUPERNIK (C.) et DAILLY (R.), *Développement neuropsychique du nourrisson*, Paris, P.U.F. (2e éd.), 1972.

KRISTEVA (J.), « Le geste : pratique ou communication », in *Semiotike : recherche pour une sémanalyse*, Paris, Ed. du Seuil, 1969.

KÜHME (W.), « Freilandstudien zur Soziologie des Hyänenhundes (*Lycaon pictus lupinus* Thomas 1902) », in *Zeitschrift für Tierpsychologie*, 1965, *22*, p. 495-541.

KUMMER (H.), « Tripartite relations in hamadryas baboons », in S.A. Altmann, *Social Communication among Primates*, Chicago, University of Chicago Press, 1967, p. 63-71.

KUMMER (H.), *Social Organization of Hamadryas Baboons : a Field Study*, Chicago, University of Chicago Press, 1968.

KUMMER (H.), *Primate Societies : Group techniques of ecological Adaptation*, Chicago, Aldine-Atherton, 1971.

LABORIT (H.), *L'homme et la ville*, Paris, Flammarion, 1971.

LABORIT (H.), *La nouvelle grille*, Paris, Robert Laffont, 1974.

LAWICK-GOODALL (J. Van), *My Friends the wild Chimpanzees*, Washington D.C., National Geographic Society, 1967. (Voir en français : *Les Chimpanzés et moi*, Paris, Stock, 1971.)

LAWICK-GOODALL (J. Van), « The behaviour of free-living chimpanzees in the Gombe Stream Researve », in *Animal Behaviour Monographs*, 1968, *1*, p. 161-311.

LAWICK (H. Van) and LAWICK-GOODALL (J. Van), *Innocent Killers*, Boston, Houghton Mifflin Co, 1971.

LEHRMAN (D.S.), « A critique of Konrad Lorenz's theory of instinctive behavior », in *Quart. Rev. Biol.*, 1953, *28*, p. 337-363.

LEHRMAN (D.S.), « Semantic and conceptual issues in the nature-culture problem », in L.R. Aronson, E. Tobach, D.S. Lehrman and J.S. Rosenblatt, *Development and Evolution of Behavior*, New York and San Francisco, Freeman, 1970.

LESHNER (A.I.) and CANDLAND (L.K.), « Endocrine effects of grouping and dominance rank in squirrel monkeys », in *Physiol. Behav.*, 1972, *8*, p. 441.

LEVINE (S.), « A further study of infantile handling and adult avoidance learning », in *J. Personality*, 1956, *25*, p. 70-80.

LEVINE (S.), CHEVALIER (J.A.) and KORCHIN (S.J.), « The effects of early shock and handling on later avoidance learning », *J. Personality*, 1956, *24*, p. 475-493.

LEVINE (S.) and OTIS (L.S.), « The effects of handling during pre-and post-weaning on the resistance of the albino rat to deprivation in adulthood », in *Canad. J. Psychol.*, 1958, *12*, p. 103-108.

LEVINE (S.), « Plasma-free corticosteroid response to electric shock in rats stimulated in infancy », in *Science*, 1962, *135*, p. 795-796.

LEVINE (S.), « The effects of infantile experience on adult behavior », in A.J. Bachrach, *Experimental Foundations of clinical Psychology*, New York, Basic Books, 1962, p. 139-169.

LEVINE (S.), « The psychophysiological effects of infantile stimulation », in E. Bliss, *Roots of Behavior : Genetics, Instinct and Socialization in animal Behavior*, New York, Hoeber, 1962, p. 246-253.

LEVINE (S.), HALTMEYER (G.C.), KARAS (G.C.) and DENENBERG (V.H.), « Physiological and behavioral effects of infantile stimulation », in *Physiol. Behav.*, 1967, *2*, p. 55-59.

LEVINE (S.), « Infantile stimulation : a perspective », in A. Ambrose, *Stimulation in Early Infancy*. London and New York, Academic Press, 1969.

LEVINE (S.), « An endocrine theory of infantile stimulation », in A. Ambrose, *Stimulation in Early Infancy*. London and New York, Academic Press, 1969, p. 45-63.

LEVINE (S.) and MULLINS (R.F., Jr.), « Hormonal influences on brain organization in infant rats », in *Science*, *N.Y.*, 1966, *152*, p. 1585-1592.

LOMBARDOT (M.), *Comportement de communication et physiologie surrénalienne de l'enfant de 3 à 5 ans*, thèse de 3e cycle, Université de Besançon, 1977.

LORENZ (K.), « Der Kumpan in der Umwelt des Vogels », in *Journal für Ornithologie*, 1935, *83*, p. 137-213.

LORENZ (K.), « Vergleichende Bewegungstudien an Anatinen », in *Journal für Ornithologie*, 1941, *89*, p. 194-294.

LORENZ (K.), *Evolution and Modification of Behaviour*, Chicago, The University of Chicago Press, 1965. Traduit en français sous le titre : *Evolution et modification du comportement*, Paris, Payot, 1974.

LORENZ (K.), *On agression*, London, Methuen, 1966. Traduit en français sous le titre : *L'Agression*, Paris, Flammarion, 1969.

LORENZ (K.), *Essais sur le comportement animal et humain*, Paris, Ed. du Seuil, 1970.

LORENZ (K.), *Studies in Animal and Human Behavior*, 2 vol. (1st 1970; 2nd, 1971), Cambridge, Mass., Cambridge University Press, 1970-1971.

MACGREW (W.C.), « An ethological study of agonistic behaviour in preschool children », in C.R. Carpenter, *Proceedings of the Second International Congress of Primatology*, I. Behavior, p. 149-159, Basel, Karger, 1969.

MACGREW (W.C.), « Glossary of motor patterns of four-year-old nursery school children », in S.J. Hutt and C. Hutt, *Direct Observation and Measurement of Behavior*, Springfield, III, Thomas, 1970, p. 210-218.

MACGREW (W.C.), *An ethological Study of Children's Behavior*, New York and London, Academic Press, 1972.

MACFARLANE (A.), « Olfaction in the development of social preferences in the human neonate », in *Proc. of the CIBA Foundation Symposium on the Parent-Infant Relationship*, London, november 1974.

MACKERNS (K.W.), *Steroid Hormones and Metabolism*, New York, Appleton-Century-crofts, 1969.

MARLER (P.R.), *The Marvels of Animal Behavior*, Washington D.C., National Geographic Society, 1972.

MARLER (P.R.) and HAMILTON (W.J.), *Mechanisms of Animal Behavior*, New York and London, Wiley, 1966.

MASLOW (A.H.), « The role of dominance in the social and sexual behavior of infra-human primates : IV, the determination of hierarchy in pairs and in a group », in *Journal of Genetic Psychology*, 1936, *49*, p. 161-198.

MASLOW (A.H.), « Dominance-quality and social bahavior in infra-human primates », in *Journal of Social Psychology.*, 1940, *11*, p. 313-324.

MECH (L.D.), *The Wolf: the Ecology and Behavior of an endangered Species*, Garden City, N.Y., Natural History Press, 1970.

MEHRABIAN (A.), « Significance of posture and position in the communication of attitude and status relationships », in *Psychol. Bull.*, 1969, *71*, p. 359-372.

MEHRABIAN (A.), *Silent Messages*, Belmont, Cal., Wadsworth, 1971.

MEHRABIAN (A.), *Non-verbal Communication*, Chicago, New York, Aldine-Athorton, 1972.

MEIER (A.H.), « Chronoendocrinology of vertebrates », in B.E. Eleftheriou and R.L. Sprott, *Hormonal Correlates of Behavior*, New York and London, Plenum Press, 1975, p. 469-549.

MICHAEL (R.P.) and CROOK (J.H.), *Comparative Ecology and Behaviour of Primates*, New York, Academic Press, 1973.

Modèles animaux du comportement humain (R. Chauvin édit.), Paris, édit. C.N.R.S. (Colloque), 1972.

MOLLGAARD (K.), DIAMOND (M.C.), BENNETT (E.L.), ROSENZWEIG (M.R.) and LINDNER (B.), « Quantitative synaptic changes with differential experience in rat brain », in *International Journal of Neuroscience*, 1971, *2*, p. 113-128.

MONTAGNER (H.), « Le mécanisme et les conséquences des comportements trophallactiques chez les guêpes du genre Vespa », in *Bull Biol. Fr. et Belg.*, 1967, *100*, p. 189-323.

MONTAGNER (H.), « Les communications interindividuelles dans les sociétés de guêpes du genre Vespa », in *Journ. Psychol. norm. et pathol.*, 1971, n° 3-4, p. 281-296.

MONTAGNER (H.), « Le langage antennaire des abeilles et des guêpes », in *La Recherche*, 1972, *19*, p. 79-82.

MONTAGNER (H.), « Première étude comparative des communications antennaires et de leur ontogenèse chez les guêpes du genre Vespa et les abeilles domestiques », in *Psychol. fr.*, 1972, p. 91-100.

MONTAGNER (H.) et PAIN (J.), « Analyse du comportement trophallactique des jeunes abeilles (*Apis mellifica* L.) par l'enregistrement cinématographique », in *C.R.Acad. Sc.*, 1971, *272*, p. 297-300.

MONTAGNER (H.) et PAIN (J.), « Étude préliminaire des communications entre ouvrières d'abeilles au cours de la trophallaxie », in *Ins. Soc.*, 1971, *18*, p. 177-192.

MONTAGNER (H.), HENRY (E.) et CARDOT (N.), « Sur quelques variations du rythme circadien des 17-hydroxycorticostéroïdes urinaires chez les jeunes enfants en fonction de leur profil comportemental », in *C.R. Acad. Sc.* (Paris), 1973, *277*, p. 101-104.

MONTAGNER (H.) et PAIN (J.), « Étude comparative des communications antennaires dans les sociétés de guêpes Vespa et la société d'abeilles domestiques », in *Proceedings of the seventh Congress of the International Union for the Study of Social Insects*, London, 1973, p. 281-285.

MONTAGNER (H.), « Communication non verbale et discrimination olfactive chez les jeunes enfants : approche éthologique », in *L'Unité de l'Homme*, Paris, Éd. du Seuil, 1974, p. 246-270.

MONTAGNER (H.), ARNAUD (M.), JEANDROZ (M.), RENNER (N.), ROSIER (M.), HENRY (E.), HENRY (J. Ch), HERBSTMEYER (M.), HUMBERT (Y.), KARSENTY (Ch.) et CHAVANNE (J.), « Les activités ludiques du jeune enfant : jeu ou ontogenèse », in *Vers l'éducation nouvelle* (Paris), 1974, numéro hors série, p. 15-44.

Montagner (H.), Arnaud (M.), Bony (M.), Cardot (N.), Chavanne (J.), Froidevaux (J.), Henry (E.), Henry (J.Ch.), Herbstmeyer (M.), Humbert (Y.), Jeandroz (M.), Karsenty (Ch.), Renner (N.), Rosier (M.), *Phénomènes de hiérarchie entre les enfants d'une crèche-approche étho-physiologique*, 1974, film 16 mm diffusé par le Service du film de recherche scientifique, 96, bd Raspail, Paris 6e.

Montagner (H.) et Henry (J.Ch.), « Vers une biologie du comportement de l'enfant », in *Revue des questions scientifiques* (Bruxelles), 1975, *146*, p. 481-529.

Montagner (H.), Benedini (M.), Bolzoni (D.), Bony (M.), Burnod (J.), Henry (E.), Henry (J.Ch.), Humbert (Y.), Lombardot (M.), Moyse (A.), Nicolas (R.M.), Rosier (M.), *Mécanismes de la communication non verbale chez les jeunes enfants*, 1976, film diffusé par le Service du film de recherche scientifique, 96, bd Raspail, Paris 6e.

Montagner (H.), Henry (J.Ch.), Lombardot (M.), Benedini (M.), Restoin (A.), Bolzoni (D.), Moyse (A.), Humbert (Y.), Burnod (J.), Nicolas (R.M.), « Sur la différenciation de profils comportementaux chez les enfants de 1 à 5 ans à partir de l'étude des communications non verbales — Les correspondances entre les changements de mode de vie et la physiologie cortico-surrénalienne », in *Psychomotricité*, 1977, *1*, n° 2, p. 53-88.

Montagner (H.), Henry (J.Ch.), Benedini (M.), Lombardot (M.), Restoin (A.), Bolzoni (D.), Moyse (A.), Humbert (Y.), Burnod (J.), et Nicolas (R.M.), « Les variations physiologiques sous l'effet des facteurs sociaux et des changements de rythme imposés aux organismes », in *Vers l'éducation nouvelle*, 1977, numéro hors série, p. 63-115.

Morris (D.), *Primate ethology: essays on the social-sexual Behavior of Apes and Monkeys*, Chicago, Aldine Publishing Co, 1967.

Montagner (H.), Henry (J.Ch.), Lombardot (M.), Benedini (M.), Restoin (A.), Bolzoni (D.), Moyse (A.), Humbert (Y.), Burnod (J.) et Nicolas (R.M.), « *Behavioural profiles and corticosteroid rhythms in young children* » (Part I — Non verbal communications and setting up of behavioural profiles in young children from 1 to 6 years. Part II — Circadian and Weekly rhythms in corticosteroïd excretion levels of children as indicators of adaptation to social context), in N.G. Blurton Jones and V. Reynolds, *Human Behaviour and Adaptation*, London, Francis and Taylor, in press, 1978.

PIAGET (J.), *Le Langage et la pensée chez l'enfant*, Neuchâtel et Paris, Delachaux et Niestlé, 1923.

PIAGET (J.), *Le Jugement moral chez l'enfant*, Paris, P.U.F., 1932.

PIAGET (J.), *La Naissance de l'intelligence chez l'enfant*, Neuchâtel et Paris, Delachaux et Niestlé, 1936.

PIAGET (J.), 1960 « Problèmes de la Psychosociologie de l'enfance », in G. Gurvitch, *Traité de sociologie*, Paris, P.U.F., 1960, II, p. 229-254.

PIAGET (J.), *La Construction du réel chez l'enfant*, Neuchâtel et Paris, Delachaux et Niestlé, 1937.

PIAGET (J.), *La Formation du symbole chez l'enfant*, Neuchâtel et Paris, Delachaux et Niestlé, 1945.

PIAGET (J.), *Les Mécanismes perceptifs*, Paris, P.U.F., 1961.

POIRIER (F.E.), *Primate Socialization*, New York, Random House, 1972.

RAZRAN (G.), « The observable unconscious and the inferable conscious in current Soviet psychophysiology : interoceptive conditioning, semantic conditioning and the orienting reflex », in *Psychol. Rev.*, 1961, *68*, p. 81-147.

REINBERG (A.), « Biorythmes et chronobiologie », in *Presse médicale* (Paris), 1969, *77*, p. 877-878.

REINBERG (A.), « Les rythmes biologiques », in *La Recherche* (Paris), 1971, *2*, p. 241-250.

REINBERG (A.), « Aspects of circannual rhythms in man », in E.T. Pengelley, *Circannual Clocks*, AAAS meeting on circannual rhythms, New York, Academic Press, 1974, p. 423-505.

REINBERG (A.), « Chronopharmacology in man », in J. Aschoff, F. Ceresa, F. Halberg, « Chronobiological Aspects of Endocrinology », *Chronobiologia*, 1974, *1*, (suppl. 1), p. 157-185.

REINBERG (A.), « Advances in human chronopharmacology, in *Chronobiologia*, 1976, *3*, p. 151-166.

REINBERG (A.), *La Chronobiologie et les rythmes biologiques*, 2me édit., Paris, Bordas, 1977.

REINBERG (A.) and GHATA (J.), *Biological Rhythms*, New York, Walker, 1964.

REINBERG (A.), CHAUMONT (A.-J.), LAPORTE (A.), CHAMBON (P.), VINCENDON (G.), SKOULIOS (G.), BOCHARD (M.), NICOLAI (A.), ABULKER (C.), et DUPONT (J.), « Changes in circadian temporal structure (including sleep) of 20 shift-workers (8-h shift weekly rotation) », in *Int. J. Chronobiol.*, 1973, *1*, p. 352-353.

RICHARD (G.), *Les Comportements instinctifs*, Paris, P.U.F., 1975.

RIEGE (W.H.), « Environmental influences on brain and behavior of year-old rats », in *Developmental Psychobiology*, 1971, *4*, p. 157-167.

RÖSCH (G.A.), « Untersuchungen über die Arbeitsteilung im Bienenstaat : I. Die Tätigkeiten im normalen Bienenstaate und ihre Beziehungen zum Alter der Arbeitsbienen », in *Z. f. Vergl. Phys.*, 1925, *2*, p. 571-631.

RÖSCH (G.A.), « Untersuchungen über die Arbeitsteilung im Bienenstaat : II. Die Tätigkeiten der Arbeitsbienen unter experimentell veränderten Bedingungen », in *Z. f. Vergl. Phys.*, 1930, *12*, p. 1-71.

ROSENBLUM (L.A.), *Primate Behavior: Developments in Field and Laboratory Research*, vol. I, New York, Academic Press, 1970.

ROSENBLUM (L.A.), *Primate Behavior: Developments in Field and Laboratory Research*, vol. II, New York, Academic Press, 1971.

ROSENZWEIG (M.R.), « Effects of environment on development of brain and behaviour », in E. Tobach, L.R. Aronson and E. Shaw, *The Biopsychology of Development*, New York, Academic Press, 1971, p. 303-342.

ROSENZWEIG (M.R.), BENNETT (E.C.) and DIAMOND (M.C.), « Brain changes in response to experience », in *The Nature and Nurture of Behavior, readings from Scientific American*, 1972, p. 117-124.

ROWELL (T.E.), *Social Behaviour of Monkeys*, Harmondsworth, Middlesex, Penguin Books, 1972.

SCHALLER (G.B.), *The Mountain Gorilla: Ecology and Behavior*, Chicago, University of Chicago Press, 1963.

SCHALLER (G.B.), « The behavior of the mountain gorilla », in I. De Vore, *Primate Behavior: field Studies of Monkeys and Apes*, New York, Holt, Rinehart and Winston, 1965, p. 324-367.

SCHALLER (G.B.), *The Serengeti lion: a Study of Predator-prey Relations*, Chicago, University of Chicago Press, 1972.

SCHEFLEN (A.E.), *How Behavior Means*, New York, Doubleday, 1973.

SCHEFLEN (A.E.) and SCHEFLEN (A.), *Body Language and the Social Order: Communication as Behavioral Control*, Englewood Cliffs, N.J., Prentice-Hall, 1972.

Schneirla (T.C.), « Some important features of ant learning », in *Z. Vergl. Physiol.*, 1933, *19*, p. 439-452.

Schneirla (T.C.), « Further studies on the army-ant behavior pattern. Mass-organization in the swarm-raiders », in *Journal of Comparative Psychology*, 1940, *29*, p. 401-460.

Schneirla (T.C.), « Problems in the biopsychology of social organisation », in *J. abn. soc. Psychol.*, 1946, *41*, p. 385-402.

Schneirla (T.C.), « Levels in the psychological capacities of animals », in R.W. Sellars et al., *Philosophy for the Future*, New York, Macmillan, 1949.

Schneirla (T.C.), « A consideration of some conceptual trends in comparative psychology », in *Psych. Bull.*, 1952, *49*, p. 559-597.

Schneirla (T.C.), « A preliminary survey of colony division and related processes in two species of terrestrial army ants », in *Ins. Soc.*, 1956, *3*, p. 49-69.

Schneirla (T.C.), 1956 « Interrelationships of the « innate » and the « acquired » in instinctive behavior », in *L'Instinct dans le comportement des animaux et de l'homme*, Paris, Fondation Singer-Polignac, 1956, p. 387-452.

Schneirla (T.C.), « Aspects of stimulation and organization in approach/withdrawal processes underlying vertebrate behavioural development », in D.S. Lehrman, R.A. Hinde and E. Shaw, *Advances in the Study of Behavior*, 1, New York and London, Acad. Press, 1965, p. 1-74.

Schneirla (T.C.), « Behavioral development and comparative psychology », in *Quart. Rev. Biol.*, 1966, *41*, p. 283-302.

Schneirla (T.C.), *Army ants: a Study in Social Organization*, San Francisco, W.H. Freeman, 1971.

Schutzenberger (A.), *Contribution à l'étude de la communication non verbale*, thèse de doctorat d'État, Université de Paris VII, 1976.

Silber (R.H.) and Porter (C.C.), « The determinants of 17, 21-dihydroxy-20-ketosteroids in urine and plasma », in *J. Biol. Chem.*, 1954, *210*, p. 923.

Skinner (B.F.), *The Behavior of Organisms*, New York, Appelton-Century-Crofts, 1938.

Skinner (B.F.), *Science and Human Behavior*. New York, The Macmillan company, 1953.

Skinner (B.F.), « The phylogeny and ontogeny of behavior », in *Science*, 1966, *153*, p. 1205-1213.

Skinner (B.F.), *La Révolution scientifique de l'enseignement*, Bruxelles, Dessart, 1968.

SKINNER (B.F.), *L'Analyse expérimentale du comportement*, Bruxelles, Dessart, 1971.

SLATER (P.J.R.), « Describing sequences of behavior », in P.P.G. Bateson and P.H. Klopfer, *Perspectives in Ethology*, vol. I, New York and London, Plenum, 1975, p. 131-153.

SOUTHWICK (C.H.), *Primate Social Behavior : an enduring Problem*, Princeton, N.J., Van Nostrand Co, 1963.

SOUTHWICK (C.H.), « An experimental study of intragroup agonistic behavior in rhesus monkeys *(Macaca mulatta)* », in *Behaviour*, 1967, *28*, p. 182-209.

SPIEGEL (J.) and MACHOTKA (P.), *Messages of the Body*, New York, Free Press, 1974.

SPITZ (R.A.), « Hospitalism : An inquiry into the psychiatric conditions in early childhood », in *Psychoanal. Study Child*, 1945, *1*, p. 53-74.

SPITZ (R.A.), « Anaclitic depression », in *Psychoanal. Study Child*, 1946, *2*, p. 313-342.

SPITZ (R.A.) and WOLFF (K.M.), « The smiling response : a contribution to the ontogenesis of social relations », in *Genetic Psychology Monographs*, 1946, *34*, p. 57-125.

SPITZ (R.A.), *De la naissance à la parole*, Paris, P.U.F., 1968.

THORPE (W.H.), « Le jeu chez les animaux », in J. Huxley, *Le Comportement rituel chez l'homme et l'animal*, Paris, Gallimard, 1971, p. 99-111.

TINBERGEN (N.), *The Study of Instinct*, Oxford, New York and London, Oxford University Press, 1951. Traduit en français sous le titre *Étude de l'instinct*, Paris, Payot, 1953.

TINBERGEN (N.), *Social Behaviour in Animals with special Reference to Vertebrates*, London, Methuen, 1953. Traduit en français sous le titre *La Vie sociale des animaux*, Paris, Payot, 1957.

TINBERGEN (N.), The Herring's gull world : a study of the social behaviour of birds, 1963.

VINE (I.), « Communication by facial-visual signals », in J.H. Crook, *Social Behaviour in Animals and Man*, New York and London, Academic Press, 1971, p. 279-354.

WALLON (H.), *Les Origines du caractère chez l'enfant*, Paris, P.U.F., 1948.

WALLON (H.), *L'Évolution psychologique de l'enfant*, Paris, A. Colin (5e éd.), 1957.

WALLON (H.), « Psychologie et éducation de l'enfance. Recueil d'articles et conférences », in *Enfance*, 1959, *12*, p. 191-442.

Wallon (H.), « Buts et méthodes de la psychologie. Recueil d'articles », in *Enfance*, 1963. *16*, p. 1-2.

Wallon (H.), *Les Origines de la pensée chez l'enfant*, Paris, P.U.F. (3e éd.), 1963.

Warren (J.M.) and Maroney (R.J.), « Competitive social interaction between monkeys », in *Journal of Social Psychology*, 1958, *48*, p. 223-233.

Watson (O.M.), *Proxemic behavior: a Cross-Cultural Study*, La Haye-Paris, Mouton, 1972.

Wilson (E.O.), *The Insect Societies*, Cambridge, Harvard University Press, 1971.

Wilson (E.O.), *Sociobiology*, Cambridge, Harvard University Press, 1975.

Winnicott (D.W.), *De la pédiatrie à la psychanalyse*, Paris, Payot, 1969.

Winnicott (D.W.), *Processus de maturation chez l'enfant*, Paris, Payot, 1970.

Zazzo (R.), *L'Attachement*, Neuchâtel, Delachaux et Niestlé, 1974.

Table des matières

REMERCIEMENTS 7

INTRODUCTION 9

PREMIERE PARTIE

LA DEMARCHE ET L'INVESTIGATION

1. De la société de guêpes au groupe d'enfants 15

   Comment à partir de ses études sur les guêpes, un chercheur peut-il être amené à se pencher sur les sociétés humaines. Les similitudes de comportement entre l'homme (en particulier l'enfant) et l'animal sont-elles à ce point importantes qu'elles permettent d'appliquer aux uns et aux autres des attitudes et des méthodes d'observation semblables ?

   — Les ongulés 37
   — Les carnivores 39
   — Les primates 41
   L'éclosion de l'éthologie humaine 45

2. Attitudes et méthodes 49

   Il ne suffit pas d'observer pendant plusieurs années les enfants de la crèche, de l'école maternelle ou de l'école primaire pour déterminer chez eux plusieurs profils de comportement. Encore faut-il vérifier scientifiquement les résultats de ces observations. Quels ont été, ici, les moyens mis en œuvre ?

- La création de compétitions entre enfants. 62
- Les expériences de reconnaissance d'odeurs spécifiques 63
- Les expériences de dosage des dérivés des hormones cortico-surrénaliennes 66
- Les enquêtes 71

DEUXIEME PARTIE

LES MECANISMES DE LA COMMUNICATION NON VERBALE

A partir de vocalisations, de mimiques et d'attitudes diverses les enfants communiquent entre eux. Ces divers comportements constituent une sorte de langage gestuel propice à l'échange. Ils traduisent également une intention celle-ci pouvant avoir valeur de lien et d'apaisement ou, au contraire, de menace et d'agression.

3. Les échanges 75
4. Le lien et l'apaisement 85
   L'offrande et les gestes de lien et d'apaisement 87
   La sollicitation 108
   Les conséquences d'un refus ou d'une absence de réponse à une sollicitation 117
5. La menace et l'agression 121
   Les comportements de menace 123
   Les réponses aux comportements de menace .. 128
   Les comportements d'agression 130
   La canalisation de la menace et de l'agression .. 134
   La réorientation de la menace et de l'agression . 138

TROISIEME PARTIE

LES PROFILS DE COMPORTEMENT

L'observation d'enfants placés en activités libres permet, à travers la reconnaissance de leurs gestes, de leurs mimiques et de leurs vocalisations, d'établir des profils de comportement caractéristiques.

6. Les profils de comportement chez les enfants de 1 à 3 ans 147

    Les dominants-agressifs 149
    Les leaders 156
    Les dominants au comportement fluctuant 165
    Les dominés 166
    — Les dominés aux mécanismes de leaders .. 167
    — Les dominés-craintifs 170
    — Les dominés-agressifs 173
    — Les enfants à l'écart (ou les dominés peu gestuels) 174
    La formation du profil de comportement 174

7. Les profils de comportement chez les enfants de 3 à 6 ans 177

8. La communication et les profils de comportement à l'école primaire 191

9. L'influence familiale 199

De quelle manière le père et la mère influencent-ils leurs enfants ? Et cette influence se répartit-elle équitablement entre l'un et l'autre ?

    Les familles des dominants-agressifs 203
    Les familles des leaders 208
    Les familles des dominants au comportement fluctuant 213
    Les familles des dominés 214

10. La communication, la physiologie et les odeurs .. 223

Les facteurs « stressants » subis par l'enfant se traduisent donc par un double phénomène : un changement de comportement, la modification de la physiologie surrénalienne. Par ailleurs, la reconnaissance ou la non-reconnaissance des odeurs modifie la qualité et la quantité des relations qu'établissent les enfants entre eux. Ici, des expériences ont été tentées avec des tricots appartenant aux mères de certains enfants.

    Les correspondances entre le profil de comportement et la physiologie surrénalienne 226
    La reconnaissance d'odeurs spécifiques 239

QUATRIEME PARTIE

UN NOUVEAU REGARD SUR L'ENFANT

Les expériences réalisées et les conséquences qui en découlent permettent véritablement de poser un nouveau regard sur l'enfant. En outre, des propositions concrètes sont ici apportées ; les éducateurs comme les parents pourront trouver dans cette quatrième partie des solutions à un certain nombre des problèmes que leur posent leurs enfants.

11. La ritualisation 247

    Comment des actes, des vocalisations ou des attitudes apparus spontanément dans la petite enfance se sont, ensuite, chargés de signification au point de devenir un langage.

12. L'enfant entre l'école et la famille 259

    Profils de comportement et groupes 268
    — Le rôle utile de l'enfant leader 269
    — Comment canaliser le dominant-agressif .. 270
    — De l'importance de bien accueillir l'enfant fluctuant 272
    — Comment empêcher l'isolement du dominé-craintif 273
    — Sortir le dominé à l'écart de son isolement . 275

    Promouvoir une nouvelle façon d'être des adultes responsables 276
    — La réduction des effectifs de chaque classe, surtout à l'école maternelle 277
    — La revalorisation des fonctions de l'enseignant 277
    — La formation des éducateurs 277

13. La communication non verbale chez l'adulte 279

    Les profils de comportement 281
    — L'adulte leader 285
    — L'adulte dominant-agressif 286
    — Les autres... 287

    Vers une société de communication 288

ANNEXES 291

BIBLIOGRAPHIE 379

ACHEVÉ D'IMPRIMER
LE 15 FÉVRIER 1983
SUR LES PRESSES DE
L'IMPRIMERIE HÉRISSEY
A ÉVREUX (EURE)
POUR LE COMPTE DES ÉDITIONS STOCK
14, RUE DE L'ANCIENNE-COMÉDIE, PARIS - 6e

Imprimé en France

N° d'éditeur : 4557
N° d'imprimeur : 31700
Dépôt légal : Février 1983
54-20-1978-04
ISBN 2-234-00289-3

H/54-1978-3